U0022853

年金制度與社會保障

臺灣與世界主要國家制度的介紹　　　　　葉至誠　著

出 版 心 語

　　近年來，全球數位出版蓄勢待發，美國從事數位出版的業者超過百家，亞洲數位出版的新勢力也正在起飛，諸如日本、中國大陸都方興未艾，而臺灣卻被視為數位出版的處女地，有極大的開發拓展空間。植基於此，本組自二〇〇四年九月起，即醞釀規劃以數位出版模式，協助本校專任教師致力於學術出版，以激勵本校研究風氣，提昇教學品質及學術水準。

　　在規劃初期，調查得知秀威資訊科技股份有限公司是採行數位印刷模式並做數位少量隨需出版（POD＝Print On Demand）（含編印銷售發行）的科技公司，亦為中華民國政府出版品正式授權的 POD 數位處理中心，尤其該公司可提供「免費學術出版」形式，相當符合本組推展數位出版的立意。隨即與秀威公司密集接洽，雙方就數位出版服務要點、數位出版申請作業流程、出版發行合約書以及出版合作備忘錄等相關事宜逐一審慎研擬，歷時九個月，至二〇〇五年六月始告順利簽核公布。

　　執行迄今，承蒙本校謝董事長孟雄、陳校長振貴、歐陽教務長慧剛、藍教授秀璋以及秀威公司宋總經理政坤等多位長官給予本組全力的支持與指導，本校諸多教師亦身體力行，主動提供學術專著委由本組協助數位出版，數量逾六十本，在此一併致上最誠摯的謝意。諸般溫馨滿溢，將是挹注本組持續推展數位出版的最大動力。

　　本出版團隊由葉立誠組長、王雯珊老師以及秀威公司出版部編輯群為組合，以極其有限的人力，充分發揮高效能的團隊精神，合作無間，各司統籌策劃、協商研擬、視覺設計等職掌，在精益求精的前提下，至望弘揚本校實踐大學的辦學精神，具體落實出版機能。

實踐大學教務處出版組　謹識
二〇一五年十月

序　言

　　社會安全的目的，在於由國家保障所有國民能獲得基本生活的保障。基本生活保障體系，是由政府與民眾合力建置的社會架構，在這個架構當中，不管是政府、企業或民眾個人，均各有其應該扮演的角色。作為國家公共政策的推動者，應確立清楚的責任分際與制度規範，以為大家共同遵行的準則，是重要職責。為因應全球人口老化的挑戰，對社會保障產生了相當大的壓力，其中特別是在因應退休危機所引起的「退休所得（retirement income）」議題。

　　社會保障的目的是為克服所有人生活上的不安定，將個人無法承擔的各種社會風險，以國家為主體予以保障。所謂社會風險不是指因個人的怠慢或過失而引生的風險，而是指個人無法承擔或對應，或不宜由個人對應的風險而言。工業化國家老年年金制度的實施已有長久的歷史，其在制度類型、保障對象、給付條件、給付水準及財務處理方式等均不斷調整，以因應環境變遷之需。惟人口老化的持續發展，未來可能導致制度的崩潰，因此最早發生人口老化問題的許多工業化國家，年金制度的改革已更加快速而激烈。

　　為確保未來能有適足、具彈性、可長可久的年金制度，歐洲各國正倡導以提高就業率增加年金制度之收入，並以延後退休年齡減少制度的支出，晚近的改革措施尚包括：提供勞動者持續工作的誘因、增加對非傳統工作型態勞工的保護、減少年金制度中不利女性的條款、年金制度更加透明化等；此外亦間有採行財務處理方式的調整或制度類型的改變者。臺灣老年經濟保障制度採俾斯麥模式，屬分立制，隨著老人人口正以極快的速度成長，勢將衝擊經濟發展、政府財政、勞動力供需，如何籌謀、建立可長可久的年金保障制度，工業化國家研擬之各項策略，包含實施原則、目的、欲達成之目標、制度定位、政府與個人角色、可用資源等值得參考借鏡。

美國學者 Richard Jackson 在其〈全球退休危機（*The Global Retirement Crisis*〉〉中提及：未來數十年以後，歐洲、日本與北美的人口快速老化現象，勢將嚴重衝擊整個世界經濟體制。亦即長壽社會或者是退休危機未來將不僅影響到現有的社會安全制度，並且對於政府財政與世界經濟都亦將造成危機。隨著各國人口持續老化，年金的支出會繼續膨脹，年金財務的平衡也將更加難以維繫。因此，從一九八〇年代以來，各國莫不將年金改革視為社會安全制度發展中最為迫切之議題。現有的老年經濟保障制度已面臨新的危機與挑戰。這些危機與挑戰包括政府財政的惡化、政治性的風險（political risks）、人口的衝擊（demographic shocks）、通貨膨脹，以及越來越多老年貧窮的問題等，而這些都是所有福利國家所面臨的不確定因素與改革的重點。近年來，包括福利先進的歐美國家、發展中的拉丁美洲國家、經濟轉型的東歐國家、以及被視為福利後進的東亞國家，均紛紛對其年金制度進行重要的改革。倘若適時提出有效的改革措施，則仍能避免財政與經濟上的困擾。因此，年金改革（Pension Reform）議題已成為二十一世紀所有福利國家中最重要且最迫切的問題，各國政府理應落實年金的改革工程，以保障老年的經濟安全。

各國政府相繼推動年金制度的改革措施，以保障老年的經濟生活安全。世界銀行（world bank）於一九九四年針對老人經濟保障議題，提出「避免老年危機（Averting the Old Age Crisis）」研究報告，認為可經由三種制度功能及方式對應，即再分配（redistribution）、儲蓄（saving）及保險（insurance）三層保障：

第一層在強制法定公共制度實施社會保險、社會救助或社會津貼來減少老人貧窮問題；

第二層以健全員工退休金制度；

第三層保障則為鼓勵式個人保險。

在三種保障方式下以解決晚年經濟風險（World Bank,1994）。根據經濟合作暨發展組織（Organisation for Economic Co-operation and Development,

OECD）的統計，全球已有超過一百七十個國家與地區實施老年所得保障制度，提供給付給退休者，以維持其老年經濟安全。

對社會安全制度的選擇和設計，實際上是對其相應的經濟制度的選擇和設計，社會保障制度在某種意義上就是社會經濟體制的表現，因為社會保障和社會福利制度是一國經濟制度的體現，不僅涉及到養老、失業、殘障和醫療等運作，還關係了教育、住宅、衛生等全體社會成員利益的需求，涉及到金融（養老金的營運）、銀行（金融銀行體制）、財政（財政預算）和勞動力市場制度等國民經濟運行成效。

為解決社會與經濟變遷下生活保障問題，老人經濟安全的持續性定期給付，在西方工業化國家從十九世紀之公共年金（或法定年金）開始，到二十世紀中期已大致完備，在制度實施類型上，涉及各國政治、社會、意識形態、歷史傳承等因素，大致可分為社會保險制、強制儲蓄制、稅收制、市場制、民營制等，對保障老年經濟安全各有優劣。但福利國家建構老年年金制度的理論基礎，仍在強調國家政策的干預，透過社會安全制度的實施，保護人民免於人生風險的威脅，尤其是晚年退休後經濟不安全的困境，提供百姓免於貧窮的匱乏及風險的保障。

面對老化現象與扶養率增加（ageing and increasing dependency）在各國正呈現顯著的趨勢。因此，如何規劃出一套對老年人提供適當的生活水準，而能使其他階層人口不致於承擔無法負荷費用的年金保險制度，將成為社會各界所關注的主要議題。預期人口老化的結果，各項與老人有關之社會福利支出勢必快速增加，此包括醫療保健支出、長期照護支出、福利服務支出、救助支出、退休支出……等。臺灣的年金問題面向較其他國家複雜，亟需找到可資借鑑的制度。原因是，我們除了有世代不公的問題，還有不同職業別在制度演化過程中積累的恖大差異必須面對。根據 OECD 的統計分析，社會福利支出中尤以老人之經濟安全支出最為龐大，且該趨勢將持續（OECD, 2003）。經濟學家 N. Barr 有言：「政府不可能對於提供年金制度的責任完全置身於外。」我國年金制度改革首先要解決的，是潛藏負債所產生的世代不公問題。與先進國家比較，臺灣的問題主要是公教人員相較

於勞工的退撫給付的所得替代率偏高、而繳費比率中相對的是由國庫撥繳,形成已退休和即將退休的世代繳交的保費較少、卻領取較多年金;相對地,下一個世代必須繳更高的保費,才足以確保支付上一代的年金,維持制度的運作。因此,如何有效解決年金制度的危機,年金改革的推動工作關乎到社會安全制度的永續發展。

基於對退休金重要性的認知及興革作為,宜借鑑先進國家已發展成熟的退休金制度,強調退休金制度的重要性以喚起政府及企業界的重視。針對不同世代之間、不同職種之間必須找到一個平衡點,以裨益年金制度的健全發展。

社會工作著眼的為社會實踐,期望能拋磚引玉引發更多專業探討、關懷與行動,有助導引並提升我國社會安全保障的實務運作,使「年金保障」具體的體現。感謝秀威資訊科技公司及實踐大學出版組的玉成,方能完成這本著作。知識分子常以「金石之業」、「擲地有聲」,以形容對論著的期許,本書距離該目標不知凡幾,唯因忝列杏壇,雖自忖所學有限,腹笥甚儉,然常以先進師長的著作等身,為效尤的典範,乃不辭揣陋,敝帚呈現,尚祈教育先進及諸讀者不吝賜正。

葉至誠　謹序

簡　介

為解決社會與經濟變遷下生活保障問題，老人經濟安全之繼續性定期給付，在西方工業化國家從十九世紀之公共年金（或法定年金）開始，到二十世紀中期已建置實施，在制度實施類型上，涉及各國政治、經濟、社會、意識形態、歷史傳承等因素，大致可分為社會保險制、強制儲蓄制、稅收制、市場制、民營制等，對保障老年經濟安全各有優劣。但福利國家建構老年年金制度的理論基礎，則在強調國家政策的規劃，透過社會安全制度的實施，保護人民免於人生風險的威脅，尤其是晚年退休後經濟不安全的困境，提供百姓免於貧窮與匱乏及風險的保障。

目　次

第一章　年金保障的概述

前言

　　社會保險（Social Insurance）起源於德國一八八二年的勞工疾病保險。社會保險係以「風險共擔」的精神為基礎，針對社會成員，當其生活發生社會危險事故時，基於社會考量所訂之標準給予給付，以保障其基本生活之保險制度。我國的社會保險制度規定於憲法第一百五十五條：「國家為謀社會福利，應實施社會保險制度。」現行的社會保險制度可分為健康保險與現金給付保險，健康保險即為一九九五年開辦的「全民健康保險」，而現金給付係採取職域性社會保險，其中包括一九五〇年開辦的「勞工保險」、一九五〇年開辦的「軍人保險」、一九五八年開辦的「公教人員保險」、一九八八年開辦的「農民保險」、一九九八年開辦的「國民年金保險」及一九九九年開辦的「就業保險」等，隨著保險範圍的擴大、給付種類及項目的增加，使我國的社會安全保障制度更趨於健全、完備。

壹、年金的社會背景

　　憲法規定：「人民之生存權、工作權及財產權，應予保障。」是以老年養老經濟問題，受到重視，尤其諸多社會因素衝擊著老年社會保障，舉其大舉者可歸納如後：

一、社會結構的改變

工業革命帶給世界極大的影響，社會由農業型態改變為工業型態，父傳子，子傳孫的工作型態不再多見。農業機械化減少人力的需求，促使年輕一代的鄉村人口湧進都市謀求發展，生活空間的狹小與物價的昂貴，使得大家庭逐漸變成小家庭，奉養老年人的時間減少，相對地「養兒防老」的觀念也變得淡薄，老年人的經濟問題於焉產生。

二、人口老化的快速

由於醫療技術的提高，及注重個人健康等因素，均促成今日人口平均餘命提高。如果老年退休後沒有收入，則其在經濟上所受的影響更大，而時間上也更長。因此，老年人退休後的經濟問題更形重要。第一，老年人退休以後，活得更長，其對經濟收入的需要就更多。第二，若有退休金或年金的提供，良好的財務處理方式將是迫切的需要，否則經濟人口（十五至六十五歲）負擔退休者生活擔子愈來愈重。為因應我國高齡人口快速增加，老年經濟安全已成刻不容緩的課題。

三、預期壽命的增長

以往的農業社會平均壽命不高，人們常未達到老年階段即已死亡，故而無所謂老人問題的產生。而今日的工業社會中，由於經濟的發展，導致生產規模、生活方式、家庭組織、生存機會的改變，尤其在醫藥衛生與保健方面的進步與發展，不但使死亡率降低，也使平均壽命提高，而且降低出生率，使兒童等低年齡層的人口，占全人口的比率逐漸下降，使老人在全人口的比例中相對提高，造成人口結構急速老化的現象。

四、消費型態的改變

　　世界經濟變化多端，物價上漲的速度往往大於所得收入的增加速度，造成大多數人實質收入的逐漸降低。為保持生活水準，其用於消費比例逐漸提高。而分期付款型態的消費，廣告的刺激使消費比率提高，儲蓄率降低。因而退休後如欲完全依靠儲蓄則嫌不足。

五、退休所得的不足

　　人從一出生到死亡之間必有消費行為，其消費是為維持生活之安全。一個人的消費能力多寡由其收入的多與少來決定，收入少者，則其消費能力就可能維持在最低消費水準；但多者並非就一定有高的消費水準。使老年生活呈現幾種經濟不安全的現象。

表 1-1　老年生活經濟不安全表

現象	原因
所得的損失	一旦退休後若無退休金收入，除非其具有足夠的積蓄或財產收入，則其生活必陷入困境。
所得的不足	雖有退休金或年金的給付或本身的儲蓄，但由於壽命的延長及物價的上漲，均使得老人經濟生活難獲得滿足。
額外的費用	人的生理老化，多少會帶來病變，而且多為長期及慢性的，此時的醫療費用又非退休時可以預估，若是嚴重的傷害成疾病就需要鉅額的醫療費用。

（資料來源：作者整理）

六、家庭功能的弱化

　　由於社會結構的改變，我國由農業社會蛻變為工業社會，促使大家庭制度逐漸解體，復因近年國人生育率下跌，子女數大幅減少之情況，子女的奉養也呈現力不從心。目前我國老人依賴子女供養比率逐年下降，靠本

人或配偶收入養老的比率大幅上升；且隨著子女數的減少和家庭觀念的改變，個人除須在年輕時為老年生活經濟來源預作準備外，且有賴政府角色的適度介入，以提供更完整的福利支持網絡。

貳、年金保險的意涵

「年金保險（Pension Insurance）」意指在年老退休或身體傷殘之前所定期支付的金額款項，以一種定額、定期或是長期給付的支付方式，由政府或雇主、所投保的保險機構作為支付的提供者，通常也是年老、退休後收入的主要來源。年金保險人於被保險人生存期間或特定期間內，依照契約負一次或分期給付一定金額之責；而年金則兼具有給付方式與給付金額的雙重意義。一般分為國民年金、老人年金、年金保險、職業年金……等，都是屬於年金性質的給付制度，而年金保險是屬於社會保險其中的一環。年金保險係透過保險方式提供定期性支付金額的保險制度，年金保險以保障本人及其家屬未來生活安全為目的的社會保險制度，當然，年金保險亦適用於商業保險。

表 1-2　社會年金保險與商業年金保險年金比較簡表

類別		社會年金保險	商業年金保險
意義		政府為保障國民於老年退休或達到一定年齡時，對於符合給付條件者所提供其基本經濟生活安全的一種年金型態，其保險事故除老年年金外，亦適用於殘廢及遺屬等事故。	年金保險人於被保險人生存期間或特定期間內，依照契約負一次或分期給付一定金額之責。
特質	基礎年金	依保險事故別而分為老人年金、殘廢年金及遺屬年金三種。	商業性年金保險則屬於人身保險的一種，在保障被保險人存活較長所生經濟上危險，如養老、老年看護、退休後喪失收入等。
	附加年金	在社會年金保險中除提供老年基礎年金外，並按被保險人投保薪資及保險年資等因素訂定所得比例給付制度，以維持受僱勞工較適當的老年生活水準。	

（資料來源：作者整理）

　　年金保險是運用大數法則，經由多數人的參與，以「危險共擔，累積資源」方式，來分擔少數人所遭遇的生涯事故，具有補償作用。其特性：

1. 以被保險人生存為保障。

2. 以生存率為危險發生率。

3. 以年金生命表計算保費。

4. 給與採取危險共擔方式。

5. 被保險人為年金受益人。

6. 年金保險是資金的清償。

7. 年金保險重視投資收益。

　　根據 OECD 的統計，全世界已有超過一百七十個國家實施老年、遺屬與身心障礙保障制度，其實施的方式可區分為三種類型，分別為：稅收制、社會保險制及公積金制。

表 1-3　年金保險的特性表

類別	內涵	特點		費用	實例
稅收制	年金的給付對象係採普遍或全民式的社會津貼方式或社會救助方式辦理，其主要是以居住條件或以所得調查的方式作為給付條件，而由國家以一般稅收作為其財源。	優點	1. 性質單純，行政成本低。 2. 開辦時凡符合合格年齡或資格條件者即可領取。	政府以稅收作為其發放年金財源，不直接向民眾收取保險費。	加拿大、丹麥、紐西蘭、澳大利亞、瑞典、荷蘭
		缺點	1. 受益與負擔無直接關係，對總體經濟與工作意願影響大。 2. 財務負擔轉嫁給下一代，後代子孫負擔將日益增加。		
社會保險制	是指政府應用保險技術，採用強制方式，對於全體國民或符合一定條件之國民強制納入保險體系，並於其遭遇老年、身心障礙或死亡等	優點	1. 可維持權利、義務對等的基本精神。 2. 兼顧個人公平與社會適當。 3. 費率負擔適中。 4. 可整合現有各種社會	由政府、雇主、被保險人依規定之比例分擔保險費	美、英、法、德、日、韓

	事故時，提供保險給付，以保障其本人或遺屬最低收入安全。		保險及福利津貼，促進社會公平。 5. 兼顧經濟發展與社會福利。 6. 保費與給付連動，較可避免政治上任意提高給付標準。		
		缺點	1. 制度設計較為複雜。 2. 因直接收費，民眾繳交意願較低。		
公積金制	依照政府規定由勞雇雙方依員工薪資所得按月提撥一定百分比充當公積金，採本金加利息儲存的一種強制儲蓄制度，而每一員工均設有其個人帳戶，在發生特定事故時，可從本身帳戶中請領其本息，以應需要。	優點	1. 給付水準與負擔完全相關，對總體經濟與工作意願影響最小。 2. 政府財政負擔較低。	由勞、雇雙方依員工薪資所得按月提撥一定百分比之金額充當公積金。	新加坡、墨西哥
		缺點	1. 開辦初期費率較高。 2. 提存準備易受通貨膨脹影響，且基金運用責任大。 3. 缺乏所得重分配的功能		

（資料來源：柯木興（2008），《社會保險》，p.147）

參、年金保險的類別

　　由於年金是一種定期性繼續給付金額的方式，而保險則是用來提供老年經濟保障的一種自助互助經濟制度，保險可以說是一種落實社會安全保障的重要制度。年金與保險相結合，人們可利用保險的方式來獲得他們所需要的年金，達到老年經濟保障的目的。

　　年金保險的種類因其支付條件、期限及時期等不同而有所區分，同時亦依其繳費方法、受領人數、給付方式及給付金額變動與否而有不同分類。依據保險學學者柯木興教授的分析簡述如後：

表 1-4　年金的分類

分類	類型		
繳費	躉繳年金（single-premium annuity）		
	分期繳費年金（installment-premium annuity），亦稱彈性繳費年金（flexible-premium annuity）		
給付	生存年金不退款（life annuity, no refund）		
	定期年金（term annuity）	確定年金（annuity certain）	
		定期生存年金（finite or temporary annuity）	
	最低保障年金（life annuity with guaranteed payment）	確定給付年金（life annuity with period certain）	
		退還年金（refund annuity）	分期退還年金（installment refund annuity）
			現金及時退還年金（cash refund annuity）
給付開始時間	即期年金（immediate annuity）		
	遞延年金（deferred annuity）		
給付變動	定額年金（fixed annuity）		
	變動年金或稱變額年金（variable annuity）		
受領人數	團體年金（group annuity）		
	個人年金（individual annuity）	生存年金（life annuity），亦稱為終身年金（whole life annuity）	
		遺屬年金	

（資料來源：柯木興（2008），《社會保險》，p.186）

　　年金是社會保險機構、政府相關單位、商業保險團體、家庭、企業組織等，針對國民之退休、老年或工作失能（殘障失能、職業失能）與死亡等意外事故，所提供的一種長期定期持續給付。根據年金的分類就其內容細節，則可進一步析理如下：

表 1-5　年金保險的特性表

分類	標準	內涵		
依支付水準來分類	基礎年金	不管被保險人是否已就業達到一年齡，便可享受年金的保障。通常是以一定金額之年金給付，為保障被保險人之生活最低之水準。根據財務屬性一般有三種類型。	社會保險制	
			稅收制	
			公積金制	
	附加年金	為使老人能保持在退休前之生活水準；其年金給付之多寡與被保險人之薪資所得有關。		
依支付條件來分類	年金若以指定人的生存為給付條件與否	生存年金	係以人的生存作為年金支付的條件，即以被保險人（加入者）仍在生存時為按期給付年金的要件，一旦被保險人死亡後即行停止支付，其年金支付期間無法事先確定，每一被保險人的給付期間因其壽命長短而異。	
		確定年金	指被保險人符合一定給付要件時，其年金支付期間事先可確定者而言，例如：支付一年或十五年等，而與人的生存與否無關聯，即約定在一特定期間內支付年金給付金額，若年金受領人死亡時，則可由指定受益人繼續領取其餘額到確定屆滿期間為止。	
依支付期限來分類	年金若依支付期限的有無來區分時	定期年金	定期年金或稱有限年金（finite or temporary annuity）：若僅在一定期間內支付年金者，即經過數年後或年金受領人死亡後即行停止年金的一種生存年金稱之。	
		永久年金	永久年金（perpetual annuity）：若無規定期間而永久支付年金者稱之。惟在生存年金中，若不加期限規定而以特定人的生存為支付條件而繼續給付的年金，則稱為終身年金。	
依給付支付開始時間		即期年金	凡被保險人符合一定條件時立即開始支付年金給付者，稱為即期年金或即時年金。亦即被保險人在繳完年金費用後，就年金受益人的需要，依月付、季付、半年付或年付方式，立即開始給付的一種年金。通常此種年金是以躉繳方式購入，在購買後年金即開始給付。	
		遞延年金	凡被保險人退職後經過一定期間或到達一定年齡後才開始支付的年金，稱為遞延年金或延期（付）年金，而此一定期間稱為遞延期間（deferred period），即指年金受領權取得日起至支付年金開始日之前一日為止的期間而言，若被保險人退職同時，即開始支付的年金即為上述的即期年金。目前所有的分期繳費年金都屬於遞延年金性質。	

依繳費方法來分類		躉繳年金	即將應繳年金費用一次全部繳清予保險人的年金。
		分期繳費年金	即在年金受領人開始受領年金之前，分期繳交費用（或保險費）給保險人的年金，稱為分期繳費年金。
依年金受領人數來分類	個人年金：即以個人的名義購買年金者，稱為個人年金。	單生年金	通常購買年金多數均以個人的生存為其要件者稱為單生年金（single life annuity），若透過保險方式購買則稱為單身年金保險。
		連生年金	即購買年金係以數個（通常為兩個）為要件者稱為連生年金（joint life annuity），當年金受領人中有一人死亡時，則停止年金給付。
		連生及遺屬年金	即年金受領人數有兩人以上者為要件，而年金的給付係繼續至其中最後生存者死亡為止，稱為連生及遺屬年金（joint and survivor annuity）。其購買者通常為夫妻或兄妹，關於這種年金通常在最初一個年金受領人死亡時，即將年金給付額減至二分之一或三分之二支給其遺屬，亦有些契約規定支給全額。
	團體年金		即以雇主或其他團體單位的名義購買年金者，稱為團體年金。若透過保險方式購買者，則稱為團體年金保險。此種年金大都以全體或部分團體成員為年金受領人，私人企業的退休年金制度即可以購買團體年金方式來建立，且團體年金的行政費用較個人年金為節省，逆選擇機會減少，並有稅負優惠，故費用較低。
依保險金的給付方式來分類		不退款生存年金	即對年金受領人在生存時提供終身所得（lifetime income），但在年金受領人死亡後，即不再支付年金給付者，稱為不退款生存年金，又稱為普通終身年金（straight life annuity）。此種年金係以年金受領人的生存作為給付年金的要件，保險人於約定日期起開始按期給付一定金額，直至年金受領人死亡為止，並無最低給付次數的保證。同時，一旦給付期間開始後，其生存年金即完全無轉換的彈性，為避免逆選擇的發生，年金受領人依規定不允許改變其年金給付的方式。
	最低保證年金：為適應某些年金購買者因擔心早期死亡將損失其本金的心理，故設	確定給付年金	即在約定期間內年金受領人死亡時，保險人繼續給付年金至期滿為止，如其到期而仍繼續生存者，則給與終身年金。此一商品的成本視年金受領人的性別、開始給付年金時年金受領人的年齡來決定。一般而言，確定給付期間愈長和年金受領人的年齡愈老，則成本愈大，因為保險人於年金受領人死亡後繼續支付年金的機率較高；同樣地，同年齡的男人比女人的成本大，因為同年齡的男人比女人的死亡率高，

		計有最低 保證年金 商品的規 定。	確定給付 年金	而較高的男人死亡率意味著較高的保證給付 率。	
			退還年金	分期退還年金	即若年金受領人於所收到的 給付總額等於購買價額 （purchase price）之前死亡 時，則保險人須繼續給付至給 付總額等於購買價額時為止。
				立即退還現金 年金	即若年金受領人於所收到的 給付總額等於購買價額之前 死亡時，則保險人對其差額的 部分立即以現金退還給其受 益人。
			定期年金	確定年金 （annuity certain）	即於特定的期間內定期給付 約定的金額給年金受領人，而 不管年金受領人於此期間內 生存或死亡。由於確定年金與 生存機率並無相關，因此並不 屬於年金保險的範疇。
				定期生存年金 （temporary life annuity）	即以特定期間的到期日或年 金受領人死亡之日，兩者較早 到期者，為保險人停止給付年 金之日。適用於年金受領人預 期在若干年後另有其他的收 入來源，則以購買此種年金來 填補目前的不足。
依給付額 的變動與 否來分類		定額年金	此種年金的每期給付金額或給付金額計算方式，在購買 時即已決定，給付期間內不予變更。亦即每期的年金給 付額是確定的，不隨貨幣購買力的變動而加以變動。		
		變動年金	年金的每期給付金額可以變動。購買此種年金時，保費 與給付額均以每一單位為計算標準，年金給付的單位 數，決定於年金開始時，而每一單位的實際價值，即給 付金額，則按實際投資收益值的變動而變動。此種年金 主要可防止年金給付的購買力降低，其特徵有二：即一 為能於經濟變動時期，保證年金受領人的退休收入，另 一為具有彈性的投資潛力。		

依事故內容來分類	老年年金	老年年金指的是被保險人在加入老年年金保險達一期間或法定之年齡退休後，始可發給老年年金，從發給至死亡期間於一定時間及一定金額給付被保險人，因而此種年金保險也可說是一種終身型的年金保險。而老年年金保險所包含的兩種意義是為保險和儲蓄，固然在條件上須符合法律上之規定，始得享受老年年金所賦予的保障。
	殘廢年金	殘廢年金係指被保險人於法定退休之年齡前，發生或遭遇到永久之全身或部分失能，以致於喪失工作能力，須於規定之年齡內提前離開勞動市場，使保險人沒有收入，而予以提供定額、定期或長期之保險給付，讓被保險人未來之生活能維持在一最低水平。就事故發生之原因來分，可分為普通事故及職業災害，於此普通事故視為殘廢年金，而職業災害所造成之殘廢則不在此範圍內。
	遺屬年金	遺屬年金即為死亡年金，係指被保險人發生死亡之事故，所給予的給付皆由其所扶養之家屬接收，以一種持續之給付方式，讓其家屬能利用所給付之金額度過未來之生活。在此所指的遺屬包含有被保險人之子女、父母、配偶及其他依賴被保險人扶養之直系親人。

（資料來源：作者整理）

肆、國民年金的內涵

　　我國自二〇〇八年十月一日起實施「國民年金保險」，國民年金的實施有其時代的背景，先進國家中，瑞典與英國早在八十多年前便已實施年金制，而美國和日本也在四十多年前實施，韓國與香港也在一九七三年施行。從國民年金產生的背景來看，年金制度的基本目的，是在保障民眾退休後的基本生活，它是一種長期繼續給付方式，因此，所謂的年金保險便是指一種透過保險的方式，提供定期性、繼續性的長期給付定額之保險制度，來保障被保險本人及其家屬未來的經濟安全生活。

表 1-6　敬老津貼與國民年金比較簡表

類別	敬老津貼	國民年金
意義	是一種由國家建立的福利制度,是福利年金的一環,屬於普及性、救助型的福利年金制度其財源來自於政府稅收,不屬於納費型,可以說是一種敬老津貼。	是一種由國家建立的保險制度,即指政府介入的一種經濟制度,期以社會保險的方式來提供生活所需的經濟資源,目的在消除或對抗貧窮,而不是在保值或發財。
目的	在保障老人退休無工作時的生活費用,可說是社會津貼(social allowance)中的一環。	屬於一項全民性的社會保險制度,凡是符合規定資格的國民均需強制加入,是為「強制保險」。
對象	是指一般的社會人士。	是保障全體國民的一種社會安全制度。
特質	1. 普及式的權利,無須資產調查。 2. 財源來自一般稅收。 3. 津貼的金額以滿足基本的經濟生活為主要目的。 4. 所需行政成本低,民眾接受程度高。	1. 是一種法定年金。 2. 國家國民的老年經濟生活或針對殘障、死亡等意外事故,提供定期繼續給付。 3. 以確保老年人、殘障者、遺族等生活安定。 4. 維護國民經濟安全所建構的一種社會保險制度。

(資料來源:作者整理)

　　國民年金保險制度影響深遠,所以與之相關的稅制規劃、保險費率都必須相當嚴謹,因為這攸關著國民的利益福祉。國民年金是以老年人為保障對象。而敬老津貼是為某一特定的目的,對於認定的特殊對象提供定期或一次支付的實物或現金等定量分配而言。它大部分為普及式免繳費的給付,是一種普及的社會公民權,凡符合一定居住期間條件者,即享有津貼的權利,貧困、富有皆適用,對於年滿六十五歲以上者所提供的普及性的津貼,有些國家將此種普及性的津貼以年金方式提供。

　　為有利於國民年金制度的實施,多數國家於面對社會「高齡化趨勢」,對於敬老津貼的請領資格和給付水準多有所限縮。至於現在的就業人口,也就是未來的老人,為期年金保障的永續發展,參酌國際勞工組織對各國

的年金改革所提出的最基本的主張，國民年金體系依下列原則建立，以保
障公民老年的生活：

表 1-7　國民年金保險的特性表

特質	內涵
以全民為對象	我國國民年金體系的建立，是考量原有的職域保障公、軍、勞保等社會保險方案僅涵蓋約 60% 的就業年齡人口，實施國民年金後能將未參與勞動市場者也納入保障，如此，才能避免老人津貼體系漫無限制的擴張。
非差別的保障	國民年金制度的實施，須打破現有的職域間的不公平現象，在基礎保障的層次，每個國民都應得到相同的保障。
提供適足保障	在家庭和人口趨勢之下，未來將有更高比例的老人無子女可以奉養，而須以年金為最主要的、甚至是唯一的經濟來源，年金制度須能提供老人適足的經濟保障。
集體責任分擔	在年金制度模式的選採上，應選擇具有集體互助功能的模式，不應採行完全以個人責任為基礎的方案。
穩健財務運作	這是年金制度是否能永續運作的關鍵。因此，年金制度的財務規劃，須在制度實施初期，人口結構尚屬年輕時，累積充足之基金，以利於因應長期之財務健全。
降低政治干預	年金體系，尤其是年金制度的財務管理，應在完備的監督和協商機制下，賦予專業和行政部門相當的自主性，並建立避免政治力介入扭曲的機制。
兼顧經濟發展	年金制度的實施，其給付條件之設計，須避免對勞動市場參與造成不利的影響。而年金基金的管理和運用的機制，在完備的監督機制之下，所累積的龐大基金可以適度地和國家經濟發展的需要結合。

（資料來源：作者整理）

　　臺灣的社會福利系統常被批評為是一種「軍公教福利國」，不同就業身分的國民所能享有的社會保障有極大的差別。我國雖老年人口比率較西方國家為低，但人口老化的速度快。國民年金所提供老人經濟生活保障，所強調的是將保障制度視為社會整體的責任，而非視為個人或是家庭的職責。

伍、職業年金的內涵

　　年金保險（Annuity Contract 或簡稱 Annuity）是為了確保老年經濟生活不虞匱乏所特別設計的一種保險，職業年金（Employer Pension）是一項職場福利制度，是專業職業的人力資源管理、薪酬福利管理的重要組成部分。不管是在政府或企業的退休金規劃中，都有越來越多國家透過年金保險的方式來保障老年生活需求。職業年金保險是提供企業退休金給付的重要來源，企業為其職工依法參加基本養老保險的基礎上，所建立的補充養老保險，由國家立法規範、企業內部決策執行，屬於多層次養老保險體系的組成部分。

　　隨著人口老化的趨勢，由於老人在退休後將不再有定期的薪資收入，若個人所領取的退休金額度，或是退休前的儲蓄與投資所得金額不夠多，很可能在退休後會面臨退休財源不足的窘境。是以，世界福利先進多採取「多層次保障」，以確保公民養老及終老。年金保險的設計就是為了確保老年經濟生活安全，它的主要特點在於被保險人可自特定年齡（通常為退休年齡）後，定期從保險人領回一筆年金收入直到被保險人死亡為止，以此作為退休後生活需求的資金來源。目前我國在建構多層保障時，第一層是以「社會保險」為基礎，是政府提供的補助及保險（Mandatory Publicly Managed Pillar），主要法規為勞工保險條例、公教人員保險法、軍人保險條例、農民保險條例、國民年金法。另外，建構第二層保障是以「職業年金」為主軸，是雇主所提供的強制性企業退休金制度（Mandatory Private Managed Pillar），例如職業年金，主要法規有：勞工退休金條例、公務人員退休法、學校教職員退休條例、私立學校教職員退休撫卹資遣條例、軍人撫卹條例、公務人員退休撫卹基金管理條例等。個人若要追求退休後更優渥的生活，則可以朝向第三層保障，是個人自發性的退休理財行為（The Voluntary Pillar），

例如以稅賦優惠方式鼓勵退休儲蓄及購買商業年金保險等；包括：過去的財富累積、投資與儲蓄，以及各類的商業保險等。

　　職業年金計畫不屬於商業保險範疇，職業年金與商業保險的壽險產品有某些相似之處，但不是商業壽險產品。

一、特質

表 1-8　職業年金與商業年金比較表

分類	職業年金	商業年金
目的	職業年金屬於企業職工福利和社會保障的範疇，不以盈利為目的。職業年金，是企業中勞動報酬和勞動保障的重要內容。	商業壽險產品則是商業保險公司以盈利為目的的保險商品。
政策	為推動職業年金制度的發展，政府藉由社會政策及相關措施，以鼓勵企業建立年金計畫，並在稅收方面給予優惠。	商業壽險沒有國家政策優惠。職工向商業機構購買保險，屬於個人投資行為，所需資金由職工個人負擔。
規範	職業年金反映著企業經營特色和職工結構的特點；只要勞資雙方達成一致，職業年金計畫可以調整。	商業年金是私人合意作為，投保人必須按保單約定的金額繳費，保險人必須按保單約定的金額給付保險金。
管理	職業年金可以由企業或行業單獨設立的機構經辦管理，也可以是社會保險經辦機構專門設立的機構經辦。	商業年金只能由商業保險機構經辦。
作為	1.職業年金計畫對參保對象的年齡、範圍有一定限制。 2.職業年金計畫的供款額度是依據有關規定來確定的，並且有一定限制。 3.職業年金是在職工到達法定退休年齡並按有關規定辦理正式退休手續後才能領取。 4.國家對職業年金基金積累、投資、收益以及待遇給予政策優惠。	1.對參保對象的年齡、範圍則無限制。 2.提繳額度上是沒有限制。 3.資金在支取使用上沒有限制。 4.國家對商業年金沒有給予政策優惠。

（資料來源：作者整理）

二、功能

　　職業年金不僅是勞動者退休生活保障的重要支柱，也是企業激勵職工積極性、吸引人才、增強競爭力的重要手段。它的主要作用和功能可以概括為三個方面：

表 1-9　職業年金保險的功能表

類型	功能
分配功能	職業年金具有資源再分配性質，職業年金在個人的養老金計畫被視為對職工的一種遞延薪資。
激勵功能	職業年金計畫根據企業的盈利和職工的績效為基礎，激勵職工的積極性和工作效能，以提高職工為企業服務的動機，從而獲取最大經濟效益。
保障功能	建立職業年金可以提高職工退休後的養老金待遇，解決基本養老保障的不足，滿足退休人員享受較高生活品質，發揮其補充和保障的作用。

（資料來源：作者整理）

陸、臺灣的社會保險

　　臺灣的社會保險制度涵蓋勞工保險（含職災保險）、軍人保險、公教人員保險、農民健康保險、全民健康保險、就業保險、國民年金保險等社會保障，茲分述如下：

表 1-8　臺灣社會保險的主要內涵表

類別	項目	內涵
勞工保險	意義	勞工保險制度係政府為推行社會政策，應用保險技術，採用強制方式，對於多數勞工遭遇到生、老、病、死、傷、殘等事故時，提供保險給付，以保障最低經濟安全為目的之一種社會保險制度。
	保險對象	勞工保險制度是一種強制性的團體保險，依照現行勞工保險條例規定，年滿十五歲以上，六十歲以下的勞工，應以其雇主或所屬團體或所屬機構為投保單位，全部參加勞工保險為被保險人。

保險給付		生育給付	被保險人分娩或早產者，按其平均月投保薪資一次給與生育補助費三十日。
		傷病給付	1.普通傷害補助費及普通疾病補助費，均按被保險人平均月投保薪資半數發給。 2.職業傷害補償費及職業病補償費，均按被保險人平均月投保薪資之 70%發給。
		老年給付	1.老年年金：年滿六十歲，保險年資合計滿十五年者。被保險人擔任具有危險、堅強體力等特殊性質之工作合計滿十五年，年滿五十五歲，並辦理離職退保者，得請領老年年金給付。 2.老年一次金：年滿六十歲，保險年資合計未滿十五年者。
		死亡給付	1.本人死亡給付，包括：喪葬津貼，遺屬年金，遺屬津貼。 2.失蹤津貼：自失蹤之日起，按其失蹤之當月起前六個月平均月投保薪資 70%。 3.家屬死亡給付：被保險人之父母、配偶或子女死亡時，發給一個半月至三個月。
		失能給付	1.失能年金：經評估為終身無工作能力者，得請領失能年金給付。 2.失能一次金：因普通傷病致失能者。
軍人保險	意義		軍人保險乃政府應用保險技術，採用強制方式，對於全體軍官兵遭遇死亡、殘廢、退伍等事故時，提供基本上經濟保障的一種社會保險制度。
	保險對象		1.陸海空軍現役軍官、士官、士兵經國防部或各級人事權責單位核定階級有案者。 2.各軍事學校或班隊之學員、學生、其在校期間定有現役階級給與者。 3.軍事情報及游擊部隊人員，經國防部或授權核定階級，並存記有案者。 4.接受動員、臨時、教育、勤務、點閱召集、補充兵徵訓，以及其他徵召短期服役之人員。
	保險給付	死亡給付	1.作戰死亡：給付四十八個基數。 2.因公死亡：給付四十二個基數。 3.因病死亡：給付二十六個基數。
		殘廢給付	1.作戰成殘：一等殘：給付四十個基數；二等殘：給付三十個基數；三等殘：給付二十個基數。 2.因公成殘：一等殘：給付三十六個基數；二等殘：給付二十四個基數；三等殘：給付十六個基數。 3.因病成殘：一等殘：給付三十個基數；二等殘：給付二十個基數；三等殘：給付十二個基數。
		退伍給付	1.保險滿五年者，給付五個基數。 2.保險超過五年者，自第六年起至第十年，每超過一年，增給一個基數。 3.保險超過十年者，自第十一年起至第十五年，每超過一年，增給二個基數。

			4.保險超過十五年者，自第十六年起，每超過一年，增給三個基數。 5.保險滿二十年者，每超過一年增給一個基數，最高以四十五個基數為限。
公教人員保險	意義		公教人員保險乃是政府應用保險技術，採用強制方式，對於全體公教人員遭遇老年、殘廢及死亡等事故時，提供保險給付，以保障其基本經濟生活為目的之一種社會保險制度。
	保險對象		1.法定機關編制內之有給專任人員。 2.公立學校編制內之有給專任教職員。 3.依私立學校法規定，辦妥財團法人登記，並經主管教育行政機關核准立案之私立學校編制內之有給專任教職員。
	保險給付	殘廢給付	1.因執行公務或服兵役致成全殘廢者，給付三十六個月。 2.因疾病或意外傷害致成全殘廢者，給付三十個月。
		養老給付	被保險人依法退休、資遣者或繳付保險費滿十五年並年滿五十五歲而離職退保者，予以一次養老給付，最高以三十六個月為限。私校教職員符合要件者得請領年金。
		死亡給付	1.因公死亡者，給付三十六個月。 2.病故或意外死亡者，給付三十個月。
農民健康保險	意義		農民健康保險乃是政府為維護農民健康，增進農民福利，促進農村安定，應用保險技術基於自助互助原則，採用強制加入方式。
	保險對象		農民健康保險的被保險人係以農會法所定之農會會員均應加入本保險為其保險對象，其中包括：自耕農、佃農、農業學校畢業或有農業專著或發明，現在從事農業推廣工作以及服務於依法令登記之農、林、牧場員工，實際從事農業工作。
	保險給付	生育給付	被保險人參加保險年資合於規定者，本人或其配偶於分娩或早產時發給二個月，流產者發給一個月，雙生以上者比例增給。
		喪葬津貼	被保險人死亡發給喪葬津貼十五個月。
		殘廢給付	被保險人罹患傷病並經全民健保醫療院所診斷殘廢，其殘廢程度符合農民健康保險殘廢給付標準表之規定者，按其殘廢等級，給予殘廢給付。
全民健康保險	意義		全民健康保險乃是以全體國民為保障對象的健康保險制度，是一種自助互助、危險分擔的社會保險制度。
	保險對象		1.在臺閩地區設有戶籍滿四個月者。 2.在臺閩地區設有戶籍，並為有一定雇主的受僱者或軍眷家戶代表，及其無職業的眷屬。 3.在臺閩地區辦理戶籍出生登記，並符合被保險人眷屬資格的新生嬰兒。 4.具有外國國籍，在臺閩地區領有外僑居留證，並為有一定雇主的受僱者或軍眷家戶代表，及其無職業的眷屬。

	保險給付	全民健康保險給付，依規定在保險對象發生疾病、傷害或生育事故時，由保險醫事服務機構依保險醫療辦法，給予門診或住院服務，即由政府提供醫療給付。	
就業保險	意義	政府為提升勞工就業技能，促進就業，保障勞工職業訓練及失業一定期間之基本生活，透過就業保險等相關制度設計，給予失業勞工即時的救助與幫助。	
	保險對象	年滿十五歲以上，六十歲以下，受僱之本國籍勞工。	
	就業保險給付	失業給付	按申請人離職辦理本保險退保之當月起前六個月平均月投保薪資 60%按月發給，最長發給六個月，滿四十五歲或領有身心障礙證明者，延長至九個月。
		提早就業獎助津貼	符合失業給付請領條件，於失業給付請領期限屆滿前受僱工作，按其尚未請領之失業給付金額之 50%，一次發給提早就業獎助津貼。
		職業訓練生活津貼	被保險人非自願離職，經公立就業服務機構安排參加全日制職業訓練，於受訓期間，每月按申請人離職辦理本保險退保之當月起前六個月平均月投保薪資之 60%發給職業訓練生活津貼。
		育嬰留職停薪津貼	被保險人之子女滿三歲前，辦理育嬰留職停薪，以被保險人育嬰留職停薪之當月起前六個月平均月投保薪資之六成計算，每一子女合計最長發給六個月。
		補助全民健康保險費	領取失業給付或職業訓練生活津貼之失業被保險人及其眷屬，以每次領取失業給付或職業訓練生活津貼末日之當月分，補助其參加全民健保應自付部分之保險費。
國民年金	意義	為確保未能於相關社會保險獲得適足保障之國民於老年及發生身心障礙時之基本經濟安全，並謀其遺屬生活之安定，政府透過國民年金之制度性設計，以保障本人或其遺族的經濟生活。	
	保險對象	未滿六十五歲國民，在國內設有戶籍而有下列情形之一者，除應參加或已參加相關社會保險者外，應參加本保險為被保險人： 1.年滿二十五歲，且未領取相關社會保險老年給付。 2.除勞工保險老年給付外，未領取其他相關社會保險老年給付。 3.其領取勞工保險老年給付之年資未達十五年，且未領取其他相關社會保險老年給付。	
	年金給付	老年年金給付	被保險人或曾參加本保險者，於年滿六十五歲時，得請領老年年金給付，其給付的方式有兩種，被保險人可擇優選擇： 1.月投保金額乘以其保險年資，再乘以 0.65%所得之數額加新臺幣三千元。 2.月投保金額乘以其保險年資，再乘以 1.3%所得之數額。

		身心障礙年金給付	被保險人於本保險期間遭受傷害或罹患疾病，經治療終止，經診斷為重度以上身心障礙，且經評估無工作能力者，均可請領身心障礙年金給付。
		喪葬補助	被保險人死亡，按其月投保金額一次發給五個月喪葬給付。
		遺屬年金給付	被保險人死亡，或領取身心障礙或老年年金給付者死亡時，遺有配偶、子女、父母、祖父母、孫子女或兄弟、姊妹者，其遺屬得請領遺屬年金給付。

（資料來源：作者整理）

　　隨著各項社會保險制度的推展，臺灣勞動人口納保比例亦逐年提升，不僅給予臺灣勞動人口健全、完善的保障，更標誌著我國已邁入社會福利國家之列。此外，全民健康保險制度提供國民周全的醫療照護，使國民醫療品質與健康水準大幅提升。於二〇〇八年開辦之國民年金保險制度，將尚未納入各種社會保險之弱勢者納入其中，使得社會弱勢者亦能享有各種保險給付的權利，積極實踐「弱勢者優先原則（affirmative action）」之精神。

結語

　　臺灣地區人口老化是大家關切的問題。日後生產人口的減少，表示日益加重的養老負擔必須要由日漸減少的勞動人口來承擔，這種負擔十分沉重。這種現象不僅在臺灣，而且是在世界上許多國家已經發生。世界銀行在一九九四年的報告中就指出有全球性的退休金危機，而且呼籲所有國家正視這個問題，呼籲各國應建立一個至少有三個支柱的養老制度（multi-pillar system），所謂三個支柱是指由政府負責的支柱（publicly managed pillar）、雇主負責的支柱（privately managed pillar）、及個人自願的支柱（voluntary pillar），這三方面都應該及早籌措財源以鞏固老年的經濟安全。簡單的說，由政府提供的國家年金、雇主提供的職業年金及個人自願建立的商業年金三者可構成一個穩當的安全網。

第二章　年金保障的思維

前言

　　社會保障為人民自國家獲取社會安全的基本權利。此概念，可溯及一七八九年法國大革命的《人權宣言》所揭櫫自由、平等、博愛的價值，及其後一七九三年制定的《雅各憲法》強調在「社會全體成員的生存保障」的「公民社會權」，強調對貧困及弱勢生存權益的積極保障。隨著時事推移及制度創新，社會保險成為社會保障的具體政策。社會保障在營造一個有助公民健全成長與發展的社會環境，使人民面對生育、養育、保育、療育、教育、勞動、合理住宅需求與財產形成時的安全保障，在生命發展歷程中，得以獲致生活機會均等、教育機會均等以及就業機會均等之保障，成人有一公平競爭的立足點平等。繼而，個人人格得以自由、健全開展，勞動品質得以提升，職業生涯得以發展，公民的基本權益皆能有適當的制度保護。進而社會得以獲致一個增進勞資關係、維護社會安定、穩定經濟成長，以及健全民主法治體制的生活環境。

壹、實施年金的背景

　　依據社會福利先進的發展，社會保障理念的形成，是針對於弱勢者的人道精神的實踐外，亦且肇因於對公民權（civil rights）的體現，以期能彌補自由權與財產權的缺陷，以避免財富過度集中於少數人，而形成貧富不

均與社會不公，影響多數人的生存、健康、教育、工作、住宅與財產形成等權益，以及人性尊嚴、人格發展等無法獲得應有的保障。

　　借鑑福利先進國家的安全制度，社會保障的功能，不僅是基於人道精神，以社會共同體作為發展根基，維護人性尊嚴與人格發展，使人民不因國籍、種族、膚色、性別、宗教、政治、職業、身家背景或貧富等因素而受到質量上之限制或差別待遇，並顧及社會秩序，解決社會結構所衍生的社會問題，同時是落實公平與正義原則，以實現均富、安和社會的積極作為。基於社會保障觀念及福利先進國家的實踐經驗，社會保障具體涵蓋：生存權、健康權、受教權、工作權、住宅權以及財產形成權：

表 2-1　社會保障的範疇

項目	內涵
生存權	國家對人民負有保障其健康的、安全的且符合人性尊嚴的生活之責任與義務；對經濟弱勢人口而言，涉及請求滿足基本生活需求之權利。
健康權	國家對人民負有維護公共衛生，對弱勢人口而言，則涉及國家應維護人民適當的防疫及提供醫療，以維護人民身心健康之責任與義務。
受教權	國家對全體人民負有維護教育機會均等之責任與義務，而皆能因其資質與努力獲致應有的教育水準與品質。
工作權	經濟活動人口不僅有職業選擇自由與從事工作之權利，並依狀況有要求國家提供積極的、適切的就業促進、在職保障、失業所得維護等就業安全的責任與義務。
財產權	國家具有保障人民獲致合理居住空間與品質之職責，國家具有協助受僱者快速形成有效財產的責任與義務，以提升人民自我保障之能力。

（資料來源：作者整理）

　　法國學者 Alain Euzeby 強調：「社會安全是現代國家對民眾不可或缺的責任（Social security: Indispensable solidarity）。是以，在增進所得重分配、消除社會不平等、保障民眾權益、以及促進社會經濟發展等的考量下，社會保障制度的建構重心，多著墨於勞動者福利，而以勞工福利為基準，以形塑社會保障體系，並藉以鞏固整體社會保障制度的基礎。先進國家之所以實施年金制，有三項歷史背景因素：

第一，工業化雖促使經濟發展，但導致貧富差距和失業問題。

第二，隨著大家庭式微小家庭興起，導致老年安養成為問題。

第三，由於民主政治及人權的提升，國家實施社會福利政策。

以下舉例說明：

表 2-2　實施年金保障的歷史背景

國家	背景	類型	
英國	工業革命後，農業生產凋蔽和手工業生產者的普遍失業，貧民數量增加，此非個人過失，而是社會的共同責任。費邊社積極鼓吹社會改革，使得二十世紀初，政府負起社會福利服務的責任，積極辦理福利措施以保護老年及貧困者的生活。	採取雙重保障制，提供兩種老年年金。	定額年金，保障基本需要。
			職業年金，視薪資高低提供不等的年金。
美國	一九二九年經濟不景氣，失業問題嚴重，引發社會恐慌，為免除人生失業及老年威脅，羅斯福總統建構完整的社會安全體系。	除政府的社會保障外，雇主對勞工退休後之生活有保障其生活的責任，建構薪資相關制度，提供職業年金。	
日本	戰後日本工業復甦，大家族式微，核心家庭的建立。一九八六年起，由原各年金保險制度獨立運作轉變為以國民年金保險制度為基礎，各年金保險制度為輔之雙重保障體系。	舊制	厚生年金保險一項為定額年金，一為職業年金，兩項相加而得。
		新制	一為厚生年金為薪資相關年金制。另為國民年金保險屬定額給付制，視繳費期給予不同比率的定額年金。

（資料來源：作者整理）

隨著人口高齡化，預期壽命延長，為了使退休後的生活維持在一定的品質，年金保障強調的是在勞動期間，將所得的一部分予以儲蓄，以為年老的生活做準備，使退休後有基本的資源可供生活使用。年金保障中的社會保險、職業年金和商業年金多是構築於該思維的具體作為。

貳、年金保障的學理

社會保障係屬國家政策的重要內涵，正如同我國憲法於「基本國策」中即有「社會安全」專節揭示對社會保障的內容，檢視其基本的理念係建構在社會連帶責任（social solidarity）的基礎上。在許多福利先進國家，積極推動年金保障制度，關注社會保障並非政府的經濟負擔（economic burden），更非是一種消耗經費（squanders wealth）的作為，是具所得再分配的功能，且足以促進社會連帶責任的功能，年金給付已成為其最大的社會安全支出項目。以歐盟為例，二十三個高所得的國際經濟合作開發組織（OECD）國家平均公共年金支出已超過國內生產毛額（GDP）之百分之十（Palacios and Pallares-Miralles, 2000）。年金保障具有社會政策的功能，為政府推動社會安全保障時的不可或缺的責任。因此，各國政府在進行社會保障的制度時，須考慮該功能的存在價值。年金已成為各國社會安全體系中最重要的制度。針對年金保障有若干學者提出其觀點茲摘述如後：

表 2-3　年金保障的學理

理論	內涵
永久所得說	勞動者要使自己能有一定之消費水準，需要自己在其所得能力高峰時強制將所得平均分配於一生，才可使生存獲得相對的保障。
人生儲蓄說	考量在勞動期間累積足夠的財富，以分配於終身的消費，使其退休後能維持在一定的消費水準，因而有工作期間進行儲蓄的行為。
商業權宜說	將勞工退休金視為雇主對員工的慰勞金，感謝對雇主的服務。其目的有二，其一是為了發揮新陳代謝的作用，另一是可降低生產成本，提高工作效率，增加產能。
人力折舊說	將勞動者比喻為機器，經由長期使用而有所耗損產生折舊，同樣的人力也是有折舊的情況，勞動者被僱用到年老退休，無法繼續勞動，故退休也屬於人力上的折舊。

遞延薪資說	將退休金給付視為員工真實薪資的一部分,退休金費用是由雇主負擔。以協助職工退休後生活的保障。

(資料來源:作者整理)

年金保障,依其所植基理念的不同,在權益內容上有明顯的差異。

表2-4　不同理念對年金保障的差異主張

類別	理念	主張
社會主義	為具體實踐人民適才適所的理想,視正義分配為國家責任。	年金保障的建置及推展,涉及國家有關當局,應藉由立法與制度建構,經由公權力之積極作為,確保就業者及彼等依賴家屬的經濟安全。
自由主義	工作權是國民有獲得其技能的工作機會的權利。	年金保障是經由公權力的積極作為,調整人力供需失衡、改善就業環境、提升人民自僱與受僱方面之就業機會。
威權主義	工作既是一種權利,也是一種義務,人民沒有不就業之自由。	國家應藉立法與制度建構,經由公權力的積極作為,提供受僱者僱用保護、社會風險防備保障、包括年金保障等在內的職業福利保障,並維護勞工集體行動權(勞工團結權、團體協商權、集體爭議權)保障。
資本主義	工作是一種權利而非義務。	工作權係以個人得以職業選擇自由為基礎,國家在落實充分就業政策歷程中,年金保障具有維護其就業安全的責任與義務。

(資料來源:作者整理)

根據 OECD 的建議於老年所得保障制度,提供給付給退休者,以維持其老年經濟安全。年金保障論及福利資源分配時,採取「公正」、「公平」、「正義」等原則。

所謂公正係指不偏不倚的分配。

所謂公平乃係合理的分配,亦即家庭所得較低者,給予比例上較多的分配;反之,家庭所得較高者,給予比例上較少分配。

所謂正義,福利資源分配是特別有利於弱勢者,對處於不利處境者,給予有利分配,並排除對強勢者之分配。

參、福利經濟學理論

年金保障的作為著實與福利經濟理論有關，福利經濟學（Welfare Economics）的研究對象是社會經濟福利問題，體現為三個顯著特點：第一，它以一定的價值判斷為出發點，也就是根據已經確立的社會目標，建立起理論體系；第二，它以邊際效用基數論或邊際效用序數論為基礎，建立福利概念；第三，它以社會目標和福利理論為根據，確立社會經濟政策方案。福利經濟學是現代經濟學的一個重要領域，可以區分為新舊兩派。

一、傳統福利經濟學

表 2-5　傳統福利經濟學的觀點

事項	內涵
創始學者	英國庇古（A. C. Pigou, 1877-1959）是主要代表人物，一九二○年出版《福利經濟學》，開創了福利經濟學的知識體系，庇古遂被推崇為「福利經濟學之父」。
影響學者	庇古深受邊沁（Jeremy Bentham, 1748-1832）功利主義原則的影響。認為，政治社會並非起源於契約，而是起源於功利。「功利原則」就是快樂和幸福；苦與樂是人類行為的基本動力，避苦求樂是人類活動的最高準則。
基本觀點	1.快樂和痛苦都是可以計算的，幸福總量也是可以計算的，倫理就是對幸福總量的計算；人生的目的就是為了使自己獲得最大幸福，增加幸福總量。 2.貧困不僅是對個人安全的最大威脅，也是對整個社會安全的威脅。政府必須擺脫自由放任主義，通過立法來干預貧困問題，為增加社會福利創造條件。 3.把「福利」規定為個人所獲得的效用與滿足，把一個人的「福利」視為個人所獲得滿足的總合，把社會「福利」視為個人福利的總合。 4.由於社會福利的最大化意味著社會上最大多數人的最大滿足，要增加社會福利，就應當使社會上較多的人得到較大程度的滿足。

基本命題	1.國民收入量愈大，社會經濟福利就愈大。 2.國民收入分配愈是均等化，社會經濟福利就愈大。	
立論思維	狹義	社會福利中「能夠用貨幣計量的部分」福利，包括直接的與間接的。
	廣義	福利包括由於對財物的占有而產生的滿足，或者由於其他原因，如知識、情感等所產生的滿足，涉及自由、幸福、友誼、正義等。

（資料來源：作者整理）

二、現代福利經濟學

表 2-6　現代福利經濟學的觀點

事項		內涵
創始學者		義大利帕累托（Vilfredo Pareto, 1848-1923）的邊際效用序數論引入新福利經濟學中，提出經濟福利最大化的標準，即帕累托最優化原理，為新福利經濟學的先驅。
基本觀點	邊際效用序數論	由於邊際效用無法衡量，個人間的效用無法比較，所以不能用基數數詞（1、2、3⋯⋯）表示效用數值的大小，只能用序數數詞（第一、第二、第三⋯⋯）表示效用的高低，即效用的相對程度。
	最優化條件論	在一定的收入和價格條件下，為達到最大限度的社會福利所需要的生產條件和交換條件，交易雙方得到最大限度的滿足。
	補償原則論	通過稅收政策或價格政策調整，如果任何改變使一些人的福利增加而使另一些人的福利減少，那麼只要增加的福利超過減少的福利，這種改變就增加了社會福利。
	社會福利函數論	社會福利是社會所有個人購買的商品和所提供的要素及其他有關變量的函數，這些變量包括所有家庭或個人消費的所有商品的數量、所有個人從事的每一種勞動的數量、所有資本投入的數量等。
基本命題		1.通過虛擬補償法使受益者的所得大於受損者的所失，實現帕累托最優化所必需的一系列邊際條件，從總體上增加社會福利。 2.經濟效益是最大福利的必要條件，合理分配是最大福利的充分條件，只有在確定合理的收入分配的基礎上，才能確定社會福利函數和最大社會福利。 3.福利本身沒有客觀標準，完全取決於每個人的自我感覺，人與人之間的福利是不可比的。人們不僅要關心自己的絕對收入，而且更應關心他們收入的相對水準。 4.收入增減並不意味著福利增減，收入和福利並不存在絕對的相關關係。

（資料來源：作者整理）

　　社會福利是影響現代社會中經濟生活的重要因素，如怎樣改進生活條件、社會狀況等。傳統福利經濟學主張政府透過實行累進稅實現國民收入再分配，把富人交納的一部分稅款轉讓給包括老年人在內的低收入者，使收入走向相對「均等化」，以增加社會福利。

　　傳統福利經濟學認為福利是滿足的總合，新福利經濟學則認為福利是在自由選擇下個人偏好的滿足。這種相對福利不是指達到最大的滿足總量，而是指達到最高的滿足水準。每個人是他本人的福利的最好判斷者，個人福利取決於組成社會的所有個人的福利。

肆、國家干預理論

　　從十九世紀七〇年代到第一次世界大戰前夕，德國盛行主張勞資合作和社會改良的社會政策，既反對亞當・史斯密（A. Smith）的自由放任主義，亦不贊成馬克思（K. Marx）的社會主義，而是主張採用改良態度看待社會的發展。國家干預理論的先驅俾斯麥（Bismarck）就曾經說過：「假定老百姓都知道，君王已經為謀他們的福祉，費盡心機，那麼那些民主人士所吹噓的，就會變成引不起共鳴的笛聲。」

表 2-7　國家干預理論的基本主張

事項	內涵
思想泉源	李斯特（Friedrich List, 1789-1846）認為國家的經濟發展主要取決於其生產力的發展程度，強調地大、物博、人多是一國生產發展和政權鞏固的基本條件。主張國家的制度、法律、宗教等精神因素是該國生產力的重要基石，強調國家對社會經濟發展的決定性影響，主張國家干預市場和經濟生活，以保障國民生活。
學者倡議	施穆勒（Gustav von Schmoller, 1838-1917）、瓦格納（Adolf Wagner, 1835-1917）等，並且組成社會政策學會，以推行社會改良主義。主張：舉辦社會保險、縮短勞動時間、改善勞動條件等社會政策以營造勞資共同體社會。

基本觀點	道德的重要	人類經濟生活並不僅侷限於滿足本身的物質慾望，還有滿足道德方面的情操。
	法律的制約	個人的經濟地位並不是決定於「自然權利」，而是決定於法律制度。
	國家的地位	反對自由放任政策，主張國家對經濟的干預，實行保護性統治政策。
	為計畫經濟	是有組織的資本主義經濟，強調社會主義計畫經濟，以緩和資本主義的經濟危機。
政策推動		為「鐵血宰相」俾斯麥（Otto von Bismarck, 1815-1898）所採納，實施：勞工保險國有化政策和國家社會主義。完成德意志國家統一，大力發展資本主義，躋身世界列強，謀求國家發展。
政策特色		主要在結合關懷性與防備性制度之功能，使人民面對生育、養育、保育、療育、教育、勞動、合理住宅需求與財產形成時，皆能有公平合理的對待，而有助社會保障、職業生涯健全的發展。
制度實施	家庭保障	孕產婦營養津貼、子女津貼、育兒津貼與育兒假、托育津貼等制度，以維護國民成長階段時的生活機會均等，並協助父母營建有利子女成長環境。
	母性保護	受薪孕婦工作性質、工作方式、工作環境、工作時數與時段、職位安全、薪資與法定產假等保障。
	教育福利	維護國民的實質教育機會均等，涵蓋學雜費減免、無息助學貸款、教育代金、住宿補助、校餐補助、通學補助等項目。
	勞動促進	在職者之進修、轉職或第二專長訓練、包括僱用保護、勞動條件、勞動權益以及社會風險防備等保障。
	住宅福利	合理居住空間保障、購屋優惠貸款、購屋貸款、利息補助、住宅津貼、社會住宅政策等。
	財產形成	優惠存款利率、購屋互助、分紅入股、員工持股、員工持股信託等。
型塑體系		日後採此種社會保障制度者，稱「俾斯麥模式」（Bismarckian model），該模式體現國家干預主義，同時為「強制性公共社會保險體系」的開拓，以一八八三年的健康保險法、一八八四年的意外保險法以及一八八九年的殘廢與老年保險法，而後者更成為年金保障中國家干預理論的代表。
年金制度		老年保險法是構成德國公共年金制度的核心，是在世界各國保障老年經濟安全中最常被提及的典範，該年金保障的功能有二：一是預防或保障經濟生活可能發生的危險；二是保障職業活動，尤其是經濟上弱者的職業活動。

（資料來源：作者整理）

　　鑑於工作權保障為社會權保障最重要之一環，且其乃勞工福祉核心所在，自社會權之概念意涵論起，闡明與社會權保障相對應的社會保障制度領域範疇，進而論及工作權之概念意涵與工作權保障之相關福利建構，並藉以作為建構社會福利的基礎。國家干預理論中著稱的德國自俾斯麥首相於一八八三年創立舉世第一個社會保險制度以後，陸續為不同職業團體設立社會保險制度，其給付金額採「薪資相關制（earning-related）」，即按個人薪資與投保年資計算，以保障其原有生活水準。二十世紀三〇年代，美國政府不但承襲了俾斯麥的「社會問題須賴國家方能解決」的國家社會主義理論，而且吸收了英國費邊主義和凱恩斯主義的思想，主張政府的主要任務在於透過干預經濟生活來增加社會有效需求，從而達到擺脫失業與蕭條的目的。在這種思想的指導下，羅斯福總統大刀闊斧的實行國家干預主義的「新政」措施（New Deal），克服了一九二九年以來的經濟大危機，並使社會保障制度得以確立起來。

伍、自由主義理論

　　自由主義理論是以著名的英國經濟學家亞當‧史斯密（Adam Smith, 1723-1790）所建構的思想為核心，史斯密的社會學思想是建立在主觀為自己、客觀為他人的「合理利己主義」基礎之上的。他的著作主要有《國富論》及《道德情操論》討論的是利己及利他心理的動機和情操問題，奠定了他的社會哲學基礎，描述了：一個受利己主義支配的「經濟人」，和一個按同情原則行事的「道德人」的對照。

表 2-8　自由主義理論的主要內涵

事項		內涵
思想啟蒙		亞當‧史斯密（Adam Smith, 1723-1790）《國富論》（*Wealth of Nations*），討論了自利心理活動的現象和財富增長的條件與原因，為實行自由放任的經濟政策提供了堅實的理論基礎。
基本觀點		人類傾向於「互通有無，物物交換，互相交易」，利己主義是人類的本性和一切行為的動機；每個人追求個人利益，都是以利己主義而不是利他主義為基礎的，但又都不能不照顧到別人的利益，否則就實現不了個人利益。
社會思想	利己主義	社會不平等的根本表現是地位的不平等，主要肇始因素是私有財產制度，此外還有：第一，人的天賦條件的差異；第二，年齡與經驗的差異；第三，時運的差異；第四，社會出身的差異。
	自由競爭	自由競爭是最符合人類自利本性的自然秩序，是促進社會發展和繁榮的動力，應當放任其自由發展。
	個人利益	利己之心將自然導致個人為他人著想，個人只能以利人而得益，個人幸福、自由是其終極目的，任何非個人因素對其行為干預都是有害的。
	自由放任	社會應在自然規律的約束下，放手讓每一個成員去追求他的最大利益，這樣也能對公共利益做出最大貢獻。
社會責任		個人對社會並不承擔實質性義務，社會也不對個人承擔實質性義務；所以社會對窮人毫無救助之責，政府不應對處於貧困之中的人伸出援助之手，窮人應對自己的命運承擔責任。

（資料來源：作者整理）

　　史斯密的自由放任原則不僅是批判中世紀封建主義和近代早期重商主義的重要經濟思想和經濟政策，也是為工業資產階級服務的自由主義理論，對十八世紀英國傳統的濟貧政策和和十九世紀經濟自由發展產生了巨大影響。認為，追求個人利益的活動與社會利益沒有衝突，在根本上是一致的。因為，在自然秩序中客觀地存在著一種自然平衡和調節機制，就像「看不見的手」，指導人們去實現自己的目的，指的就是市場經濟條件下的自由競爭原則或規律。是以，史密斯強調政府在解決社會問題時應採取自由放任態度。

自由主義理論強調市場機能，透過「人人的利己」而有助於形成「利他的社會」。以此看待多數國家採行的年金制度設計，以強制性的社會保險方式實施後，許多制度特徵歷經一百多年仍被保留下來，包括制度結構、勞雇雙方共同分擔保險費以及政府部分的財務挹注。其中的「隨收隨付（pay-as-you-go, PAYG）」、「確定給付（defined benefits）」為原則的社會保險制度，持續影響至今。然而，隨著人口、經濟、家戶組成、生活水準、民眾期待以及社會環境的改變，晚近制度改革爭辯的核心，在於探討國家在年金制度中的角色；隨收隨付的強制性公共年金保險制度受到批評，倡議者透過將「確定給付」朝向「確定提撥」發展提撥式的年金方案，將公共年金制度私有化，受到保險業、銀行以及基金產業者的支持。

陸、計畫經濟理論

計畫經濟，或計畫經濟體制，又稱指令型經濟，是一種經濟體制，而這種體系下，國家在生產、消費各方面，都是由政府事先進行規劃。在計畫經濟下，生產什麼、怎樣生產和為誰生產都是由政府決定的。國家大部分資源由政府擁有，並且由政府指令來分配資源，而不是由市場價格來決定。計畫經濟可確保所有資源都能持續運用，不會受到經濟週期的波動所影響。尤其是泡沫經濟、停產以至失業問題都不會發生，通貨膨脹問題不會存在，而長期性的基建投資，更不會受市場因素而停止。實行計畫經濟的國家，常是現代化後發展的國家希望達成先進國的發展，把有限的經濟資源挹注於某方面的發展。比如教育、交通、重工業、醫療等等，使其短時期內實現飛躍的進步。

表 2-9　計畫經濟理論的主要內涵

事項		內涵
思想啟蒙		計畫經濟理論的形成亦深受英國學者凱恩斯（John Maynard Keynes, 1883-1946）影響，該理論是一九二九至一九三三年世界經濟大危機的產物，也是西方國家政府干預和調節經濟的理論依據。一九三六年凱恩斯出版《就業、利息和貨幣通論》提出有效需求理論體系和通過國家積極干預經濟，實現充分就業，促進經濟增長的主張。
思想淵源		計畫經濟的起源是對市場經濟的批判開始。最早出現計畫經濟構想的是德國學者李斯特（F. List），對於亞當‧史密斯（A. Smith）的《國富論》的批判，以作為政府干預經濟行為的理論闡述，認為政府宜對經濟進行必要的規劃對經濟發展的主導性。
主要觀點	消費傾向規律	所得增加，消費也增加，但消費增加比所得增加少，一部分錢沒有花掉，用於儲蓄而不是投資。這種「消費傾向基本心理規律」使「總需求小於總供給」，結果導致經濟危機和嚴重失業。
	有效需求原理	有效需求就是商品的總需求價格與總供給價格相等，即達到均衡狀態時的總需求，是一個國家的總需求或總購買力。
	政府主導計畫	計畫經濟強調由政府計畫、預先設計好，因此可預期的問題就有機會避免。舉例來說，政府規劃一個城市的建設時，適當規劃環境區位及公共設施，便可有效引導社會發展。
	社會安全保障	計畫經濟理論的建構與擴展，在使經濟弱勢者、社會弱勢者及社會受害者，能獲得符合人性尊嚴之基本經濟安全保障、福利服務、身心關懷，以解決或緩和其當前所面臨之問題。
社會責任	社會扶助制度	主要協助對象為經濟弱勢者（低收入者、中低收入者）、社會不幸者（災民、難民），其措施可涵蓋生活扶助、醫療補助、急難救助與災害救助。身心障礙者獨特物料與器材需求之滿足，亦可藉此制度獲得保障。
	福利服務制度	主要協助對象為社會弱勢者，制度包括兒少、婦女、老人、身心障礙者福利服務等構面。
	就業輔助制度	主要協助對象為失業者、無業者及低度就業而生活困苦之無一定雇主勞工、自營作業者，其措施範疇涵蓋就業促進及失業扶助。
	社會補償制度	主要協助對象為社會受害者，即蒙受公共危害而國家為其損害須承擔特別責任者。

（資料來源：作者整理）

各種社會福利政策及立法都需要大量的財政支援，另一方面又因為社會福利的概念，隨著時代思潮而擴大，所以沒有一個國家能夠一蹴可幾，一舉而完成各種立法工作，並付諸實施，莫不是經過多年的改進，逐漸的趨於完備。計畫經濟理論對於國家發展的長遠規劃採積極參與，其核心價值為「公平」與「正義」。在社會的運作中由於某些社會福利措施不適合完全以市場價格來分配或是市場機制不容易出現，例如教育、醫療、交通、老人照護。實行計畫經濟的國家，得以直接且公平的配置合適的資源，而不會受到市場影響。

雖說計畫經濟對於社會發展具有正面的助益，然而受到批評較多的則是計畫經濟下的效率通常是低落的，主因是經濟決策缺乏私人參與，而是由政府一個全權決定。即是說，計畫經濟下缺少私人競爭。缺少私人競爭，就難以有效提高效率，以至價格也不能通過競爭而有所調整，個人的收益或物質回報也無從改變。個體的努力沒有相應的物質回報，反而個體的怠惰無能的經濟後果是由整體來共同承擔。這使得計畫經濟下的微觀個體缺乏積極進取、爭取效率的誘因。

結語

隨著社會發展，我們可以看到人類在健康促進上的成就，認為平均壽命的增長是一向引以為傲的成果；但是人口老化現象（population ageing）卻視為未來社會中的最大挑戰與主要風險。事實上，老化現象的確挑戰了現有社會安全制度的有效性與永續性。

對社會福利的體現，主要指社會保障及福利服務。而基於現代社會的改變，家庭、社區及市場往往不能再滿足個人的基本需要，政府以社會制度的介入可強化每位公民生活的安全感。現代社會福利，主要是由政府透過社會政策，滿足人民集體的需要，亦是回應自由市場經濟衍生的社會問

題，例如：針對勞工面對疾病、失業、收入不足、家庭轉變等處境，或不同生命階段的特殊需要。社會保險就作為失業人士維持收入的工具。在任何社會中，貧窮、不平等、社會排除都源於資源及權力分配不均；透過政府的介入，貧窮及其負面影響是可以消除的，社會不平等（例如階級、性別、種族、年齡、能力、性取向等）是可以有效減少的。社會保險具有資源再分配的目標，再分配的性質是從壟斷了最多資源的群體，轉移到最貧乏、最受壓迫的一群，以達致更公平、平等的社會，實現分配公義（distributive justice），促進社會公義及平等，維護人類的尊嚴。因此社會福利及社會保障的發展，不應從屬經濟發展，而是根據社會成員的需要，進行管理、規劃及分配。

在年金保障模式的選取上，基於平等及公義的理由，普及式（universalist）的保障制度較選擇式（selectivist）的福利受到歡迎，它建基於公民身分，而非個人的工作貢獻及收入水準。社會保障制度分別與生存權、健康權、受教權、工作權、住宅權以及財產形成權等社會權的保障息息相關。年金保障在國家致力於公民保障中，強調公民應享有基本生活保障的權利，即社會權利，這可建立社會團結及減少社會衝突。

第三章　年金保障的模式

前言

　　過往，我國的社會保險制度係採一次給付制為主，但由於國人平均餘命不斷的延長、家庭結構的改變，以及養兒防老觀念日趨淡薄，為能有效保障老年經濟生活的安全，政府各項養老給付已朝向年金制的方向作為。與此同時，國外行之有年的年金制度，因為遭逢不確定（uncertainty）因素與各種風險（risks）的衝擊，正進行年金制度的改革工程。「他山之石，可以攻錯」，其中隨著社會安全制度的功能交替，傳統的年金制典範，亦朝向可攜式性（portable）、強調個人責任、多層次保障，以及重視政府的行政效能等面向發展，以避免發生老年貧窮與年金制度的破產等危機。

壹、年金保障的種類

　　世界各國的社會保障制度因立國精神的差異而有所差別，同時在不同的時期、不同的條件，由於發展條件的差異，各國的社會保險制度形成多樣。多從各自的國情出發，建立起適合該國經濟發展條件的社會保險體系。目前，大體上可以分為五種模式：

表 3-1　世界各主要國家社會保險制度

類型	代表	內涵
救助型	以經濟相對落後的國家為代表	是工業化開始前後所實行的單項或多項社會救助制度。這是最低層次的社會保障，屬於萌芽階段或起步階段的社會保險制度。
保險型	起源於德國，後為西歐、美國、日本所仿效	其前提條件是工業化已經取得成就和經濟具有雄厚的實力，根本目標是國家為社會成員提供基本的經濟安全保障，以維持公民的必要的生活條件。社會保險基金一般由個人、單位和政府三方分擔，強調待遇與收入及繳費相連繫。
福利型	以瑞典、英國為代表	這是一種提供了各種生活需要的社會保障模式。它按照統一標準繳費，統一標準支付社會保障金，基金來源主要透過國家稅收解決，體現「收入均等化、就業充分化、福利普通化、福利設施體系化」。
國家型	以俄羅斯為代表	社會成員一旦就業，就自動加入被保障者行列，一些喪失勞動能力的情況也受到社會保險的涵蓋，保險費由單位負責，各種社會保險項目由統一的組織機構經辦，並和工人共同管理。
儲金型	以新加坡、馬來西亞為代表	強制儲蓄型社會保障，實際上是一種由政府強調推行的自我保障制度。它強調勞資雙方繳費，以職工個人名義存入中央公職金局，職工退休或其他需用時，連本帶息返還職工。在這種模式下，政府通常不提供任何財政補貼，以達成社會保障責任。

（資料來源：作者整理）

年金保險是指保險人承諾每年（或每季、每月）給付一定金額給被保險人（年金受領人）的保險。所以，年金保險實際上是一種生存保險。由於這類保險產品豐富多樣，同時具有許多優點，近年來在以極快的速度發展，依其特色，可以區分為：

表 3-2　年金保險的種類－依保障特色區分

類型	內涵
定額年金（Fixed Annuity）	本金與最低利率保證，風險低，穩定性高。
變額年金（Variable Annuity）	又稱浮動年金，為一種投資型年金，投資標的多樣化，可有效達到降低風險的目的。

指數年金 （Indexed Annuity）	依指數價值計算方式又可分為利率指數年金（Interest Indexed Annuities）及證券指數年金（Equity Indexed Annuities），年金給付額視指數績效調整。
遞延年金 （Deferred Annuity）	存入的資金能以延稅的方式成長，可幫助增加退休後的收入。
即期年金 （Immediate Annuity）	投保人在一次繳完年金費用後，可依需要設定給付起始日期。

（資料來源：作者整理）

　　隨著各國人口高齡化趨勢，年金保障逐步邁向多層次的社會保障管理體系，除政府所建立的社會體制外，尚有職場所建立的職業年金，及鼓勵民間籌辦的商業年金，就功能及性質而言，年金保險可以歸納為：

表 3-3　年金保險的種類－依功能性質區分

項目	內涵	
個人養老保險	這是一種主要的個人年金保險產品。年金受領人在年輕時參加保險，按月繳納保險費至退休日止。從達到退休年齡次日開始領取年金，直至死亡。年金受領者可以選擇一次性總付或分期給付年金。如果年金受領者在達到退休年齡之前死亡，保險公司會退還積累的保險費。	1. 被保險人從約定養老年齡開始領取養老金，可按月領也可按年領，或一次性領取。對於養老金保證一定年限給付，如果在這一年限內死亡，受益人可繼續領取養老金至年限期滿。 2. 如果養老金領取一定年限後被保險人仍然生存，保險公司每年給付按一定比例的養老金，直至死亡。 3. 繳費期內因意外傷害事故或因病死亡，保險公司給付死亡保險金。
定期年金保險	這是一種投保人在規定期限內繳納保險費，被保險人生存至一定時後，依照保險契約的約定按期領取年金，直至契約規定期滿時止的年金保險。如果被保險人在約定期內死亡，則自被保險人死亡時終止給付年金。	
聯合年金保險	這是以兩個或兩個以上的被保險人的生命作為給付年金條件的保險。它主要有聯合最後生存者年金保險以及聯合生存年金保險兩種類型。聯合最後生存者年金是指同一保單中的二人或二人以上，只要還有一人生存就繼續給付年金，直至全部被保險人死亡後才停止。	
變額年金保險	這是一種保險公司把收取的保險費計入特別帳戶，並且將投資紅利分配給參加年金的投保者，保險購買者承擔投資風險，保險公司承擔死亡率和費用率的變動風險。對投保人來說，購買這種保險產品，一方面可以獲得保障功能，	

	另一方面可以以承擔高風險為代價得到高保額的返還金。因此購買變額年金類似於參加共同基金類型的投資，如今保險公司還向參加者提供多種投資的選擇權。由此可見，變額年金保險提供的年金直接隨資產的投資結果而變化。變額年金保險，是專門為了因應通貨膨脹，為投保者提供一種能得到穩定的收益設計的保險產品形式。

（資料來源：作者整理）

　　社會保障方案和計畫的範疇，及對受保人及其供養親屬的社會保護範圍，通常涵蓋養老保險、傷殘保險、遺屬保障、職災保險、失業保險、生育保險和疾病保險、家庭津貼等以現金或實物支付的形式，也涵蓋住院治療、醫療照顧、康復服務、諮詢服務、照顧看護等以社會服務實現的形式。為因應高齡化社會，許多國家進行著年金改革，以確保社會安全保障。我國分別於二〇〇八年實施勞工保險養老給付年金化，二〇〇九年實施國民年金，二〇一四年進行公保老年給付年金化，使得全體公民皆有年金保障。

貳、年金保障的方式

　　現代社會保障是國家和社會對全體國民的基本生活實行全面保護的社會安全機制，會隨著經濟發展、歷史文化背景的差異，各國實施的社會保障的範疇和具體做法未盡一致。然而，主要包括社會保險、社會福利、社會救濟、社會服務等具體內容，透過社會工作得以實現。依照對受保人及其供養親屬提供經濟保障的方式，社會保障通常可以分為兩大類：

表 3-4　社會保障的方式

類型	內涵
實務補助	對社會成員提供非現金的辦法，幫助其克服困難。
收入保障	為補償受保人的收入損失，採取發給補助金、補償金和津貼的辦法。

（資料來源：作者整理）

就所得的保障，在趨勢上朝向年金制度，年金往往是長期支付的社會
保障金，包括養老年金、失能年金、遺屬年金等，失業補償金、疾病補助、
生育補助和職災補償金則是短期或臨時支付的社會保障金。這兩種形式的
社會保障資金，大部分或全部是由雇主或雇員，或者由勞資雙方按一定百
分比交納的專項保險基金。年金保障有幾項普遍認同的做法：就業關聯制
度、普遍保障制度和經濟收入調查制度等。

表 3-5　年金保障的制度運作

原則	內涵	實施
就業關聯制度	與工作相關聯的就業保障制度，涉及享受年金或其他定期補助的權利，直接或間接地取決於年資的長短。在發生事業、疾病、生育和職災的情況下，個人領取年金、失業補償金、疾病補助、生育補助和工傷補償金等的數額，通常與被保障人在發生事故前的收入水準相關聯。	具有強制性特徵，各類雇員及其雇主必須遵守規定的要求。這種保障方式從屬於社會保障制度的「社會保險」類別，而其中的少數保險項目允許雇員自願參加，對自僱者尤其如此。
普遍保障制度	國家對其社會成員按照統一標準提供資金補助，而不論其工作、收入或經濟狀況如何。這種普遍的按人頭補助的保障資金主要來自一般所得稅，大多是政府的財政收入撥款，也有雇主和雇員交納的保險費。	這種來自於財政撥款的社會保障基金，既可以部分或全部負擔某一特定保險項目所需費用，也可用以彌補某個保險項目經費之不足。
收入調查制度	根據國家或政府制定的最低生活費標準，衡量或調查個人和家庭的經濟狀況，以判斷其是否符合享領社會保障待遇的條件。這類保障資金主要來源於國家的財政挹注，其享受者通常為低收入或處於貧困狀態的申請人。	美國現行的 SSI 方案、Medicaid 方案和 AFDC 方案都規定了嚴格的財產和收入狀況申查。該措施，實際上介於廣泛的福利方案和社會保險之間。
按照人頭補助	申請人通常可以是在本國居住若干年限的公民，有時包括在本國生活的外國僑民。	年金包括：養老年金、失能年金、遺屬年金等。
最後支付保證	政府將社會保障視為一項基本職能，並作為保障最終擔保人。多數國家將其財政收入的一部分轉化為財政撥款，作為基金的組成。	年金基金和其他從有關收入設立的保險金，在政府的會計報表中是單獨列支、專款專用。

（資料來源：作者整理）

　　根據世界銀行於一九九四年所出版的《避免老年危機》的報告中，提出老人經濟保障制度可透過「再分配、儲蓄，及保險」等三個層面來達到保障老人經濟安全的目的，其中，

　　第一層為強制性的法定公共保障，包括社會保險、社會救助，或社會津貼，以減少社會成員的貧窮問題；

　　第二層為依託於職場的員工退休金制度；

　　第三層則是採取個人商業保險年金方式。

　　透過這三層的保障及其共保的方式，以解決老人的經濟風險，從而達到經濟保障的目標。為推動社會保險，有些年金保障除強調「雇主責任保險制度」亦實施「儲蓄保險基金制度」的社會保障制度。

　　在社會安全及社會福利制度中，年金保障為推行社會福利制度的重要政策，要達成全國普及的社會保障制度，則行政組織的嚴密性極為重要，如無完整的行政組織，社會保障制度無法成功。尤其擁有特殊性質地域的國家，例如特殊地形、文化、民族的國家，如無強有力的集權式中央政府的主導，則要在推行全國層次的社會保障制度甚為不易。

表 3-6　社會保障推行作為

類型	內涵	趨勢
雇主責任保險制度	這是一種國家強制執行雇主責任保險制度，由雇主對受保人在僱用期間的人身保障及風險事故，承擔經濟賠償責任或保險服務的社會保障制度。有些國家以法律形式規定，對不同情況的雇員提供不同的保險待遇，如一次性的養老金或殘廢退職金；生育補助或家庭津貼；傷病醫療或病假補助；短期或長期的撫卹金和醫療照顧；解僱遣散費。	近年來，在現行社會保險制度中，有些國家形成一種明顯趨向，就是加強雇主責任制度。
儲蓄保險基金制度	這種制度依法要求勞資雙方交納定額保險費，共同出資建立特別基金，專款專用，分別計入每個雇員的個人帳戶，作為雇員本人的儲蓄。當雇員發生法定保險事故時，個人帳戶下的儲蓄保險金，將連同利息一次發給受保人。在少數情況下，受益人也可自行選擇分期領取年金，或將儲蓄存款支付給其遺屬。	這種具有強制性的儲蓄基金制度已逐步在發展中國家推行。

（資料來源：作者整理）

參、年金保障的功能

　　年金保障是社會福利制度的一環，其實施的方式一般可分為：以德國的社會福利制度為代表的俾斯麥模式，及以英國為代表的貝佛里奇模式。還有強調普及式的社會安全制度的瑞典模型，其中隨著社會福利的變動到一九九〇年代的末期，因為受世界大戰及經濟危機的影響，瑞典政府將國民經濟保障修正為新的年金政策，稱之為法定加年金給付，而此一制度的支付方式大抵可分為三個層次，第一層為基本年金，第二層為法定強制性與薪資有關之制度，第三層則是依勞僱協約所提供之職業附加年金。

表 3-7　年金保障模式比較表

國家	德國	英國	瑞典
模式	俾斯麥模式（Bismarck Model）	貝佛里奇模式（Beveridge Model）	瑞典模式（Swedish Model）
內涵	強制性 以勞動人口為主	第一層具普及性 第二層具選擇性	普及性 強制性
特色	著重社會保險的精神，具強制性，且以勞工為主要的投保對象。	強調普及式的福利，採取均一費率及均一給付，均一費率是指所有的勞工及自僱者均繳交均等的費用，勞工所繳交的費用是由雇主及政府分攤；而每一位被保險人均有相同的給付，但對依賴人口的需求則由政府提供補充性的給付。	由社會安全制度、積極的勞動市場政策，以及龐大的公共服務部門所共同形成的。
第一層	老人年金涵蓋：1.受僱人員，2.自僱者，3.照顧未滿三歲子女者，4.領取社會給付志願從事照護的勞工。	公共年金（國民基礎年金）	基本年金
第二層		公共年金職業年金	法定強制與薪資相關
第三層		個人年金（私人商業保險）	勞動與雇主協約提供的企業附加年金

內涵	德國俾斯麥（O. E. Bismarck）首相首創的社會保險，迄今尚形成社會保障的核心。使德國的經濟活動一舉活潑化。以職場為中心，為了保護勞工創設社會保險。推行一段時期後，擴大於一般國民。依照所得特定比率徵收保費，給付時亦認為依照所得決定給付額。換言之，所得愈高繳納愈多的保費，給付時亦受領愈多的金額，但均有上限與下限的限制。	英國學者貝佛里奇（W. H. Beveridge）謀求英國人民福祉，不計收入多少，「從搖籃到墳墓」的社會安全制度。社會保險採定額主義，亦即所有適用對象（被保險人）繳納相同金額的保費，受領保險金時，所有人亦受領同額的給付。在英國一般認為此方式比較公平，而接納此項同額主義。然無論所得高低所有住民皆繳納同額保費，則結果保費必然低額，可使低收入者亦能繳納，從而受領的給付額必然亦低。貝佛里奇在其設計的年金制度，以社會保險提供最低限度的保障為目標。主張地域主義。關於社會保障制度的適用，設定以地域為基準。亦即與僱用無關，而是以地域層次為中心，凡居住在該地域的人，均納入社會保障制度之內，因此無職業者，亦須加入社會保障制度。在職場主義之下，有不受社會保障之人，但在地域主義則全體住民皆受保障，可達成國民皆保險之宗旨。	經過二次大戰後的高度經濟成長期後，各國均擴大社會保障制度，在大幅度擴張中，一般均採兩種模式的混合模式。初期採職域主義，其後在職域層次無法納入保障的階層，創設採地域主義的國民健康保險，完成全民保障的宗旨。基礎年金採地域加入，亦採定額方式，這是典型的貝佛里奇模式，但職業年金部分，依所得比率採定率保費，則為典型的俾斯麥模式。

（資料來源：作者整理）

社會保障是各國政府所共同追求的目標，它是保證國家長治久安的減震器。不論是採用哪一種模式，社會福利的產生主要是為了保護國民的經濟安全，而針對老人經濟安全的議題，在福利國家（welfare state）的保障中，其典型代表的社會安全制度具有兩種功能：

表 3-8　社會安全制度的特別功能

類型	功能	實例
羅賓漢式的劫富濟貧功能（the Robin Hood function）	福利國家所代表的社會安全制度，其意涵具有俠盜羅賓漢劫富濟貧的功能。	提供濟貧措施、所得與財富的再分配，以及減少社會弱勢的社會排除（social exclusion）等措施。
存錢筒式的儲蓄保障功能（the piggy-bank function）	強調福利國家如同存錢筒一樣具有自助、互助的儲蓄保障功能。	提供保險與個人終身再分配的保護機制（ensuring mechanisms）等措施。

（資料來源：作者整理）

　　在年金保障制度下，社會年金的具體項目在實際運轉過程中產生預期效果的能力。總體而言，作為現代社會重要的經濟制度和社會政策，年金保障透過對社會成員提供基本的經濟保護，維持他們的生活和生存需要，促進經濟有序、協調發展，確保社會穩定。由於年金保障內容的廣泛性，其所具有的功能也是多方面的：

表 3-9　年金保障的功能簡表

功能	意義	消極功能	積極功能
經濟功能	補助功能	這是維持社會成員利益、為經濟發展創造良好的外部環境和保證經濟制度健康運行的安全網絡。沒有生活來源或者無能力而陷入困境的貧窮者、遭遇不幸者，當失去勞動能力或工作職位後，年金保障使他們獲得必要的收入補償，保證其本人和家屬維持最低的或基本的生活水準。	年金保障有利於保證勞動力再生產的順利進行，有利於穩定經濟秩序和促進經濟生活健康發展。包括物質資料即經濟和勞動力兩方面因素在內的再生產，是一個社會生存和持續發展的物質基礎。實施年金保障制度，即可以保障勞動力的基本生活與生存需求，提高勞動者的安定，達到提高勞動生產率，促進經濟發展。
政治功能	穩定功能	年金保障制度可以為社會成員提供必要的生活安全感，從而減少生理上、精神上和心理上的痛苦。透過實施社會保障制度，減	年金保障可以消解勞動者在市場經濟活動中的各種風險，穩定社會秩序。社會保障構成的完整的網絡系統，覆蓋到全社會的各層面的安全網，實施社會保

社會功能	調節功能	少社會動盪，維護社會安定與秩序，促進社會協調發展。	障有利於維護公民的生存、勞動、休閒、娛樂、發展等的權利，為經濟發展創造條件和社會環境。
		作為一種社會政策，現代年金保障制度透過徵收社會保險稅（費）和社會保障金，實現國民收入的再分配，國民收入均等化，可以縮小社會成員之間的社會負擔和經濟差別，促進社會公平，保證社會再生產順利進行。	年金保障可以彌補收入分配上差距過大，兼顧公平與效率，縮小貧富差別，緩和社會對立。經由收入再分配，增強社會成員的經濟安全感和抵禦風險能力，保障基本生活權利；同時，通過發展社會福利事業，促進科學、教育、文化、醫療保健等各項事業的發展，提高人們的生活品質，推動社會進步。

（資料來源：作者整理）

　　年金保障的作用是社會保障功能的具體表現，其代表的是社會安全保障的「功效」（efficacy）和「效能」（efficiency），是社會保障功能發揮出來的實際效果。與經濟、政治及社會發展的關係最為密切。

肆、年金保障的發展

　　現代社會保障制度出現於十九世紀八〇到九〇年代，到一九三〇年歐洲大多數國家採取了社會保障措施。根據一九五二年國際勞工組織《社會保障最低標準公約》，將社會保障金給付共分為醫療（實物支付）、傷病（現金支付）、失業、老年、職災、家屬、生育、殘廢、遺屬等多個方面。進入二十世紀四〇年代以後，實行各種形式的社會保障的國家不斷增加，成為社會安全的機能。許多國家有統一的機關負責管理和監督全國社會保障制度的運作，而把關於決定保險待遇和享受條件等具體工作，分別委託給中央社會保險機關所屬的或政府一部所屬的地方或地區辦事機關管理，甚至委託給地方民政機關或勞工組織辦理。如在奧地利，勞動和社會事務部負責一般性監督養老保險、疾病和生育保險、職災保險、失業保險等社會保

障方案，具體事務性工作則分別由體力勞動者年金保險協會、薪金職員保險協會、醫療保險基金會、平衡基金會、疾病基金會、事故保險協會；職業介紹所等組織或機關負責。

　　儘管世界各國在保障對象、保障範圍及實施方法上有很多不同，但她們都保持著基本一致的目標，就是對全體社會成員提供社會保障，幫助他們解決因年老、失業、殘廢、死亡等產生的難以克服的現實問題，以維護社會生活的相對安定和社會生產的正常進行。二十世紀五〇到七〇年代，世界經濟進入前所未有的高速增長時期，各國的社會保障制度的迅速發展，不僅擴大了保障適用範圍，而且提高了支付水準。第二次世界大戰以後，推行社會保障的國家及社會保障項目增多的原因是多方面的，主要歸結為：

　　第一，認識的提高和社會進步促使各國日益把社會保障當成一項重要的政府職能。

　　第二，經濟長期繁榮發展，為建構與完善社會保障的制度提供了雄厚的物質基礎。

　　第三，不斷出現的新興國家相繼實行市場經濟，推動社會保障發展成為客觀期待。

　　然而，年金保障必須建置在既有社會的基礎上，由於各國發展的差異，西方福利國家制度下實行的普遍養老保險，相關制度存在著各自的特色。普遍養老金的給付主要有兩個系統，可區分為「英國方式」和「北歐方式」。英國按絕對金額給付，是一律定額型系統，起源於濟貧法制度，不論男女，退休老人均按每人每週一定給付。如果每年平均交納保險費不足一定周數，按減額給付，採取直接現金給付辦法。北歐地區則以過去某個時間點制定的一個基數為標準，按基數的一定比例給付養老金，這個基數的金額相當於享受最低生活水準所需的各種消費性商品和服務的經費之和，要求強制性加入，經費來源於保險稅費，保障過去所得或是對過去所得的置換。

　　惟由於現有的老年所得保障制度普遍給付不足，產生所謂「年金貧窮化（pension poverty）」的現象，以及全球性退休危機的衝擊等影響，使得既有保障模式已無法因應未來長壽社會與景氣變動的需求。加以面臨人口高齡化趨勢的影響，人們用以維持基本需求的最低生活費用上升，許多人依賴社會保障過活，社會福利開支巨大，社會保障金來源入不敷出，社會保障制度挑戰的時刻到來，為尋找到社會保障的永續發展，紛紛採取新的良策。世界銀行為解決此問題，參考瑞士、智利以及新加坡的老年經濟保障制度，於一九九四年提出一份「避免老年危機（Averting the Old Age Crisis）」的報告，認為面對未來人口老化趨勢，老年安全問題必須建立在兼顧經濟發展與保障老年安全的年金體系之上，提出「三層保障模式（Three-Pillar Model）」，建議老人經濟保障制度應採多層次之體系，以發揮再分配（Redistribution）、保險（Insurance）或儲蓄（Saving）等功能，來解決老年所得中斷的問題，目前世界上實施各種老年年金制度的國家，大都採取多層式保障體系。

表 3-10　三層年金保障模式

類型	原則	內涵
國家年金	公共年金計畫（Public Pay-as-you-go Plans）	它覆蓋到全體國民，不管其退休前的個人收入狀況如何，當投保達到一定年限，達到法定領取養老金的年齡時實施。
職業年金	職業年金計畫（Occupational Plans）	考量國家法定養老退休金不很充足，只能維持老年人的最低標準生活。由於給付標準偏低，僅相當於最低生活需要，所以還得有其他補充來源，否則老年人的退休生活水準將會大大降低。只有加上職業年金，他們的基本生活才有可能得到保障。各國推行的企業補充退休金具有幾個共同點：其一，退休金標準千差萬別，因企業經營狀況而異；其二，基本上靠雇主投保，加上存款利息滾動而成；其三，只給付給雇員個人，鼓勵連續工齡延長，並且採取個人可攜式方式，以保障所得。

個人年金	個人儲蓄及年金計畫（Personal Savings and Annuity Plans）	包括養老儲蓄、養老互助儲蓄、人壽保險等幾種形式。如美國不僅在全國範圍內發行個人養老公債，鼓勵人們購買這種利率較高的公債，為今後養老做準備。而且，為那些未被企業養老保險覆蓋的個體勞動者、個體開業者設計並實施個人養老儲蓄。美國民間的互助養老儲金會、日本的生命保險公司，對於保障老人安度晚年發揮了一定的作用。此外，西方發達國家的人壽保險業較為發達，雖然是商業性保險公司，他們卻成為個人養老的又一個重要支柱。

（資料來源：作者整理）

結語

　　二十一世紀以來，由於世界主要工業國家積極推動全球化，以及個人主義思想抬頭的影響，重視個人責任與效率觀念，促使社會安全制度的功能角色，已逐漸從傳統的濟貧功能轉移重視儲蓄保障功能，「從搖籃到墳墓」式的社會保障為社會成員提供了寬範圍、高水準的生活保障，但是政府負擔過重，財政赤字較大，不利於激發和調動社會成員的工作積極性。取而代之的是強調提存準備財務處理的重要性；另在老年經濟保障制度的建構規劃上，亦因可攜式年金的賦益權概念引進，與多元主義的組合概念導入，減少政府的干預與介入，增加多樣化的制度選擇機會，俾利因應未來諸多風險與不確定因素的衝擊，期以維護個人的權益保障。

　　「可攜式年金的賦益權概念」與「儲蓄保障功能的提存準備財務制度」相結合，其宗旨是最充分地滿足保護勞動者的健康、養老，並維持其工作保障的措施，成為建構老年經濟保障制度中的主軸。惟不可否認的，基於既得權益的維護與制度的永續經營，社會連帶責任思想所具有的福利濟眾觀念與所得再分配效果，在年金保障體系中仍將扮演著不可或缺的基本功能。

第四章　年金保險規劃

前言

　　生老病死乃生命歷程的自然規律，人為因素尚無法完全操弄控制。就勞工而言，在勞動生活（work-life）中，失業、積欠薪資、職災及退休所得等變數，都是影響勞動生活品質的重大議題。尤其社會結構急速轉型，人口老化、少子女化、低出生率及家庭互助功能降低，加上所得分配惡化、薪資成長趨緩、物價波動等不利因素，將使勞動者老年生活保障更形困難。另，因政府財政負擔能力及公平化、效率化及合理化等因素考量，人民直接從政府手中得到的經濟協助，也會面臨條件越來高、金額越來越低、期間越來越短、穩定度越來越小的局面。

　　爰此，未來社會上可能產生一群有效管理退休資源的富裕退休者，但是同時也會產生一群缺乏有效退休資源保障的貧窮退休者。後者即需要透過一套完善的資源移轉架構的建立，來預防或保障老人陷入貧窮。如果期待老年生活能夠安定而有尊嚴，就必須及早進行退休生活的規劃與準備。

壹、年金的保障結構

　　老年生活保障問題是現代國家所共同面臨的挑戰，其發生乃因老年人口自勞動市場退出時，可能發生所得中斷之社會風險，而傳統上家庭對老年人口的經濟支柱功能，因少子化現象、平均壽命的延長、人口結構的改

變及人口老化的加速等原因而漸趨式微，為解決老年經濟安全的問題，各國政府均試圖在制度上獲得解決方案，不斷思考如何能夠解決老年經濟保障問題且不影響經濟發展，而「年金制度」即為解決此一問題之重要制度，並發展出不同模式。

面對一個人口結構快速老化的社會環境，具有一套整體性退休年金體系是十分重要的，若是以片面性的角度，企圖解決老人年金的問題，將會引發制度矛盾、財務規劃不良、投資報酬過低、雇主及員工財務分擔不公，以及所付與所領不公平所引發的代間抗爭等問題。故應全面性地了解人口結構的老化及當前退休體系的問題，並清楚建構完整年金體系，建立起一套合適社會長遠發展的退休年金體系。

年金制度的出現，導致傳統一次性給付的退休金概念面臨法令與制度的轉型聲浪，並以之為維持並增加老年經濟保障之重要制度之一。年金係指一連串的定期性支付，所以，每年、每半年、每季、每月、每週一次的定期支付，皆可稱為年金，其不同於一次性給付之退休金制度，而年金改革（Pension Reform）議題也因人口高齡化而成為近年所有福利國家中最重要且最迫切的問題之一。世界銀行（the World Bank）於二〇〇五年間提出「二十一世紀老年所得維持」（Old-Age Income Support in the 21st Century）主張，提出新的多層次（multipillar system）老年經濟保障模式。

表 4-1　年金保障的類型

層級	特色	內涵
第零層保障	是「殘補性」的全民式補助或是社會年金。	非納費性社會救助制度或稱非納費性社會福利制度的適用對象，其目的在提供貧窮老人的最低生活保障。這層模式建構主要係在有效保障終身貧窮者以及資源不足或不適用任何法定年金制度的非正式部門和正式部門的年老勞工。
第一層保障	是「強制性」的社會保險年金制度。	透過社會連帶責任的再分配功能發揮，藉世代間所得移轉作用來提供老年退休者最低生活水準的終身保障。由社會保險保險費作為其主要的保險財源，依隨收隨付式的確定給付制度型態來運作。

第二層 保障	是「任意性」的 年金制度。	不論是職業年金或個人年金，其主要特色係採確定提撥制為主 的完全提存方式運作。亦有改採終身年金的選擇。
第三層 保障	是「自願性」個 人商業保險制 度。	這類年金制度採自願性的事前提存準備制度。其目的在於確保 一個明確的退休目標。至於採行的退休金給付型態均透過私部 門的保險機構來承保，以提供保障。
第四層 保障	是「倫理性」的 家庭供養制度。	這一層保障係導入了固有傳統社會的家庭重視孝道的倫理道德 思想，以及疾病相扶持的共濟觀念。退休資源並非來自正規制 度的年金給付，亦有部分來自子女的供養、自有住宅、家庭間 移轉或個人儲蓄等方面。

（資料來源：作者整理）

　　「多層次老年經濟保障模式」，在制度上而言，即是由國家建立「強制性公共安全制度（Mandatory publicly managed pillar）」及「強制性企業退休金制度（Mandatory privately managed pillar）」，提供老年給付以解決老年所得中斷的風險，並加上個人的「自願儲蓄計畫（Voluntary Pillar）」，即形成了老年經濟安全的社會保障。建構符合國家所需的年金制度模式與構架，並達到對老年經濟安全的充分保障，成為國家政策的重要方針，而不同的年金制度內涵亦將影響國家政策的推行及人民對制度的選擇。對於年金保險改革的作為，考慮到下列指導原則。即：

　　第一，養老年金的目的係在一種持續財務結構健全下，以提供國民老
　　　　　年退休收入安全。

　　第二，重視低收入階層社會安全的必要作為，而社會公義則成為改革
　　　　　行動的關鍵議題。

　　第三，養老年金的設計，可透過勞動市場及國民儲蓄的功能發揮，期
　　　　　能促進經濟成長。

　　「年金」原指每年定期性支付金額的意思，所以它只是一種支付方式，特別指一年支付一次者而言。但演變至今，依其最廣泛的意義而言，並透過共同保險（co-insurance）的方式，避免因通貨膨脹、景氣蕭條以及投資報酬率過低等風險所造成的所得損失。

貳、可攜年金的意涵

「退休」對一些人的未來生活而言，的確是一件負擔相當大的財務負擔。對於退休金制度的規劃設計妥適與否，將關係到勞工權益及其退休生活甚鉅；同時，龐大的勞工退休準備基金的運用與管理妥當與否亦對資本市場結構的衝擊，具有相當的影響。為解決人口老化與少子化所導致的社會安全財務負擔問題，目前世界許多國家均積極進行社會安全年金改革工程，已有逐漸將財務責任由政府轉移到企業或個人的趨勢。其目的在於減輕公共退休制度的政府責任，同時鼓勵個人在規劃其未來老年退休生活時能承擔更多的責任。

表 4-2　退休所得來源性質區分表

類別		內涵
公部門退休金	社會保險	政府設計並提撥退休金，來提供國民退休以後的所得保障。
	社會救助	需要資產或所得調查者，來提供國民退休以後的所得保障。
私部門退休金	個人資金	藉由購買保險、不動產、存款儲蓄等投資方式來進行退休儲備的累積。
	集體資金	藉由集體的手段加以解決，如家庭移轉、慈善救助及親友鄰里來提供。

（資料來源：作者整理）

可攜式年金係指受僱員工在轉換雇主時，仍可繼續保有相同的年金權（pension right），不致於因轉換雇主而損失其原有服務年資所應取得的給付權益。其中具有兩種意義，即一係代表一種年金商品的制度類型，另一係代表一種給付權益可攜帶的概念應用。因此，不論在社會保險年金、員工企業退休金或商業保險年金等制度類型上，均較能獲得多數人的認同與接受。換言之，即員工在轉換前制度的給付資源需移轉給轉換後的制度，其

前後的服務期間所需的給付費用可以併計。其用意除強調個人責任與效率公平性外，特別重視基金財務的獨立性與增加個人對制度類型的選擇權。其中個人帳戶型的退休金制度，因具有年金可攜帶性，與給付權益不受損的特性，同時所謂可攜式年金並非全部都採年金給付方式，亦有採一次給付方式辦理。其中個人帳戶式的確定提撥制可視為可攜式年金的主要典型代表，其特色是隨著個人工作的轉換而能隨時可攜帶著走，但其給付權益並不受影響。可攜式年金的賦益權概念，已漸導入社會安全年金制度與私人年金制度的規劃領域裡。因此，各國政府在制度保障層次的型態功能角色上，對彼此的制度規劃內容亦須有所調整，以資配合，在年金保障中成為重要的制度。

目前我國的「勞工退休金條例」中有關「個人帳戶制」、「附加年金」，或「其他年金制」，以及所謂的社會保險通算制度，均係導入可攜式年金的賦益權制度。「勞工退休金個人專戶」，即屬個人帳戶制類型，主要係以個人退休金專戶為主，年金保險制（其實為商業性年金保險型態）為輔的體例。此種個人帳戶制為一種確定提撥制的可攜式退休金制度，勞工轉換工作，帳戶可跟著走，工作年資可以累計，給付權益獲有保障。依照國外實施的經驗，採個人帳戶制的退休金型態，其制度本身仍存在著若干的風險，有些風險在個人帳戶制本來既已存在而且是無法消失的現象，須加以規範與管理，若能對退休金制度有所規範制約（regulation）時，則通常能減少或避免這些風險的發生或衝擊。為減少個人帳戶制所面臨各項風險的影響，政府應規範退休基金（pension funds）的管理與投資，對參加個人帳戶制的員工有更大的保障。

第一，政府應保障員工個人帳戶的權益，以避免因資訊落差而被基金管理公司所誤導。

第二，避免專業經理管理公司因發生基金的管理不善，導致無法達成基金的收益保障。

第三，避免因管理公司投資表現不佳或是行政支出過多，而造成退休金給付權益損失。

第四，避免負責經營的管理單位對於個人帳戶的處理有不公平、不透明、不專業的待遇。

第五，政府須避免個人帳戶提領基金的速度過快，造成退休基金財務調度困難的現象。

可攜式年金的最大特色在於員工個人服務（或保險）年資的賦益權（vesting）均可承認，而給付權益不受損失。個人帳戶制的設計特別有利於確保員工轉換工作時的權益，能夠將其工作年資攜帶著走，並且加以累積，以增加其退休所得。

參、年金的運作原則

為解決人口老化與少子化所導致的社會安全負擔問題，世界許多國家均積極進行社會安全年金改革工程，將財務責任由政府轉移到企業或個人的趨勢，其目的在於減輕公共退休制度的政府責任，同時鼓勵個人在規劃其未來老年退休生活時能承擔更多的責任。從功能性而言，年金係提供消費者一種終身所得的支付方式，因為他們無法預知確實能活多久，通常需要透過保險方式來處理其累積基金，用以保障老年的經濟生活。若沒有購買年金時，則個人為其未來的終身生活勢必降低其現有的消費支出，個人的風險趨避程度愈高，則其年金的效用價值（the utility value）亦愈大，此乃政府為何需要推動保險年金，以確保他們不致於老年退休後陷入貧困。

表 4-3　年金運作的原則

原則	內涵	實務
訂定合理費率	保險強調的是自給自足，是以年金的提撥費率訂定合理的提撥費率，以能達成與退撫照應所需的費用，該費率應經由精算的基礎，以合理反映真實的費用為基金永續為要件。	丹麥於一九八五年起對於收關勞資協約及個人財產形成的作為。

採取管理競爭	對於基金的經營運作,應採取更開放的態度,政府逐漸朝向監督的立場,基於財政的考量,對於公共年金的制度都結合民營化、強化市場機制、獎勵所得儲蓄、加強個人責任、減輕政府負擔。	英國於一九八六年的社會安全改革,針對年金即採行多元、自由選擇,融注民眾力量。
運用儲金制度	退撫制度從「恩給制」的結束,到儲金制及基金制的來臨,受益者應該慢慢有所體認「白吃午餐的時代」已經結束,為了避免福利制度漫無止境的擴張,遺留給下一代難以清償的債務,退撫基金的建制一定要植基於「自給自足」的型態,否則影響後代子孫,不利於退撫基金的「永續經營」。	智利於一九八一年的年金改革,年金的儲金化,在穩定的經濟下,獲得很高的收益,被譽為成功的退休撫卹基金制度的改革。
採確定提撥制	確定給付制的危險在於其給付金額與基金收入無法相應,其財務將出現鉅額虧損,該制度等於政府對於將來要付的錢不論多少一律概括承諾,然而隨著人口高齡化及少子女化,退休後的年金挹注日為增加,形成確定給付制的責任很重。	新加坡採取「自給自足」的儲金制,得到良好的驗證,並以確實精算的方式,反映合理的成本。
以充分準備制	考量隨收隨付制(Pay As You Go)會發生代際間重分配的問題,在未來如果生產力下降、人口成長率又減緩時,容易發生財務周轉問題。是以,以充分準備制取代隨收隨付制,使得當代工作者為未來老年時多提存準備。	智利於一九八一年退休撫卹基金的改革即將隨收隨付制改採充分準備制(Full Funded)。
展期年金制度	考量展期年金的作為,如任職滿一定年限即可提前自願退休,但退休金必須減額或者是延至一定年齡才能領。此種方式對於僵化的退休制度或者有意轉業及不適任的人員有另謀出路的機會,對於退休金經費的大幅成長及人力的新陳代謝,均有適度的助益。	就風險趨避(risk averse)觀點加以分析,一塊錢的年金所得比一塊錢的現金在效用上更有其價值(worth)。
延後退休年齡	有鑑於退休金支出的大量增加,有些國家即以延長退休年齡因應,但是在顧及人力的新陳代謝以及鼓勵年輕人的工作意願上,延後退休與人力新陳代謝的取捨,宜適切的調度。	如美國、日本、西歐各國將延長退休年齡列入政策。

(資料來源:作者整理)

肆、年金管理的風險

就我國的現狀來看，年金制度尚屬初級發展階段，社會公眾對年金的認知屬於萌芽時期，年金投資管理的市場化仍有相當成長空間，這時風險管理技術導入年金的管理流程就顯得十分必要了。

一、年金的風險的識別

年金在運行過程中面臨的風險種類有很多，主要風險是信用風險和投資風險。信用風險是指年金的受託人、託管人、投資管理人或帳戶管理人違約，使得受益人造成直接或間接的損失風險，是以需將風險根植於年金的治理結構之中。在這種「委託－信託」關係中，帳戶管理人和投資管理人的信用風險狀況，將直接影響年金計畫運行的成敗，所以信用風險是進行年金風險管理時首先要考慮的風險。投資風險是在對年金基金進行投資時，由於市場整體的波動性所造成的未來收益不確定性，特別是投資收益低於目標值甚至發生虧損的可能性。在年金的運作流程中，投資管理是一個極其重要的環節。一旦投資失敗將會直接影響受益人的經濟利益，甚至會導致整個年金計畫的失敗，而且投資風險是和投資人的信用風險連繫在一起的，投資失敗將會引發信用風險。

二、年金的風險管理策略

年金的風險管理是一個長期的、複雜的過程。在此過程中，與風險管理有關的制度安排以及這些制度的運作效率是影響風險管理效果的關鍵。

表 4-4　年金的風險管理策略

原則	內涵	實務
信用風險管理	政府應該對受託人、帳戶管理人、投資管理人和託管人設立嚴格的準入和退出制度。年金的監管機構要制定全面和詳細的規則,對申請從業的機構的資本規模、治理結構、專業素質、資信水準、經營績效等各方面進行嚴謹審核。	明確界定從業機構和人員的獨立性,旨在預防從業機構之間出現利益勾結而損害年金受益人的利益。
建立相互制衡	對於金額很大的年金應當選擇多個投資管理人進行管理,以分散信用風險。這屬於損失抑制的措施,主要是確保一旦某個投資管理人出現信用危機,也不至於導致整個年金計畫全盤失敗,從而把損失控制在一定的範圍之內。	託管人如果發現投資管理違反法律、行政法規、其他有關規定,應當立即通知投資管理人,並及時向監管部門報告。
投資風險管理	禁止某些風險過大的投資行為,進行風險迴避。對年金的各種投資工具的比例做出規定,限制股票等高風險工具的投資比例。投資管理人不得從事使年金基金財產承擔無限責任的投資。	規定年金基金不得用於信用交易,不得用於向他人貸款和提供擔保。這類規定是一種損失控制措施。
實行風險自留	風險自留屬於財務型風險管理技術,有計畫的風險自留是指風險管理者察覺到了風險的存在,估計到了該風險造成的期望損失,決定以其內部資源,來對損失加以彌補的措施。年金的受託人應當按年金基金淨收益的一定比例提取風險準備金,用於彌補投資風險準備金不足而造成的重大虧損。	年金採取有計畫的風險自留的方式包括:年金的投資管理人每年從當期收取的管理費中,按一定比例提取投資風險準備金,專項用於彌補年金基金投資虧損。
綜合風險管理	在實際經濟生活中,內部控制制度是企業的一種基礎性的風險管理制度,它的有效運行可以在很大程度上發現和化解這些機構本身遇到的外部風險,阻斷風險傳遞鏈條,從而降低年金運作的整體風險。	受託人、帳戶管理人、託管人和投資管理人應當完善各自相應的內部控制制度。
完善資訊揭露	及時發現從業機構在管理中存在的問題,把各種風險因素化解在萌芽狀態。在每規定的時限內,受託人應向委託人提交年金基金管理報告和財務會計報告;投資管理人應當向受託人提交經託管人確認的年金基金管理報告。	應建立定期稽核的制度。委託人每年應聘請會計師對年金基金的財務會計報告進行稽核,並把審計的結果作為對當事人的工作績效進行考核的重要依據。

定期評估制度	年金面臨的風險種類以及發生的頻率、程度是在不斷變化的,因此當前實施的風險管理措施應該根據經濟、社會和政治環境的變化而進行調整。年金的受託人應當定期對整個年金的風險狀況進行分析評估,檢查現有風險管理措施的實施情況,並向委託人提交風險評估報告。	依據美國的經驗,經由建立第三方擔保的方式為年金的受益人設置一道安全屏障,這是一種財務型風險管理技術,實質上是對年金進行風險轉移。

（資料來源：作者整理）

隨著我國養老體制的建置,並且存在著進一步加速發展的趨勢,未來將扮演日益重要的社會安全機能。如何對規模和範圍日益擴大的年金,在其建立、管理和投資等方面加以適當引導和正確規範,是一個亟待開拓和關注的議題。

伍、年金監管的借鑑

英國的養老金制度已經引起了國際社會的廣泛關注,緣於其在職業養老金及私人養老金方面所取得的巨大成功,主要展現在：

第一,覆蓋範圍極廣,達到百分之七十五。

第二,資產規模巨大,超過 GDP 的百分之八十。

第三,投資績效良好,一九八〇至一九九五年平均年收益率超過百分之十。

當然,英國的養老金制度也存在一些問題,主要體現在監管制度的不當可能引發許多陷阱,但對於進行養老金制度改革的國家來說,英國的養老金制度尤其是職業養老金計畫的監管制度仍然有許多值得借鑑的地方。

一、英國職業養老金計畫簡介

英國實行的是三支柱的養老金體系，包括公共養老金、職業養老金和個人養老金。

表 4-5 英國職業養老金計畫簡表

類別	內涵
公共養老金（Public Pension）	包括對每個人提供的基本養老金和對雇員提供的與收入相關聯的國家養老金，兩者都採用現收現付制。
職業養老金（Occupational Pension）	是由私人和公共部門的雇主給雇員提供的，包括確定給付制（Defined Benefit Plan, DB）、確定提撥制（Defined Contribution, DC）和混合型（Hybrid Plan）三種計畫類型，絕大多數大公司提供的都是確定受益型（DB）職業養老金計畫。
個人養老金（Personal Pension）	主要向自僱人員和沒有參加職業養老金計畫的人群提供，通常都是確定提撥制養老金計畫。

（資料來源：作者整理）

其中，由職業養老金計畫構成的第二支柱，是英國養老金體系中最重要的組成部分。職工退休後由國家基本養老金提供最低生活保障，而退休後主要收入來源於職業養老金，所以英國職業養老金計畫的地位相當重要。由於英國職業養老金計畫的類型多樣，規模龐大。為保證職業養老金計畫的良性發展，英國政府在對職業養老金計畫的監管上做出了不懈的努力。

二、英國職業養老金監管的特點

（一）完善的監管體系

英國的職業養老金計畫是歐洲最完善的，尤其體現在養老金監管體系上。英國養老金監管的一個重要特點是多體系監管，其中還包括自我監管。主要監管機構為「英國養老金監管局（Tne Pensions Regulatory）」。該機構已在二〇〇五年正式行使權力，對職業養老金的監管更加有力，使養老金監管局的主要活動集中於使成員利益面臨最大風險的計畫上。養老金監管局以保護職業養老金計畫成員的利益和促進職業養老金計畫的良好監管為目的。這使其與受託人等的合作更為有效，從而降低成員利益的風險並且能有效改進計畫運行方式。在必要時靈活適當地對各個計畫行使其權力，目的是幫助計畫有效運行。若出現「不當行為」，則運用權力保證計畫正確運行。主要展現在：

表 4-6　英國職業養老金監管簡表

類別	內涵
支持計畫運行	養老金監管局有權使用多種方式支持計畫運行。例如，為委託人、雇主等提供實踐原則和指南，並在實踐中幫助他們；取消無法充分執行其職能的委託人資格等。在與委託人、投資管理人及雇主協作的基礎上，養老金監管局可以運用這些權力提高養老金計畫運營的標準。
發布實踐原則	養老金監管局新的監管方式是利用權力發布實踐原則。實踐原則可以為委託人、雇主和其他人在遵守養老金法律時提供實踐指南。實踐原則雖不是法律，但是實踐原則中的任一可選擇方法必須符合法律規定，否則就可能受到懲罰。
促進計畫運行	養老金監管局的活動焦點是幫助計畫正確運行，當問題發生後，可以提供幫助。根據實際情況，養老金監管局可以決定取消或禁止一個或多個委託人的資格，可以在刑事法庭上徵收罰款或批准起訴。養老金監管局新的權力允許其可以要求雇主在計畫中支付具體的金額以補充基金積累的赤字，為計畫提供融資，使計畫的融資恢復到適當的水準。

（資料來源：作者整理）

（二）嚴格的監管制度

英國職業養老金計畫監管的法律體系體現了高度的法制化特徵，其職業養老金計畫的監管在法律保障下順利運行。為加強對英國的職業養老金計畫進行監管，英國政府還建立了兩大輔助性監管制度。一項是「仲裁」機制（whistle-blowing），引進專業裁判或者仲裁者，代表委託人的利益；可以對受託人的不當行為進行有效的約束。另一項是「申訴」機制（member-complaints），鼓勵廣大成員通過該機制，直接將自己的意見或者不滿反映給監管機構。

（三）有效的監管模式

英國職業養老金計畫監管實行的是「監察人」規則監管的模式，「監察人」規則的主要特徵有：

表 4-7　英國職業養老金監管簡表

類別	內涵
依規行事	應當勤奮和按規則行事，要求受託人對受託的信託、計畫或基金有相當程度的熟悉。
熟嫻規範	細心、熟練，必須像一個審慎處理自己財產的人一樣細心、熟練地履行自己的職責。
審慎作為	監督的職能，受託人有責任監督和評估被委託的職能能被合適和審慎的履行。
忠誠職責	要求受託人的言行必須全部以計畫參與者的利益為出發點並代表他們的最大利益。
分散風險	受託人為審慎管理資產，宜分散資產運作的風險，使資產管理效應最大化。

（資料來源：作者整理）

英國對職業養老金的資產組合沒有太多限制，一般只規定了發行人、各類投資工具、風險、所有權集中度，而沒有規定資產持有類別的上限。由於「監察人」規則監管模式具有相當大程度的靈活性，衡量的是投資決策過程，是一種適應資本市場和金融理論發展的動態型自我監管，但同時

對投資管理人的內部控制和治理結構、監管當局的監管能力和司法體系都有較高的要求，其核心在養老金的內部治理上，而監管當局也對養老金投資的內控方面有更為嚴格的信息披露要求。英國的經濟發展已經很成熟，金融體制比較完善，基金管理機構也得到一定程度的發展，因此，英國所實施的這種嚴謹規則的監管模式對其職業養老金計畫的監管非常有效。

英國職業養老金的監管採用「監察人」規則的監管模式，和多數歐盟國家不同，英國對於基金投資範圍基本沒有太多限制，但是引入了最低基金積累要求（MFR）。同時，英國職業養老金計畫有更高的最低繳費水準以避免養老金持有者年老時的貧困。從年金保障來看，英國職業養老金計畫監管是比較適當的。例如「審慎人」監管不是給資產組合組成制定詳細的指南，而是要求資產組合更多的分散化。

結語

在人口結構老化的情況下，對應未來老人退休安養的退休資源是否會因人口老化而漸行萎縮，已成為當今學者所關注的焦點，若傳統退休資源並不會因人口結構的改變而改變，則不需擔心未來老人安養的問題；反之，若傳統退休資源的確會因人口老化而減少，則設計一個良好的老人年金體系，將有助於未來社會的安定與和諧，澈底解決人口結構老化所引起的老人問題。

第五章　年金制度財源籌措

前言

　　為全面地、有效地維護公民的社會權，國家有必要以公平與正義為基礎，建置社會保障系統參酌恩給（國家責任）、保險（社群互助）、福利（社會濟助）與儲金（個人自助）等原則，建構並擴展關懷性、防備性與發展性社會安全制度，以切合人民的需要，提供生命全程的社會與經濟保障。

　　社會年金廣及全體公民，所需資金龐大，年金財源籌措，關乎制度的永續，需透過精算俾維持財務平衡；但因充分調升保險費易遭受民意反對，故往往低於最適水準。另，透過年金制度徵收保費所積存的基金相當龐大，若運用得當能增加財源；惟基金的操作以安全為先，故投資報酬率一般不高。再者，社會安全多會納入補助弱勢者社會福利項目，故政府多以一般稅收予以挹注。在監理機制方面，相應建立當事人代表參與的單位，以便執行監督。

壹、年金保險資金的管理

　　從年金保障的發展過程加以觀察，德國於十九世紀末開辦社會保險制度迄今，已歷經一個多世紀，為因應不同時代的需求，社會安全制度所扮演的功能角色也有所差異。例如在二次世界大戰以後，所有國家都正從經

濟景氣的谷底開始走向復甦之路，此時百廢待舉，社會安全制度著重的是向貧窮宣戰（war on the poverty），因而年金制度，強調是在維持所有國民的最低生活水準。此時對於老年經濟安全保障，多以政府所提供的公共年金（public pension）為主，較偏重於追求社會正義的濟貧制度。

直至二十世紀八〇年代時，由於政府財政負擔上的日趨困難，強調放任、自由的新保守主義崛起，為了恢復過去經濟的榮景，新右派（New Right）政府採取柴契爾主義提倡市場自由經濟來抑制國家權力的持續擴張、縮減政府的財政支出，然為了維持社會福利措施，遂被導入社會安全制度的領域之中，而民營化、公辦民營等多元主義（pluralism）的概念，使年金制度的進行變革。除了政府所提供的公共年金之外，透過立法的方式，或是其他租稅優惠措施，推動企業建立職業年金及私人年金，反映政府的介入減少，同時也代表著民眾擁有更多的選擇與保障；而其所代表的功能角色，以減輕政府的財政負擔，強調個人自由的儲蓄保障制度。

進入二十一世紀，隨著高齡化及少子化及預期壽命延長，不論是公共年金方案，或是其他的私人年金方案，形成年金保障不足的困擾。如 Richard Jackson 在〈全球退休危機（*The Global Retirement Crisis*）〉一文中所言，高齡社會不僅影響到現有的社會安全制度，並且對於政府財政亦將造成危機。因此，各國政府積極進行年金的改革工程，以保障老年的經濟安全。若錯失改革良機，則其後果將比預期更加嚴重。因此，建議提高生產力、延長勞動年齡以及現收現付年金制改採提存準備制等具體措施。

表 5-1　年金保障的經濟議題

項目	區分	內涵
年金保障金融制度	所得再分配的機構	年金保障意味所得再分配，全體國民以稅金或保險費等名義承擔經濟性負擔，對遭遇社會風險的國民，提供保障的金融制度。現代社會的國民承擔與社會保障有關的稅捐或保險費，越來越高。
	高福祉、高負擔	在福祉先進國家，例如北歐諸國，明顯的是屬於高度福祉國家，但同時又是高度負擔國家。為實現高度福祉，必然要高負擔來配合。在高負擔中，可選擇以租稅為主或以社會保險為主，其經濟效果不同；其次稅制之不同，保險費種類之不同，其經濟效果亦必然不同。

年金保障 的財源	稅收	可指定某項租稅專用於某項特定社會保障。
	社會 保險費	在年金保障制度中,保險費負擔由被保險人的受僱人與其雇主,依一定成數分別負擔保險費,勞雇雙方的負擔成數在多數國家,可成為團體協商的重要項目。
年金保障 的歲出	現物給付 與現金 給付	社會保障制度,以所得保障為中心,因此在老年、失業、疾病、勞災等制度中,為保障所得,適用現金給付。在醫療保障制度則以現物給付為主,現物給付指醫療服務,長期照護。
	年金保障 給付的 特徵	保障的政策雖不變更,長期依照往日正常運作;但因社會環境、條件的變化,支出無法避免增加。例如人口構成中的老年化、少子化、醫療技術的進步等等結果,保障給付年年增加。此外物價波動、貶值等因素,亦使保障給付年年遞增。

(資料來源:作者整理)

　　社會保障制度從全體國民強制徵收財源,其規模可謂國家最大的金融制度,年金保障歲出有「自然增加」的特徵。養老保險基金的籌措,一般有國家(政府)、企業(雇主)和個人(雇員)三個來源,所採用的方式區分為三種不同的組合:

表 5-2　年金保險基金的籌措

類型	國家	內涵
國家、企業和個人三方集資	英國、德國、日本、奧地利、加拿大、丹麥	一般由勞資雙方共同交納保險費,政府給與必要的補貼。由雇員、雇主和政府三方分攤保險費的比例可以相同,也可以根據薪資高低,按累進比例制遞增。
勞資雙方分擔保險基金	法國、印度尼西亞、敘利亞、以色列、委內瑞拉	按這種方法交納的保險費,通常與收入相關聯,保險費的徵收按個人的工資或薪金的固定百分比,直到某一規定的最高限額為止。
由政府和企業集資	瑞典、挪威、義大利、波蘭、匈牙利	政府包攬或與企業共同分擔的集資,多採取稅收的方法進行。政府分擔的保險費份額,主要來自財政收入,其次來自指定徵收的專用稅款或消費稅如菸草稅、汽油稅、含酒精的飲料稅等。

(資料來源:作者整理)

從以上幾種方式比較來看，按照第三種方法籌集養老保險資金，不需要個人承擔保險費，固然符合一般人的願望，但它的最大缺點就是資金來源單一，政府和企業不堪重負，最終受害者還是廣大勞動者。從第二種方法來看，政府不承擔提供社會保障的責任，不利於維持這種重要的社會經濟制度的穩定性。大量實踐證明，第一種方法有較大優勢，它不但克服了第二種和第三種方法之不足，而且強調了政府、企業和個人各自的權利與義務，易於形成三者之間的相互制約機制，便於監督和管理，保險係數較大，有利於發揮年金保險安全網絡的穩定作用。

貳、年金保險資金的籌集

根據世界各國年金制度的發展現況，有關年金發展的主要模式，一種是「市場化」模式，另一種是「集體化」模式。前者著重個人主義（individualism），後者強調社群主義（communitarism）。因此對於年金保險的資金籌集亦有所差異，年金制度發展各有不同重點，政府在財政投入所扮演的角色亦不相同。

市場化依賴引進商業部門看重的是資源配置效率，將基金交由市場運作，譬如智利的年金民營化政策。至於集體化則以社群的集體力量，降低社會風險的衝擊，例如德國的做法。市場化主張個人有選擇的自由，政府包容多元的價值。集體化係基於社會群體的考量，主張應該群策群力同舟共濟（互助、他助），增進生活共同體的凝聚力量。是以，年金資源的籌措需要政府預算的高度配合。

年金保險基金的籌集主要有三種方式：

表 5-3　年金保險基金的籌措方式

類型	內涵	作為
現收現付方式	由在職人員交納保險費，用以發放已退休人員的養老金，而現行支領年金者其經費來源，則由現職人員繳納的保險費支付。根據這種方式每年籌集的養老保險費，與同期的該項支出可以保持基本平衡，被稱為「年度評估制」。它既不存在年老基金的投資與增值問題，又可以減少養老金貶值的危險，以保持退休老人與在職人員的生活水準同步增長。	採取現收現付方式的基本前提是，人口增長相對穩定，勞動力成長速度和退休人員增長速度基本協調。
完全提存方式	投保者必須從開始工作起就為自己未來的退休養老逐月儲蓄基金，辦法是將每個人晚年所需養老數額加以測算，在此基礎上制定出按月交納費用的標準。自己籌集養老金的辦法減輕了國家和企業負擔，克服了現收現付方式的前提，能夠適應人口結構的急遽變化。	由於投資時間較長，很難做到保值、增值，也增加了管理成本和難度。
部分提存方式	是對現收現付方式和完全提存方式的綜合，具有能夠適應人口結構變化和勞動力社會負擔變化的需求。在使用現收現付方式時，從勞動人口不斷提高的薪資收入中徵收適當的稅收，使養老基金的收入大於養老金的支出，剩餘資金用於積累。	能夠集中部分儲蓄基金應急，加之能將積累不太多的基金進行有效投資，達到保值、增值的目的。

（資料來源：作者整理）

　　現收現付制在財源籌措由年輕人負擔老年人的費用，由後代人來承擔這代人的債務，而此種制度，就誠如美國經濟學家、諾貝爾獎得主 Paul Samuelson 教授（1967）所謂「龐式遊戲（Ponzi game）」的策略，是多數國家用以籌措資金的一種管道。這種策略主要在促使所有人都有希望從這套分配制度中能獲得最大的利益，但風險在於一旦現職者基於理性的判斷不再進入此一系統，而參加人數減少或無力承擔時，則必然會影響到支領者所獲得的保障能力，甚至造成龐大債務。因此，不論是公共年金或私人年金，在籌措財源時，均須引進儲蓄保障的提存準備概念，較為穩健。

　　從一九八〇年代起，OECD 國家的年金制度進行系列改革。改革的策略主要是透過各項開源節流的措施，並配合積極的勞動市場政策提高就業率，降低實質的依賴比，以解決人口老化所造成的年金財務危機（Gern, 2002）。

表 5-4　主要國家解決人口老化所造成的年金財務危機方式

方式	國家
透過調整給付公式以降低給付	西班牙、芬蘭、英國、日本、奧地利、德國、荷蘭、法國、葡萄牙
提高給付年齡以降低財務負擔	瑞士、法國、德國、丹麥、挪威、荷蘭、瑞典、美國、義大利、葡萄牙、奧地利
透過提高保險費率以開拓財源	奧地利、比利時、加拿大、德國、義大利、日本、荷蘭、瑞士、法國、挪威
積極鼓勵私人年金體系的發展	丹麥、英國、荷蘭、法國、奧地利

（資料來源：OECD, 2007）

　　年金制度的財源籌措，可經由家庭、市場、政府、非營利組織等「多元化」的管道提供。我國傳統社會以家庭為社會核心，老年經濟生活的保障，主要是經由「家庭」組織來提供。由子女奉養父母，就其財務而言，較為類似分散式的現收現付制（decentralized pay-as-you-go method）。現代社會除了家庭之外，老年經濟的來源乃透過「市場」組織獲得，亦即經由個人儲蓄、投資理財、購買年金保險等方式。現今所謂福利國的主張乃認為，應經由「政府」主導並直接提供年金保障，以取代早期由家庭和市場所提供的服務。除了風險的分攤之外，若集中式集體保障制度在財務方面規劃得當，能夠創造「規模經濟」的效應。

　　綜觀實施國民年金制度的國家，可發現各國對於財源的籌措方式並不一致，為便於比較分析，茲歸納其給付型態及財源籌措方式如表所示：

表 5-5　國家實施國民年金制度之給付型態及財源籌措方式之比較

國家	給付型態	財源籌措方式
美國	薪資年金	採社會保險制，勞雇雙方各提撥一定金額為社會安全稅。政府只負擔經資產調查較屬弱勢的補助及高齡的補助給付。
日本	定額年金及附加年金	採社會保險制，受僱者及其配偶參加就業年金保險，保險費由勞雇雙方平均分攤，政府負擔行政成本；其餘被保險人的國民年金保費，另隨意附加補充給付的保費。

新加坡	強制個人年金（公積金）	採個人退休帳戶制，由勞雇雙方提撥。提撥率依照每月薪資建立一定的比例。政府負擔僅限於中央公積金局成立時，提供辦公房舍等固定資產。
智利	強制性個人年金	採個人退休帳戶制，老年年金及遺屬殘障年金提撥薪資的一定比例，由民眾自選由政府核定的年金基金公司（AFPs）管理操作。雇主不需負擔，政府則保障最低年金給付水準。
加拿大	定額年金及附加年金	採普及年金及社會救助雙元制，普遍年金勞雇雙方均不用負擔，由政府負擔全部成本（稅收制）。薪資相關年金則由勞雇雙方各付一定的經費組成。
澳洲	定額年金	採普及年金及社會救助雙元制，保費完全由政府預算編列（稅收制）。
瑞士	多元保障	第一層是隨收隨付制，第二層是以職業年金，第三層是自願儲金計畫。
紐西蘭	稅收制	以一般稅收作為財源。
法、德	社會保險	以勞工參與社會保險方式提供年金給付保障。

（資料來源：作者整理）

從年金財務籌措的角度進一步分析，發現由政府辦理福利型年金或保險型年金，福利國家主要的訴求是，老人經濟生活保障的基礎國民年金應由政府提供保障，以替代功能日益簡化的家庭角色。在制度的設計上，年金的給付水準必須與特定財源相連結，亦即將其特定財源的籌措方式加以系統化。

參、年金保險資金的借鑑

在國際化的趨勢下，實施國民年金制度的國家愈來愈多，惟因各國的國情不同，經濟發展程度不一，故在其所採用的國民年金制度中，有關其給付方式及資金的籌措方式亦不相同，但一般可將其歸納為稅收制（Universal Pension System）、社會保險制（Social Insurance System），以及個人退休帳戶制（Individual Retirement Account System）等，即：

表 5-6　各國於年金保險經費籌措方式

制度	內涵
稅收制	由政府負擔全部成本，受益人不需繳費，以一般稅收或新增特定稅收支應，如加拿大、澳洲、丹麥等，以及我國目前規劃之全民提撥平衡基金制。
社會保險制	由被保險人、雇主及政府三方面分擔保險費，如美國、日本、德國等，以及經建會原先規劃之國民年金保險制。
個人退休帳戶制	由雇主及受僱者雙方按月依薪資比率提撥至個人帳戶，退休時一次或定期支領該帳戶之本利，如新加坡（公積金制）、智利、墨西哥等。

（資料來源：作者整理）

在各國所實施的年金保險制度中，採用社會保險制度者為多，其中，有採單層年金制者，有採雙層年金制度者（基礎年金及與薪資相關之附加年金），亦有由政府保障最低之給付水準者，惟不論採何種方式，政府負擔或補助部分均扮演著重要的角色，政府對此項負擔的財源以稅收方式來支應者居多。

一、美國

相較於歐洲社會經濟發展類似的國家，美國老人福利政策起步較晚，主要原因為過去美國老年人口比例較低、並且主張個人主義、在經濟市場上強調自由競爭等。追溯美國老人福利政策，應始自一九三五年通過之社會安全法案，並至一九六五年間，陸續對受僱者的老年、殘廢、遺屬與醫療問題，提供解決的制度，統稱為老年、遺屬、殘廢、健康保險（Old Age, Survivor, Disability, and Health Insurance）。一般而言，目前美國退休金制度包括下列三種：

表 5-7　美國於年金保險經費籌措方式

制度	內涵		財務來源
社會安全法案	政府對一般受僱者（包括自僱者）於退休時給付之老年年金，屬於基礎年金的社會保險制度。		老年年金的財務來源為按受僱者薪水一定比率提撥社會安全稅(Social Security Tax)，由受僱者與雇主共同負擔，並透過國稅局來徵收社會安全稅，以支付各種給付與管理基金。
企業退休年金	主要為民間年金計畫與職工福利計畫，屬於職業年金。		民間年金計畫與職工福利計畫的財務來源，多數由雇主全額負擔，部分計畫由受僱者與雇主按比例負擔。
個人退休帳戶	針對雇主未提供合格退休計畫保障之工作人口所設計的「個人退休帳戶」。適用對象為無雇主的自由業者。	帳戶所有人暫時無須繳納存款與投資利潤的所得稅，直到退休提領時才需付稅。因為稅賦遞延可鼓勵儲蓄，但同時造成稅基流失，因而美國國稅局每年均依照通貨膨脹的變化，公布不同的薪資扣除上限。	此為美國於一九八一年創立的遞延課稅退休金帳戶，並將相關規定於「國稅條例」第401條k款中，故簡稱為401（k）計畫；係由企業員工將其部分的稅前薪資提存至特定個人帳戶，提存者可掌控存款金額，並得自由選擇加入雇主所規劃的投資組合。美國個人退休帳戶制度係採自願性質，工作者可依其個人需求自由選擇政府核定之個人退休計畫，政府無權強制人民儲蓄。其財務來源為個人提存之金額，政府則未負擔。

（資料來源：作者整理）

　　美國之社會安全法案制度係採社會保險方式辦理，惟其收取的不是保險費，而是以薪資稅型態，依受僱者薪水的一定比率所繳交之社會安全稅支應；政府對於公共年金的財務責任較輕。

二、加拿大

　　一九〇八年加拿大政府頒布了《國家年金法》，加強老人經濟生活的保障，一九五二年頒定免資產調查的《老年安全法》，擴大保障之適用範圍，其後陸續辦理各項年金計畫，建構了三層退休所得保障制度：

第一層為老年安全年金計畫，屬於免費制，不需經資產調查，凡年滿六十五歲以上老人均可適用，其財源來自政府稅收；

第二層為加拿大年金計畫，屬繳費制的社會保險制度，為強制性的社會保險制度，由受僱者或自僱者及雇主負擔，政府不補助保險費，只負擔行政事務費；

第三層為個人投資、儲蓄及商業年金的保障，屬於個人自願性之行為。

三、芬蘭

芬蘭的公共年金制度，除了一九三七年開辦的全民年金外，並自一九六一年起開辦強制性職業年金，提供所得相關年金給付。國民年金由國會任命組成的管理委員會監督下的社會保險局辦理；而職業年金則由六十家民間年金機構，依產業、公司或企業集團分別辦理。兩者均由自僱者、雇主、被保險人及政府繳交保險費作為財源。職業年金係採用部分提存準備方式處理財務。兩種年金給付總額以稅前薪資的六成為上限。

為了因應人口老化，法定退休年齡雖然是六十五歲，不過一般勞工平均在五十八歲時就以殘障或其他事由退休。偏低的退休開始年齡與九○年代初期受到侵蝕的稅基，芬蘭政府近來對於年金制度，希望在維持老人所得安全，以及強化個人終身所得與年金關聯性之間取得平衡。

芬蘭年金的改革作為，可區分為如下說明：

表 5-8　芬蘭年金的改革作為簡表

項目	內涵
國民年金	1. 一九九六年將受到職業年金充分保障的個人，自全民年金逐步移轉出來，使得全民年金的給付成長幅度，自一九九五年占國內生產毛額之 4%，長期降至 1%。 2. 一九九七年民間年金機構獲准採取較具風險之投資策略，增加年金基金的收益率，以提高償付能力。 3. 容許外國職業年金管理機構進入法定年金保險市場經營相關業務，可以強化競爭效果。

職業年金	1. 一九九三年取消對公務人員年金給付的特殊待遇。 2. 一九九四年對於從事低薪或部分工時工作之老年勞工，改變既有年金給付規定，以減少提前退休。 3. 一九九六年將計算年金的薪資基礎，重新規定為給付前十年的平均薪資，而非原先的四年；並將給付調整的指數，依年金受益人的年齡，決定薪資指數或物價指數所占比重大小，以降低與所得的關係。 4. 更為主動的投資組合策略管理，將可鼓勵職業年金管理機構在投資績效的基礎上，爭取客戶，不過仍應加強輔導，以避免過度冒險。

（資料來源：作者整理）

　　考量職業年金基金的收益率過低，同時由於人口老化，使得保險費率負擔相對偏高。因此，勞工與其雇主，都設法降低保費而巧取高額給付，造成職業年金基金的基礎動搖。「確定提撥」制的保費收繳方式，並不會產生上述的缺點，因為收益率的多寡，完全視財務投資的績效。不過確定提撥制仍有不足，不僅管理成本較高，同時勞工必須自行面對金融市場衰退的風險。此外，引進確定提撥制也需要過渡期間，然而確定提撥制年金具有許多優點，因此成為芬蘭年金改革的重要作為。

四、澳洲

　　澳洲老年年金制度最初立法於一九〇八年，現行法律則係於一九九一年修正，保障對象為澳洲居民，採普及性保險與社會救助雙元制度，凡男性六十五歲、女性六十歲，為居民且於申領時需居住在國內，即可領取老年年金；連續十年的居民身分（須有五年的連續居留期），經資產調查，始得請領年金給付。其財務來源完全由政府預算支應，受僱者及雇主均無須負擔費用。由政府支應年金其財政方式有下列二種模式：

表 5-9　澳洲支應年金其財政方式簡表

項目	社會保險方式	賦課方式
原則	繳納年金保險費人（或其扶養人）有受領年金之資格，年金金額依據繳納期間及金額決定。	目前工作的人所繳納的保費，供應上一代的年金。現世代的人年老退休受領的年金，則由下一世代所繳納年金支付。
特色	繳納較多的人，可受領較多之年金給付。國民在工作期間繳納保險費，到符合給付要件時，就可以領取老年給付。這種方式與將錢存在銀行相似。	父親受領的年金，由子女所繳納的年金支付，將來子女受領的年金，由孫輩負責。這是賦課方式，在賦課方式中，因無儲蓄問題，故不受通貨膨脹（inflation）的影響。
挑戰	由於各國經濟成長引發通貨膨脹，物價上漲，造成日後領取國民年金額貶值、縮水。	發生高齡化、少子化現象，承擔繳納年金的現役勞工的責任加重，亦即繳納金額須提高，始足以支付上一代退休人員的年金。

（資料來源：作者整理）

五、新加坡

　　新加坡的年金制度立法於一九五三年，內容多引自英國的社會福利措施，有關老年年金制度係採公務人員養老金與民間企業人員公積金兩種制度並行，其中公務人員方面，係由政府於公務人員老年退休後一次給付之養老金；在民間企業人員方面，係由民間企業的雇主與受僱者於工作期間共同提存退休準備金，於受僱者老年退休後給付之退休公積金。至一九七七年時，新加坡政府將兩種制度合併，成為單一的中央公積金制度（Central Provident Fund System）。

　　中央公積金制度之保障對象為勞動者，每人設立一個帳戶來累積其提撥金額，經調整其收入、費用、利得、損失後，於退休時以該帳戶總額作為退休給付金額；其提撥費率隨受僱者之年齡而有不同，最低者為六十五歲以上，每月按時自受僱者的薪資中扣除個人應提撥之金額，連同雇主應負擔部分，彙繳至中央公積金局。

　　中央公積金局將每月由受僱者與雇主共同提撥之金額，分普通戶頭、保健儲蓄戶頭及特別戶頭三個戶頭，存入受僱者中，受僱者如有實際需要並符合一定條件，始得依三個戶頭的用途，動支其中戶頭之款項。

　　新加坡公積金的財務來源主要為：受僱者與雇主共同提撥之金額，其公積金提撥率隨薪資調整及經濟景氣狀況等，逐年有調高之現象。至於政府負擔部分，僅限於中央公積金局成立時，提供辦公房舍等固定資產，以後各年所需經費由中央公積金局自行籌措，該局主要透過多餘的辦公房舍出租，收取租金，另外因申請提領公積金存款者於逾期提領所產生之利息餘額，亦為該局主要財源。新加坡的公積金制度不同於美國及日本的社會保險方式，係屬於確定提撥制的強制個人退休金帳戶制度，由中央政府統一管理。其財務來源由受僱者與雇主共同提撥金額，於退休時以該帳戶總額作為退休給付金額；而新加坡政府對於公共年金的財務責任微乎其微。

六、智利

　　智利的老年年金制度最初立法於一九二四年，採社會保險方式辦理，其保障對象因不同身分及職業而不同，分為工資所得者、薪資受僱者及公務人員三類，再依職業區分成多種強制性年金保險制度。由於採現收現付制，隨著人口老化因素，造成入不敷出，財務產生嚴重虧損，而受僱者繳交之保險費逐年增加，但物價上漲使得實質給付降低，到了一九八〇年政府進行大幅改革，以「政府規範、民間經營」的強制性私人年金保險退休制度，取代原有國營的公共年金制度。舊制與美國的社會保險制度類似；而新制與新加坡類似，屬於確定提撥制的強制個人退休金帳戶制度，其差異在新加坡由中央政府統一管理基金，智利則由民間經營管理基金。關於新舊制的銜接，受僱者在一定期間內選擇是否參加新制，對於舊制下已繳納的保費，由政府發行一種債券予受僱者，存入退休年金基金管理公司個人帳戶名下，以確認其以往之提撥，此項債券被稱為「確認債券」（Recognition Bond），以發行確認債券的方式，承認舊制已繳的保費，並保證可移轉至新制下，繼續投保。

　　新制係以就業者為保障對象，於其薪資中提存一定比例，為每位參加者設立退休年金帳戶，交由民間機構之「退休年金基金管理公司」（Administradoras de Fundos de Pensiones，簡稱 AFPs）管理，每位參加者可自由選擇參加何種退休年金基金管理公司，基金管理公司將投資基金獲得之收益悉數撥入參加者退休帳戶中，而帳戶內儲金的本息即作為其將來支付退休年金之用。

　　舊制的財務來源主要為：受僱者繳交之保險費，政府僅提供特別補助。新制的財務來源主要為：受僱者提撥薪資的一定金額，分別作為老年、殘障、遺屬等年金準備金；雇主並不負擔保險費，惟在新制實施時，雇主被要求提高受僱者薪資，以作為補償，同時，政府亦規定最低工資或薪資，以避免對就業市場造成負面影響；至於政府負擔部分，對於參加年金繳費超過二十年，而累積基金仍未達最低給付水準者，由政府負責補貼其差額，使低收入之受僱者亦能獲得最低的年金給付。此外，受僱者提撥金額交由民間機構之退休年金基金管理公司管理，經專業之管理運用後產生之收益，亦是新制年金重要財務來源之一。

　　在新制下，除了繳交法定的年金保險費外，受僱者如果願意，亦得自動向退休年金基金管理公司提撥較高的費率，撥入其個人帳戶中，此項法定提撥金額可以從個人所得稅中扣抵，但超過法定提撥自願繳納的金額，不得列為租稅扣抵；至於年金給付部分，受僱者退休時所領取的法定年金給付，須列入所得課徵範圍，但自願繳交的部分，在領取年金給付時，則不列入所得課徵範圍。政府對於公共年金的財務責任包括保障最低年金給付水準，此項經費財源來自一般稅收；此外，尚有確認債券的提供與支付、舊制退休的給付，同時，也扮演監督年金管理公司的角色。年金舊制造成嚴重虧損，負債累累，經常成為政治衝突與選舉的爭論議題，而新制實施後，年金制度不但正常發展，政府財政也不再負擔年金經營盈虧責任，使得財政負擔有效減輕，甚至藉由年金的累積，得以進一步推動基礎建設興辦、促進經濟發展。

七、日本

日本的年金制度起源於國家對公教人員的恩給制度，如軍人恩給法、教職員恩給法；而政府所僱用的員工及民間企業的受僱者則以共濟組合方式提供年金；民間企業受僱者方面於一九四一年制定勞動者年金保險法、一九四四年修訂為厚生年金保險法，大部分的受僱者已享有國家老年年金保險的保障。為整合各個制度，政府於一九六○年代，整合為國家公務員共濟組合法、地方公務員等共濟組合法及企業體職員等共濟組合法三種。另自一九六一年實施國民年金制度，到了一九八五年日本國民年金更朝向一元化發展，凡二十歲至六十歲者皆需加入國民基礎年金制度，領取基礎年金，包括厚生年金保險及共濟年金之參加者，都須加入新制的國民基礎年金制度，因此國民年金是該國規模最大的金融制度。即全民均享有共通之第一層保障的基礎年金；而原有之厚生年金保險、共濟年金則定位為職業年金，構成第二層保障的附加年金。日本公共年金制度可歸納如表所示。

表 5-10　日本公共年金制度

對象			分類
自營者			國民年金（基礎年金）
受僱者	民間		厚生年金保險（附加年金）
	政府	共濟年金（職業年金）	國家公務人員共濟年金 地方公務人員共濟年金 私校教職員共濟年金 農林漁業團體共濟年金

（資料來源：作者整理）

表 5-11　日本公共年金財務來源簡表

項目	國民年金	厚生年金保險	共濟年金
財務來源	政府負擔及保險費收入	政府負擔及保險費收入	政府負擔及保險費收入
政府負擔	包括事務費的撥付及補助保險費，保險費收入則因不同種類的被保險人繳交的保險費規定亦有不同，對於所得不易掌握者，採定額繳費方式。	包括事務費的撥付、補助基礎年金給付，以及國民年金制度實施前給付費用。	保險費收入由雇主（即政府或地方公共團體）及受僱者各半負擔，費率因團體不同略有差異。
保險費用	有支領薪資者，按其薪資多寡依分級表繳費。隨著生活水準及薪資提高，逐年修正年金給付額，而保險費也有逐漸調高現象。	保險費收入則由雇主及受僱者各半負擔；保險費率因性別不同略有差異。	國家公務員等共濟組合年金包括事務費的撥付、政府以雇主身分負擔的保險費、補助基礎年金給付，以及國民年金制度實施前給付費用。

（資料來源：作者整理）

　　日本在二次大戰前之年金制度採儲蓄方式，二次大戰後因受通貨膨脹衝擊而改採賦課方式，雖不受通貨膨脹之影響，卻又面臨高齡化、少子化之困難，因此，因應年金之不同內容，改採混合式以避免年金制度的缺點。

　　二十一世紀以降全球性景氣衰退及接續金融危機，危及了各國的福利體系，加上對人口老化的趨勢，年金支出占國民生產毛額的比率，將自一九九○年的百分之十，提高到二○三○年的百分之十九。這項預測加速了廣泛的改革，推動延長工作生涯、減少給付與改進年金基金的管理，並補強既有的體制架構。縱觀各國政府處理年金保險財務問題的解決方式，經綜合歸納，不外提出下列四種方式，以資因應問題的解決。即：

表 5-12　政府處理年金保險財務問題的解決方式

項目	內涵
延長退休年齡	強調精算成本觀念，增加保費收入或減少保險給付支出，以延緩保險財務負擔益形嚴重。包括減低提早退休的優退誘因，或者實施提早退休的減額給付措施。
降低給付水準	減低所得替代率，減少年金給付支出，以減輕保險財務負擔（reducing benefits），包括減低給付標準、減少給付項目及限制給付條件等措施。
提高保險費用	提高保險費率及投保薪資，增加保險財源，以減輕保險財務負擔。
多層混搭保障	調整公私部門年金制度間的角色與責任的移轉，將社會保險年金制度的部分責任移轉於私人退休金制度體系內，強調混搭式概念（Mix & Match），以減輕公部門的保險財務責任。

（資料來源：作者整理）

　　相較福利先進社會我國年金目前尚屬年輕階段，對於各國為因應確保國民年金之各類措施，雖因我國當前之人口結構以及經社發展與其不同，目前未能完全採用，但我國已有人口將快速老化之推估，仍宜列為未來的參考策略。

結語

　　老人經濟安全保障制度是為對應人口老化的社會機制，在朝向以多層次保障的規劃，其中除了國民年金之外，職業年金及個人年金均屬不可或缺的一環。由於職業年金財務來源，與勞動市場、資本市場以及產業結構息息相關。由於全球化加快了產業流動速度，形成轉換工作的頻率增加，以及產品週期的快速消長。就此而言，年金保障須充分把握：

　　第一，年金給付的權益保障：以此相應的是採取個人帳戶及可攜式
　　　　　（portability）的銜接作為。

第二，採取確定提撥的制度：由於確定提撥制的財務結構較能滿足年
　　　金權可攜性的設計，尤其是以考量中、小型企業的員工以及流
　　　動性較大，確定提撥制財務規劃往往較確定給付制為佳。

第三，搭配商業的年金給付：由於資本市場能夠控制資源在不同時點
　　　配置的風險在合理範圍內，則可將確定提撥制的一次退休給
　　　付，在資本市場購買年金型態的相關產品，有效率的轉換為年
　　　金式給付，使得確定提撥制財務規劃的效率性得到肯定。否則，
　　　確定提撥制的給付只保障一半，只像是一種強迫儲蓄行為而
　　　已，並非屬於真正保障老人經濟生活的社會安全制度。

　　在社會流動快速的背景因素下，再進一步妥善運用資本市場結構，以
保障國民老年生活，具有社會安全保障兼顧公義與效益的時代意義。

第六章　稅收制年金保障

──瑞典年金制度──

前言

　　瑞典在一九一三年就開始實施年金保障措施，是以，一九八三年西方國家針對十八至二十四歲青年人的一項調查發現，百分之六十二以上的瑞典人認為社會福利體系是其最為驕傲的國家特徵，在英國該比例為百分之四十二，當時的西德為百分之三十一。但在面對人口高齡化的社會變遷下也形成了政策轉折。尤其，瑞典一半以上的 GDP 被充作稅收，社會支出高超過 GDP 的百分之三十，重新檢視老年經濟保障制度已成為政府不可迴避的政策議題。

　　瑞典是提供了「社會合作主義（social corporatism）」成功的典範，這是建立在一種共識上：主要是雇主和員工之間達成的共識是現代工業市場經濟平穩運作的一個前提條件，特別是人們愈加認識到，如果要實現充分就業和社會福利等社會政策目標，就必須致力於解決經濟政策問題。他山之石可以攻錯，由老人經濟保障策略，檢視社會保險實施經驗之福利國家，探討其面對社會結構變遷與全球化的嚴酷考驗之年金制度轉折與政策因應，期作為我國的借鏡。

壹、瑞典養老年金發展歷程

　　瑞典一直以完善的社會福利制度聞名於世，社會安全制度可視為是瑞典國家的核心，其採用的社會福利模式是由社會安全制度、積極的勞動市場政策，以及龐大的公共服務部門所形成，屬於普及式的社會福利安全制度，此外，相較於歐洲的其他國家而言，其所得較為平均，失業率較低，但經濟成長率相對偏低，通貨膨脹率則較高。其老年退休金制度（Pension system）作為整體社會安全制度一環自然也不例外，遠在一九六〇年代，瑞典就建立了完備的強制性及全國性老年公共退休金體系（Old public pension system）。瑞典的社會安全年金制度主要可分為基礎年金及附加薪資相關年金，且年金基數依消費者物價指數調整，以適時調高給付水準，而基礎年金部分則為人人平等。這個體系主要包含了基本退休金與補充退休金兩個部分，涵蓋百分之九十以上的就業者，其所提供的所得替代率（Replacement Rate），普遍可以達到百分之六十以上。如果再加上非強制性由勞雇雙方經由集體協商所建立的個人退休金計畫（Individual pension plans），已達到了老有所養的境界。

　　這樣的保障體系其所需的財務資源相當可觀。從二十世紀八〇年代起，整個社會安全制度的重整逐漸成為議題，其中老年退休金體系的改革是其中最核心的部分。

表 6-1　瑞典養老年金的發展歷程

年代	內容
一九一三	通過年金保險法（National Pension Act），但其給付方式並非為普及性，而是以資產調查形式的給付，其國民年金給付的財務來源，大部分來自於被保險人所繳交的保險費所成立的「保險費預備金制度」基礎，只有小部分來自年金預備基金投資的收益。

一九三五	基本年金系統（Basic Pension System），允許由國庫稅收來支付年金的開銷。使得六十七歲以上的老年人及殘障者皆可領取，才讓年金給付成為近代瑞典年金制度的雛型。然而，由於年金的給付額偏低，使得基本年金無法滿足人民的需求，多數老人仍然依靠貧民救濟生活，遂亦有「新濟貧體系」（New Poor Life System）之稱。
一九四六	通過基本年金制度以後，年金經費即改為以徵收年金稅（Pension Tax）方式來支應。其保障的內容才發生重大改變，將更多的國民納入，且提高給付額，方才降低老人領取貧民救濟的人數。
一九五一	改採新的給付模式，並將年金緊扣「生活成本指數」（Cost of Living Index），使得年金的給付更具彈性。
一九五九	通過國民附加年金法案（National Supplementary Pension），將所得比例加入考量，退休年齡亦從原先的六十七歲降至六十五歲，且接受其自由選擇在六十至七十歲期間退休，隨著退休年齡的改變，年金給付額亦隨著調整。
一九七六	開始實施部分年金制度。
一九九四	規定領取年資包括年齡需於六十至六十五歲間，且工時至少需每週減少五小時，剩下之時需每週至少十七小時，申領者需從四十五歲起，且需有十年的工作期。
一九九七	年金政策修正為與所得相關的法定附加年金給付（Earning-related Supplementary），該年金給付足夠老人的基本生活所需。

（資料來源：作者整理）

　　從整體保險制度的財務觀點，在第二次世界大戰前，政府並不給與任何保險費用補助。目前國民年金制度中，基本年金下的各項給付，來自於保險費收入及國庫稅收的補助，附加年金的經費來源來自保險費收入，部分年金給付的經費，則由社會保險局所監管的保險基金來支應。

貳、瑞典養老年金基本體系

　　瑞典養老年金採取的是普及式的社會安全制度，相應的有積極的勞動市場政策及龐大的公共服務部門而形成，一直被視為是成功的典範。追本溯源，

最初於一八八四年社會保險委員會參採的是德國俾斯麥模式的普及式社會保障，一九一三年國民年金法案通過，使瑞典成為一個普及性（universal）且強制性（compulsory）年金制度國家。

表 6-2　歐洲不同國家的老年年金比較簡表

國家	瑞典	英國	德國
模式	瑞典模式 Swedish Model	貝佛里奇模式 Beveridge Model	俾斯麥模式 Bismarck Model
特色	普及性 強制性	第一層普及性 第二層選擇性	針對勞動人口 採取強制性
第一層	基本年金 （AFP）	公共年金 （國民基礎年金）	老人年金
第二層	法定強制與薪資相關 （ATP）	公共年金（SERPS） 職業年金（契約年金）	
第三層	勞雇協約提供的 企業附加年金	個人年金 （私人商業保險）	

（資料來源：作者整理）

二十世紀九〇年末期經濟危機政策有所轉折，瑞典新的年金政策改革為「所得相關的法定附加年金給付」（National Supplementary Pension），其給付僅足夠老人基本生活需求。區分為三層：第一層為「基本年金（AFP）」，第二層為一九六〇年實施之「法定、強制與薪資相關制（ATP）」，第三層為「依勞雇協約提供之企業附加年金」。

表 6-3　瑞典養老年金體系

類別	屬性	內涵	性質
公共 （Public）	強制性 普遍性	提供了居住該國四十年以上或工作滿三十年以上民眾完整的老年退休金保障。	主軸
非公共 （Non public）	非強制性	由雇主與受僱人員透過集體協商或由個人直接建立個人退休金計畫，提供受僱人員更佳的退休金保障。	輔助

（資料來源：作者整理）

養老年金制度的改革影響層面十分深遠廣泛，且退休金制度的設計牽涉的專業領域又多，其間所需之折衝溝通與妥協相當繁雜，因此所需之改革時程勢必漫長。

表 6-4　瑞典養老年金的基本內涵

項目		內涵
給付	基本退休金（Basic pension）	提供居住該國四十年以上或者工作滿三十年以上居民隨物價變動調整的定額基本年金，這個金額依現行制度是基礎金額（Base amount）的 96%，以一九九八年的基準換算，大約是平均薪資的 20%。
	補充退休金（Supple mentary pension）	提供工作滿三十年以上居民與其所得正相關的補充年金（ATP），其計算基礎是以平均所得（以三十個工作年中經物價調整後較高的十五年所得計算）的 60%金額，扣除大約是基本年金的金額而得，每年亦如基本年金隨物價指數變動調整。對於第二層補充年金的計算，如果低於一定的下限，民眾可以獲取其他現金及居住成本的補助或救助；如果超過上限則超過部分不得領取，此上限大約可以換算為平均薪資的一點五倍。
財源籌措	基本退休金	以稅收等一般財政收入為主要財源，並以雇主提撥金額補其不足。
	補充退休金	以雇主提撥金額為主，其於一九九七年時的提撥金額分別為當年薪資總額的 5.86%及 13%。就補充年金部分，除了提存以支應五點五年支出需要的準備基金外，基本上與基本年金一樣，都是屬於現收現付（pay-as-you-go）的退休金制度。
基金管理		由獨立的四個政府子部門管理，分別投資不同的資產，包括：固定收益債券、政府債券、指數型債券、權益證券、房地產，基本上屬於保守型的資產管理方式。
挑戰	財務穩定性	對應於隨收隨付式的退休金制度，長期保持穩定的提撥率是制度存續的重要因素，原制度以物價變動作為支出面的調整因子，但是在收入面提撥的基礎卻是名目薪資，因此受經濟成長快慢的影響極大。
	替代率不足	第二層補充年金的給付上限，限定在一個基礎金額的七點五倍，由於這個基礎金額也是按物價變動調整，經過多年實質薪資成長率的演變，已經明顯偏低，因而所能實際達成的所得替代率也將明顯降低。
	影響重分配	導致不同受薪結構者間的不公平，由薪資成長較為平緩者補貼薪資所得變動大者。特別是因為薪資成長較為平緩者通常為弱勢受僱者，而薪資所得變動大者卻多為受較多教育及具備較高技能的就業者，此種制度設計更成為一種逆向的所得重分配過程。

人口高齡化	人口老化是各國所普遍面對的問題，對整體退休金體制的衝擊，簡而言之就是「食之者眾，生之者寡」的負擔問題，在現收現付的制度設計下，這意味著提高提撥率，而嬰兒潮人口面臨退休年齡的問題，更使原有退休金體系的財務問題加速惡化。

（資料來源：作者整理）

　　為全國工作人口提供百分之六十五所得替代率的老年退休金制度，在保障面來說是相當理想，然而隨著經濟波動加劇、人口結構變化等因素，其制度面的一些缺失影響逐漸浮現，若長期經濟成長較為快速，使均衡提撥率降低，在隨收隨付的制度下也意味著對已退休者相對生活水準保障的降低。除此之外，其餘較間接的部分，譬如說高失業率引發的實際提撥額度不足問題也侵蝕著原有的退休金體系的財務基礎，必須加以正視。

參、瑞典養老年金興革作為

　　二十世紀八〇年代由於經濟的低迷，政府的目標是改善福利作為而不是擴張，奉行了緊縮的預算政策，試圖減緩人民的稅收負擔，提出將普遍公益轉移和更多地依賴私人部門的規劃，但由於牽動社會層面既廣且深，政府部門對實際的改革步調也走得漫長，從一九八四年政府任命了一個特別委員會（The Pension Commission）就整個社會安全制度做徹底檢討開始，改革的目標在建立一套可長可久、大家都可以接受的穩定制度。委員會對退休金制度改革仍保持其公共性（Public and mandatory system）架構了一個多層次的公共退休金系統，提出了「名目的確定提撥制」（Notional Defined Contribution），是確定提撥性質的退休金制度，以經濟成長取代物價變動作為調整因子，延長退休年齡，提高全額給付門檻，結合了現收現付等改革原則。

表 6-5　瑞典養老年金興革作為

項目	內涵
基本制度	改革的構想是在維持不變的提撥率原則下，以預期壽命、個人退休年齡及實質薪資變動等因素調整參加人員的退休金權利，將給付面與提撥面緊密結合，並以現收現付的基礎實際調度基金財務。以保障年金（Guarantee pension）取代了第一層的定額基本年金；在第二層部分，則在維持原有隨收隨付制的精神下以所得年金（Income pension）取代原來的補充年金；另外加上確定提撥方式的額外準備年金（Premium reserve pension）為第三層保障。
保障年金	以一般財政收入為財源，對老年居民提供最低年金收入的保障。設定一個最低年金（Minimum pension）水準，並且以物價變動率作為基本金額的調整因子，大幅提高了最低保障水準。
所得年金	在所得年金的部分仍採現收現付方式，對所有參加者都建立一個虛擬的累積帳戶，自十六歲起每年計算其所獲得的年金權利（Pension rights），加入逐年依名目薪資變動率調整的累積帳戶中，作為最後計算實際所得年金的依據。
額外準備年金	以完全提撥（fully funded）的額外準備年金，為每個參加者建立真正的個人帳戶，經由當事人的指定，投資於經額外準備年金管理局（Premium Pension Authority, PPA）核定的各種性質的公民營基金，由不同的基金管理機構獨立管理，基金參加人自行承擔基金運用風險，其退休金所得完全視基金運用結果。

（資料來源：作者整理）

養老年金在老年生活的財務規劃中扮演著相當重要的角色，也意味著政府對人民長遠生活保障的一個承諾，新的制度在福利國家傳統思維與財務失衡隱憂衝擊下建立，因此年金制度的改變，必然需要一個繁複漫長的過程，其目的是希望以較長的時間縱深來降低改變對特定族群的衝擊。

表 6-6　瑞典新制養老年金的主要內涵

特色	內涵
福利國家的傳統思維	維持退休金制度的公共性，其第一層保障年金以一般財政收入為財源提高最低年金收入保障，以體現福利國家的精神。第二層所得年金的提撥率、所得年金權利的計算以及第三層的額外準備年金給付，充滿反映政府積極介入。

因時制宜的調整機制	1. 保障年金保持隨物價指數調整的設計，以維護退休者起碼生活水準，保證了退休金權利與經濟成長連動；但是無可避免的將導致其占總退休金之比重隨實質薪資變動而擺盪。 2. 額外準備年金根據傳統民營保險原則提供生命年金的設計，因為已經經由商業保險原則將所有風險內化，沒有提供額外物價調整機制的需要。
結合年金永續的優點	1. 採用名目確定提撥的退休金制度，可以單純的確定雇主責任。 2. 採用隨收隨付的財源方式，可以避免基金長期的管理成本與運用風險。 3. 在提撥面，依據精算建立長期穩定的提撥率，使雇主的退休金責任在薪資發生當時就隨著提撥完成而解除。 4. 在給付面，以當期收入與準備帳戶充分支應退休者的當期退休金需求，避免產生龐大的退休基金管理成本及風險，並保證退休者可享有國民生產成果。
強化給付與提撥關聯	1. 以終身所得作為計算退休金權利基礎的設計，改善了原制度的逆向所得重分配效果。 2. 以預期壽命及實際退休年齡作為計算實際退休金基礎的設計，解決了因為平均壽命延長所導致的制度性財務失衡。 3. 如果自覺累積的退休金權利已經足夠，亦可以提前在六十一歲退休，領取較低所得替代率的退休年金，提供了個人比較彈性且公平的退休年齡選擇空間。 4. 完全提撥的額外準備年金帳戶，本身即無財務失衡問題。

（資料來源：作者整理）

養老年金權利從開始累積到實現乃至於完結，至少歷經數十年歲月，因此任何一個退休金制度的設計都必須充分考慮因為經濟狀況與物價波動所帶來的影響。瑞典新制對這個因素在不同層面做了不同的規範，充分保證新養老年金制度與經濟狀況的連動，並且維護了公民的養老的基本生活水準。

肆、對我國構建年金的啟示

面對人口高齡化壓力，老年經濟保障制度已成為各工業國家不可迴避的政策議題，瑞典模型主要為普及式的社會安全制度、積極的勞動市場政

策及龐大的公共服務部門而形成。隨著時勢變化，瑞典進行養老年金的改革措施，綜觀整個過程，政府主導組成包含學者專家、行政機關及國會所有黨派代表的小組，而在新制度啟動後，仍然注意後續的調整工作。整體而言，這樣的改革之路雖然漫長但是程序相當周密。我國與瑞典的國情不盡相同，經濟與社會的條件也有所差異，但瑞典養老年金制度的改革過程提供我們相當的啟示。

表 6-7　瑞典新制養老年金的改革方案

特色	內涵
程序務求周密	瑞典的經驗是在改革上由一個政府任命的專業委員會提出初步藍圖，在該基礎上廣泛思考各種可能，並充分諮詢相關工會及團體意見，將改革方案提請國會，以修改相關法律，在協調制度階段特別顧及參與者的社會代表性，在設計制度則偏重整體性與參與者的專業性，在立法時注意到法治的周延性。
廣納各方意見	改革一直包容了大部分的政治勢力，同時避免利益團體的直接介入，相關利益團體雖然透過充分的接受諮詢與選票力量，對制度走向仍然擁有極大影響力，但是不至於直接決定完全利己卻不合理的制度設計。
尊重專業規劃	在制度設計時必須非常重視專業的投入與整合，舉凡精算、法律、保險、財務管理、經濟與社會等，期能在複雜的提撥金額與養老年金等的調整機制、個人實際退休金計算、長期穩定而足夠的提撥率設計、保障年金的決定等各項精密的規劃中體現。
配合經濟發展	年金制度的修正需要在政治上可以為大多數人接受，在經濟上能配合經濟發展狀況，保持財務平衡的長期穩定體系，同時這個體系必須能充分保障所有國民的老年生活。
財務力求平衡	在社會的各方需求之間找到了制度的平衡點，結合確定提撥制與隨收隨付制的優點，不但在財務面保證了制度行之久遠的可行性，也避免了大幅變動所可能導致的政治風險。
風險合理分擔	從群體特性來看，勞、資與政府可以說是退休金制度中的三大主體，政府通常扮演制度建立者與仲裁者的角色，勞方通常是經濟上較弱勢的需求者，資方則是扮演制度上資金的供應者，需要在長期社會可以承擔的基礎上，建立勞、資、政方都可以接受的明確制度，才能期待勞資雙贏，進而促進社會安定。

（資料來源：作者整理）

　　瑞典年金制度改革的基本構想，就是希望能發展一個行諸久遠能為大家所接受的永續制度。制度涉及的專業領域甚多，凡此種種，缺一角即可能導致制度的全面失敗。因此，一方面以確定提撥方式自始確定資方的責任也同時解除其風險；另一方面以現收現付的原則確保不增加政府負擔；觀察瑞典在落實基本原則到實際的制度時所體現的高度專業性。整體而言，過度偏重勞方可能導致經濟不振失業嚴重，過度偏重資方則勞方老年生活保障可能不足，兩者都會造成社會問題，總是期望能建立一個可長可久的良好制度，達到勞資雙贏的結果。而新制度啟動之後，還有其他待調整的相關政策措施與相當長的新舊制度銜接過程。

結語

　　社會保險為社會福利政策的重要項目，在西方社會安全制度中，常被區分為兩大實施模式－俾斯麥模式及貝佛里奇模式；前者重視「社會保險」精神但對保險人所得重分配較低，至於後者則傾向以「普及式」方式提供。而同樣被視為福利國家典範之一的社會主義國家瑞典，在一九一三年就開始實施年金保障，但在社會變遷下也形成了政策轉折，其社會安全制度在近年則備受關注與學習。透過前述的年金改革策略，以基礎年金及附加薪資相關年金，具普及性及強制性，同時，年金的基數依物價指數調整以適時提高給付水準；另，多項值得借鏡處包括：強調的個人責任、減少政府角色、年金帳戶可攜帶性、在年金私有化與多層次的保障等做法；這些實施經驗可引為各國年金制度發展與興革的參考。

第七章　稅收制年金保障

——荷蘭年金制度——

前言

　　荷蘭於二十世紀初開始建立社會保險制度，養老保險金計畫的發展，主要是在二十世紀五〇年代開始的。為規範企業集體協議中養老保險的內容和行業或企業建立的基金會，政府於一九四九年、一九五二年、一九五七年，分別頒發了《養老保險基金法》、《養老保險和儲蓄基金法》、《荷蘭國家養老金法》（簡稱 AOW）。這些法律確認國家養老保險實行普遍的保障制度。

　　荷蘭養老保險制度最突出的特點是「三個支柱」的制度框架，即第一支柱為普遍保障的國家養老金，每一個年滿六十五歲的荷蘭居民都有權享受；第二支柱為企業舉辦的職業年金（補充養老保險），其內涵分三類：職業基金會、企業基金會和保險公司；第三支柱為私人年金（個人儲蓄性養老保險）。

壹、荷蘭年金制度的起源

　　荷蘭深受基督教的博愛思想影響，自中世紀起教會從事慈善事業，教會把實施社會救濟當作上帝賦予自己的一項使命行使，成為社會福利起源較早的歐洲國家之一，也是社會保障傳統源遠流長的工業化國家之一。同

時認為，政府在社會救濟的方面實際上非常微小，只有在人民和社會團體無能為力時，政府才具有道義上的社會救濟責任。中世紀的封建行會和工業革命以後的工會組織通過自籌資金，對其成員實施老年與疾病保險和醫療援助。一八四八年歐洲革命期間，人們的世俗觀念日益加強，要求實行一種統一的社會公共政策，以代替教會的社會救濟功能，試圖在《濟貧法》中將政府的作用確定下來。濟貧法是以法律的形式規定了國家在濟貧中的責任，表明政府參與社會救濟已成為不可逆轉的趨勢。從此以後，就社會保障而言，政府的參與作用越來越明晰，政府的參與行為越來越為社會所認可。明確了社會救濟的目的就是使被救濟者能維持基本的生活。這樣，濟貧法改革幫助窮人重新挑起贍養家庭的重擔。直到十九世紀六〇年代，荷蘭工會組織才開始為其成員創辦最初的失業保險。一八八九年荷蘭成立國家委員會，對勞資契約關係和工人階級狀況進行研究，提出社會保障的兩大目標重點：一方面廢除無限制延長勞動工時的做法，改善惡劣的勞動條件；另一方面，修改勞動契約，鞏固工人階級的合法地位，改善他們的社會境遇。

　　荷蘭現代社會保障制度的發展過程，是國家權力和政府職能在社會救濟領域中不斷擴大和增強的過程，確認濟貧是一項永久性的政府責任。荷蘭在對其他國家的社會保障制度進行對比研究後，選擇了德國俾斯麥模式，對於構建荷蘭社會保障體系產生了重要的引導作用：

表 7-1　荷蘭的社會保障立法簡表

種類	時間	內涵
殘障保險法	一九一三	著手解決老有所終的問題，對雇員實行強制保險，使雇員在殘廢、年老或死亡時，可按所交納保險費額支取相應的年金。一九一九年投保人的遺孀和孤兒獲得了領取撫卹金的權利。
疾病津貼法	一九一三	賦予懷孕、分娩的婦女和她們患病時同樣的享受津貼的權利。
失業緊急法	一九一四	規定政府發放臨時性撥款用於失業救濟，而「失業津貼政策」則把臨時性撥款轉為永久性撥款，為失業救濟提供必要的資金保證。
兒童津貼法	一九三九	規定自第三個孩子起，薪資收入者有權享受家庭津貼，自謀職業者原則上可享有同等的家庭津貼權利。

老年年金 緊急法	一九四七	規定凡年滿六十五歲的老人，不管過去就業期限長短與是否投保，均可享受數額不大的養老金，目的是在老年年金做出最後安排前保證老人的最低生活水平。
失業保險法	一九四九	規定失業雇員享有領取六個月失業津貼的權利。
失業津貼法	一九六四	規定領取最長不超過兩年的失業津貼。

（資料來源：作者整理）

　　二十世紀三〇年代世界經濟大蕭條，使工業化國家現存社會保障制度的缺陷和不足暴露無遺。實行全面的社會津貼制度，加強政府在提供財源方面的運用，已經成為各西方國家不得不加以認真考慮的重要問題。一九三五年美國的《社會安全法》和一九四二年英國的《貝佛里奇報告》，對荷蘭建立現代社會保障起了刺激和示範作用。一九四五年提交的「范萊因委員會報告」明確提出三點主張，為戰後荷蘭社會保障制度的重建和發展奠定了基礎：

　　第一，國家應向全體社會成員提供社會保障，使他們免除後顧之憂。

　　第二，實行一系列的國民保險計畫。

　　第三，按全國統一標準發放津貼，用以維持公民的基本生活。

　　現代社會保障制度還有一個重要特徵，就是社會保障已不再是早期那些零星的、分散的救濟和施捨行為，而是在政府的大力推動下逐步建立和發展起來的一套完整的體系和機制，集中地體現為政府主管或監督的社會保障項目越來越多。

貳、荷蘭年金制度的發展

　　現代社會保障制度的重要特徵之一，就是擁有一個全國性的社會保障體系。在這個體系中，政府成為主導力量，強調推行社會保險，建立統一的管理機構，承擔主要的保障職責，直接參與社會保障的管理。

　　第二次世界大戰結束，為西方國家全面建立現代社會保障制度提供了客觀環境。荷蘭的社會保障系統由一系列的法令、法規、機構和社會保險計畫組成。當國民因疾病、失業或年老而失去收入來源時，就可以獲得基本的物質生活保障。荷蘭的《社會保障組織法》中有明確規定，他們各自分工協作，有條不紊。在社會保障制度下，社會保險稅是按統一的應稅收入基數計算的。《國民老齡年金法》、《國民殘疾津貼法》等國民保障法規確定的保險費，由稅務部門一同徵收，然後分流至不同的基金。而《失業救濟法》等法規確定的保險費，則由產業保險委員會負責徵收。所以，荷蘭的社會保障制度已達到一個相當完備的程度，無論老弱病殘，人人都有收入；只要有需要，總能得到幫助。

　　二十世紀五〇年代中期之前，荷蘭社會保障制度基本上沿著戰前的模式發展。荷蘭政府不僅解決了人們所擔憂的如何保證長期失業者基本生活的問題，而且決定推行三個不同層次的失業津貼制度：

　　其一，《失業保險法》規定發放有限期的失業津貼；

　　其二，《失業津貼法》規定領取最長不超過兩年的失業津貼；

　　其三，失業者在不能繼續領取失業津貼的情況下，可按隸屬於《國民救濟法》的《政府失業救濟條例》領取相應津貼。

　　到二十世紀七〇年代中期，荷蘭社會保障制度進入大發展階段，自上而下地實行社會福利，保障範圍進一步擴展，保障制度日趨完善，主要表現在如下幾個方面：

表 7-2　荷蘭的社會保障立法簡表

種類	年代	法規	內涵
養老保險	一九五七	全民老年年金法	為所有進入退休年齡的老年人提供了一種基本年金。
濟助保險	一九五九	寡婦及孤兒保險法	將所有寡婦和孤兒納入政府的救助範圍。
	一九六二	全民家庭補貼法	全體荷蘭公民，不論雇員還是自謀職業者，從第三個孩子起一律享受補貼，從而結束了社會保障法規對自

			謀職業者區別對待的歷史。一九八〇年修改規定從第一個孩子起即可享受補貼。
	一九六三	國民援助法	確立起「社會最低限」概念，政府依法向低收入者提供生活補貼。
	一九六五	國民救濟法	與以往的濟貧法有本質上的區別，它要求地方當局對處於無法或幾乎無法謀生的國民提供救濟。
病殘保險	一九一三	病殘法	對雇員實行強迫保險，保險的覆蓋面狹窄，僅限於薪資收入者。自謀職業者，尤其是小商人，均被排除在受保範圍之外。
	一九六二	臨時病殘者年金法	病殘者依據傷殘程度領取津貼，並與薪資掛鉤，以消除通貨膨脹的影響。
	一九六七	傷殘保險法	改變了職災和病殘立法中只有因公才能享受保險的規定，標誌著荷蘭社會保障制度放棄了公私有別的不公平原則。
	一九七六	全民殘廢津貼法	要求政府必須為長期殘廢者提供基本保障。
醫療保險	一九六四	醫療保險法	對雇員及其家屬繼續承擔保險外，對收入低於一定生活基準線的窮人和老人也提供醫療保障。
	一九六七	特別醫療費用法	向那些因患重病長期住院而無法承擔沉重醫療費用的患者提供幫助。

（資料來源：作者整理）

到二十世紀八〇年代前期行程較為完善的福利國家制度，荷蘭在社會保障取得了明顯推進：

第一，政府擴大了社會保險的範圍及規模，實行了全體國民均可享受的五大國民保險法，規定了統一的津貼，並由國家統一管理。

第二，不再區別事故原因，因公因私致殘者一律享受殘障保險。

第三，確立「社會最基本」概念，根據法定的最低收入標準提供必要的生活保障。

第四，加強了國家在社會保障領域中的主導作用，使政府對社會補貼的投資迅速增加。

參、荷蘭年金制度的內容

　　荷蘭的現代社會保障機構健全，服務設施現代化，形式和途徑多樣化。荷蘭等西歐國家普遍倡導廣義的福利概念，把衛生、就業甚至教育、體育、文化、圖書、並與文化生活等都納入社會福利範圍之內。荷蘭將最初設立的社會福利部、文化部、衛生部合併為統一的文化社會福利衛生部，下設文化、社會福利、衛生三個總司，統管社會福利、衛生、教育、體育、圖書館、文化生活。養老金體制對國家經濟穩定和老年人口安全發揮非常重要的作用。養老保障制度的經驗表明養老保障制度必須建立在具有明晰的基本法律關係，社會各界積極參與以及有效監管的基礎之上。各國應根據自己的國情，進行養老保障制度改革，減少社會貧困，降低公眾對退休後生活標準大幅下降的憂慮，保護老年人免受經濟和社會危機的負面影響。荷蘭的社會保障制度由四大部分組成：

表 7-3　荷蘭的社會保障制度簡表

種類	內涵
國民社會保險	由人民保險計畫法或國民保障法令加以保證，主要包括《國民殘障津貼法》、《國民老齡年金法》、《國民兒童津貼法》、《超額醫療費用法》、《國民遺屬法》及《國民救濟法》等，保險對象為全體荷蘭公民、在荷蘭工作並依法納稅的外國人。
雇員社會保險	由雇員保險計畫法加以保證，主要包括《疾病津貼法》、《失業救濟法》、《殘障津貼法》等，向雇員提供保險服務，經費來源或由雇員支付，或由雇主支付，或由勞動雙方共同支付，政府均給與一定的補貼。
社會救濟	由《國民救濟法》、《附加補貼法》和《老年和部分殘疾失業雇員補助法》等社會救濟法加以保證，領取救濟金的前提是接受家庭經濟情況調查。
自籌職業保險	這是企業自籌經費的一種職業保險，保障範圍涵蓋年金、失業、疾病和傷殘等，對主要的社會保障形式起輔助作用。

（資料來源：作者整理）

荷蘭的老年、傷殘和遺屬保障是一種與就業相關聯的社會保險制度，受惠對象為全體居民。保險基金主要來源於投保人。老年、遺屬、傷殘和補充傷殘年金的享受者，必須交納其受僱收入一定比例的保險費，低收入者免交。雇主不直接為雇員交納保險費，只支付雇員部分傷殘卹金的保險費。政府建立必要的基金，以保證社會最低標準生活。根據規定，所有年金均隨最低工資變化自動調整。

表 7-4　荷蘭養老年金簡表

種類	內涵
養老年金	1. 所有年滿六十五歲的居民均可領取標準統一的基本年金（老年養老金）及國家養老保險金。 2. 凡年齡在十五至六十四歲之間的就業者都必須交納國家養老保險，每多投保一年，年金增加 2%。 3. 連續交費滿五十年，退休時可享有全額養老金；每少繳費一年，則在應享受的國民養老金中扣除 2%。
遺屬卹金	1. 受保人的遺孀、完全孤兒可享受遺屬卹金。 2. 年齡在四十至六十歲，或不滿四十歲但不宜工作，或有年齡在十八歲以下子女的遺孀，可領取遺孀年金。 3. 有子女者領取全部年金，無子女或傷殘者領取年金的 70%。 4. 遺孀卹金隨著最低工資變動，一年自動調整兩次。投保人在死後當月的剩餘時間和隨後兩個月的 100%收入，也由遺孀領取。
傷殘卹金	1. 受保人喪失從事適當職業的謀生能力 80%以上，可享受全額傷殘卹金；喪失謀生能力 25%至 80%，可獲得部分傷殘卹金。 2. 雇員部分卹金規定為喪失謀生能力 15%至 80%。

（資料來源：作者整理）

公務員有自己獨立的退休金制度，年金按薪資和任職年分計算。年金給付與最低薪資掛鉤，並與家庭結構相關係。各企業還有自籌的職業保險，與保險公司簽訂的年金契約。職業年金保險（補充養老金）是對全民老年年金的一種補充，各行各業的做法並不盡相同。私營部門的雇員多數參加了此類保險。

肆、荷蘭年金制度的特點

　　荷蘭的社會福利不但高於美國和以福利國家著稱的英國和德國，甚至可與丹麥和瑞典等北歐國家相比。現代社會保障制度以強有力的稅收制度為依託，充分顯示出周密而謹嚴的特色。實行由一切有收入者交納社會保障稅的辦法，保障全體居民享受社會福利的權利。荷蘭立法規定，全體國民包括津貼領取者在內，都有依法納稅的義務。雇主不但承擔相當的保險金分攤比例，而且有責任為雇員代扣代交保險金。在長期發展過程中，荷蘭社會保障制度逐漸形成幾個基本原則：

表 7-5　荷蘭社會保障制度的基本原則

種類	內涵
平等原則	即憲法賦予全體公民享有平等的社會保障權利。
對等原則	即津貼水平與投保人的收入損失及其所交納的社會保險費密切相關，這是老齡年金法、失業救濟法等保險法規的出發點。
一致原則	即津貼享有權與稅費交納無關，津貼水平只與實際生活狀況相關。

（資料來源：作者整理）

　　養老保險由社會保險委員會負責一般監督，該委員會由雇主、雇員和政府三方代表組成；社會保險銀行負責老年、傷殘和遺屬保障各種年金的發放工作。社會保險銀行成立於一九〇一年，這是一個由國家、雇員和雇主三方代表負責管理的獨立機構，主要管理養老金和遺屬卹金。工商業各部門分設產業聯合會，管理本部門的傷殘卹金。經批准成立的聯合會下屬勞資聯合機構擁有全國性的當然會員，並由勞資雙方組成理事會共同管理。聯合會下屬的地區和地方辦事處負責受理申請並支付傷殘卹金。產業協會的管理則由勞資聯合機構和協會執行，臨時協調機構進行產業協會和

部門間的協調管理。國家財政部負責徵收一般老年、傷殘和遺屬卹金的保險費，各產業聯合會負責徵收雇員傷殘卹金的保險基金。

表 7-6　荷蘭養老保險的三個支柱

種類	特性	內涵
國家年金	意義	《國家養老金法》規定國家養老保險實行普遍的保障制度，所有六十五歲以上的居民，無論性別、職業，是否曾經繳費，都可以享受標準統一的國家養老金。
	保險費	1.每個十五至六十四歲之間的就業者都必須繳納國家養老保險費，保險費率為 18.25%，這個費率一直維持到二〇二〇年，繳費者每繳費一年，便積累了二個百分點的國家養老金收益，如果繳足五十年，便可以100%的領取國家養老金；如果少繳一年費，則在應享受的國家養老金中扣除 2%。據統計，目前荷蘭國家養老保險金領取者中有90%可以全額領取。 2.國家養老保險費即在薪資收入的第一段中徵收，公民的薪資或收入用於繳納國家養老保險費的部分是免徵個人所得稅的，但在領取國家養老金時與其他收入合併徵稅。
	給與	1.從七〇年代開始，國家養老金的水平與最低工資掛鉤，並與家庭結構相連繫。目前，荷蘭的最低工資，相當於社會平均薪資的54%。六十五歲以上的單身者可領取相當於最低工資的70%的國家養老金；六十五歲以上有配偶的（或同居）男人可領取相當於最低工資 100%的國家養老金。六十五歲以上有配偶（或同居）者不分男女都可享受相當於最低工資的 50%的國家養老金。其配偶（同居者）若在六十五歲以下，沒有薪資收入的，亦可領取相當於最低工資的 50%的國家養老金；有薪資收入的，最少可享受相當於最低工資的 15%的國家養老金。 2.荷蘭分別在每年一月和七月按社會平均薪資增長幅度調整最低工資標準，由於國家養老金與最低工資相連接，也就等於上調了國家養老金。
	基金模式	國家養老金實行現收現付模式。隨著人口老齡化進程的發展，國家養老金的支出將逐年增大。為此，從一九九七年起設立專項儲備基金，每年從國家預算劃撥，並規定在二〇二〇年之前，此項基金只能投入不能支出。

職業年金	意義	補充養老保險金屬於養老保險的第二支柱，在一九一五年就開始建立。現行的主要法律是《養老保險基金法》和《養老保險和儲蓄基金法》。
	運作	1. 在荷蘭，政府不直接經辦補充養老保險，一般由行業或企業基金會負責管理。 2. 補充養老保險的籌集模式現在普遍採用最終薪資積累模式，這種方式是以雇員退休前一定時間的平均薪資為最終薪資，作為計發補充養老的基數。由於最終薪資積累模式，購買成本高和支付風險大，因此，平均工資積累模式越來越受到基金會和保險公司的重視並採用。 3. 目前全國平均繳費比例在 8%左右。據統計，有 32%的行業（企業）保險費全部由雇員繳納，28%的全部由雇主繳納，另有 40%的行業（企業）由雇主和雇員共同繳納，具體繳費比例均由雇主和雇員協商確定。 4. 雇員應交納的補充養老保險費，由雇主從薪資中代扣。雇主與基金會或保險公司協商後，定期統一將應交納的保險費向基金會或保險公司繳納。
	給付	1. 提前退休人員補充養老金的計發辦法：本人退休時的最終毛工資額（指未繳稅前的薪資收入）乘以 70%。年滿六十五歲後，領取的補充養老金需重新計算。具體辦法是：退休時的毛工資額按規定指數化調整到六十五歲時的數額乘以 70%後減去本人享受的國家養老金的餘額。 2. 正常退休人員補充養老金的計發辦法：本人退休時最終毛工資額乘以 70%減去國家養老金的數額。 3. 本人積累的補充養老基金未領取的不能繼承，基金會和保險公司可以用於統籌調劑。
	特色	1. 行業建立補充養老保險須成立基金會，成立基金會前，應由行業內 60%以上的社會夥伴協商一致並報社會事務與就業部部長批准。一旦批准，行業內所有企業都應按照統一的辦法和標準執行。但大企業可按照行業統一的辦法和標準自己建立補充養老保險，建立企業基金會。所在基金會必須對補充養老保險基金實行再保險。 2. 基金會的基金投資運營的主要原則是基金總額的 30%用於收益相對穩定的國家債券或定期儲蓄；留足一定數額的周轉資金；其餘部門基金會可自主決定投資。投資收益國家免徵稅費，扣除成本費用後的餘額全部併入基金。

	意義	就養老保險而言，所有的人壽保險除經辦一部分第二支柱外，其他都屬於第三支柱。
私人年金	特色	1. 補充第一、第二支柱的缺口。主要包括雇員在第一、第二支柱中的積累沒有達到最終工資 70% 的缺口，以及不能享受補充養老保險的私人老闆的保險缺口。 2. 法律規定，每人每年投保一定數額以內。以上兩個部分免徵個人所得稅。但在領取保險金時要與其他收入合併計稅。 3. 任何人壽保險公司都可以經辦個人儲蓄養老保險，包括第二支柱中有些基金會組織經辦的人壽保險公司。

（資料來源：作者整理）

　　荷蘭的社會福利歷史悠久，社會立法齊備。從中世紀教會和幾個舉辦的慈善活動算起，社會福利工作在荷蘭已有幾百年歷史。社會福利原則不但被寫進了憲法，而且荷蘭頒布了基本法和相關條例，使社會保障制度的運作有法可依。就社會保險的監督體系為：

表 7-7　荷蘭社會保險的監督體系

種類	內涵
層次	1. 對社會保險監督委員會（CTSV）和保險監事會（VK）實施行政監督的社會事務與就業部監督司。 2. 對國家養老金實行監督的社會保險監督委員會和對第二、第三支柱實施監督的保險監事會，這兩個監督機構都是不隸屬於立法、行政部門的獨立機構。 3. 經辦機構（包括基金會和保險公司）的內部監督。
組織	保險監事會是在一九二三年建立的，設有管理委員會（五人）、監督委員會（三人）和保險委員會（十至十二人），前二個委員會由社會事務與就業部部長提名，國王任命，保險委員會由雇主組織和雇員組織提名，社會事務與就業部部長及財政部部長任命。
特色	1. 三個層次的監督有機結合，形成了較為完備的監督體系。同時，社會保險接受中央上訴委員會（專門負責社會保險領域的司法機構）、財政、社會中介審計和輿論的監督。 2. 社會保險監督委員會主要負責監督社會保險法律的執行情況，特別是社會保險銀行支付、運營養老金的情況，將合法性和效率性作為監督的重要目標。監督的執行情況向社會事務與就業部部長和議會報告。

（資料來源：作者整理）

荷蘭的社會保障制度是由憲法規定基本原則，中央政府起草法律、法令，議會通過後公布實施，這是荷蘭社會保障制度建立發展的法定程序。在具體操作上，按照統一政策、統一稅收、統一發放標準、統一監督原則進行管理；發放工作多由專門機構辦理，或由政府委託給群眾組織和私人保險公司辦理。

伍、荷蘭社會保障的啟示

社會保障制度給荷蘭帶來了巨大福祉和進步，使她由一個貧窮落後的國家變成了一個具有高度現代文明的福利國家。隨著經濟的發展和社會立法的加強，工人的勞動條件和工資待遇有了較大提高，人們獲得受教育的權利，國民文化素質不斷提高。隨著二十世紀七〇年代石油危機的衝擊和此後長期的經濟危機，以高稅收為根本依託的社會保障制度卻遇到了難以克服的困難。荷蘭也不例外，她的整個社會保障體系同樣面臨著許多的問題。

第一，社會保障資金的來源管道日益狹窄，政府財政入不敷出，而社會老齡化問題日益加劇，使荷蘭實行的以「高稅收、高福利、高津貼」為基礎的福利制度面臨著嚴重困難。一方面，人口老齡化趨勢加速發展，領取社會保險金的人越來越多；另一方面納稅人口越來越少，社會保障基金入不敷出，導致公共財政支出急劇上升，政府面臨巨大的財政壓力。

第二，社會保障增加了社會勞動成本，影響了新工作的創造和商品的國際競爭力。雇主對雇員社會保險費用和國家公共財政在社會福利方面的高比例投入，導致兩個後果；一是雇主對擴大生產不感興趣，無法創造新的就業機會。雇主為了減少社會保險金投入，寧願給在職工人加薪也不願僱用新的工人。二是政府財政負擔過重，無法進行基礎設施的投入和創造新的工作。

第三，「高稅收、高福利、高保障」的福利制度造成嚴重的民眾懶散。福利待遇優厚和社會管理鬆弛，造成很多失業者高度依賴社會救濟。他們寧願躺在福利和社會救濟上過日子，也不積極尋找再就業。結果大量閑散人口的存在，意味著在職人口的淨收入增長困難，以及救濟金的領取收入降低。社會保障系統對於居民生活過度保障，由此引發了福利社會的道德危機。

以上種種弊端足以說明，在戰後經濟高速增加的年代建立起來的「高稅收、高福利、高保障」的社會保障系統，和以中央為主、自上而下的社會福利保險制度，已難以適應新的形勢。因此，二十世紀八〇年代末荷蘭開始實行的「社會創新」，即社會福利政策的調整與改革。「社會創新」的原則是，將「國家福利」引向「社會創新」，實現福利保險的社會化，即政府減少公共干預，逐漸把規劃、管理和監督的職能轉向社會，國家權就基本的服務和社會保障提供最低限度的公益福利，其他社會福利則由公民或社會團體自主選擇或組織服務。推行「社會創新」改革的目的是，通過精簡機構，下放中央政府權力，克服社會保障行政部門中存在的官僚主義和組織機構重疊即服務不到位等弊端，提高行政管理效率，節約社會資源。「社會福利法案」對「社會創新」的內容作了具體闡述，主要內容可以歸納如下：

第一，制定新福利政策的根本目標，強化和維護人們自身的獨立性。一方面，福利政策要使社會成員融於社會，消除孤獨感；另一方面又要防止社會成員過分依賴於社會福利，培養他們的自立自尊意識。

第二，實現新福利政策的具體目標：增加更多的工作機會，削減社會補貼；促進社會成員之間的更廣泛社會融合；改進和提高社會福利的服務品質。

第三，通過實施新的福利政策，下放中央政府管理權力，即由中央政府為主，向政府部門之間及政府與非政府組織之間的合作發展，直到由省、市兩級政府為主管理主要福利服務活動。新的

社會福利法規明確規定，政府的職責是規劃社會總體發展趨勢，規劃和實施新的政策、新的服務和活動，制定革新方案，負責國際信息交流，維護國家級社會基礎項目。

荷蘭政府注重發展和完善激勵社會效率的養老保險體系，尤其在養老保險制度的發展過程中，一方面要注重完善體現公平的基本養老保險制度；另一方面也注重發展體現效率的補充性養老保險，主要通過實施補充養老保險制度和個人儲蓄金計畫。源於傳統文化影響，政府積極倡導協商文化，營造寬鬆和諧的社會發展環境。注重宏觀規劃，以間接管理為主，減少國家行政干預。採取的措施主要體現在兩個方面：

第一，建立健全社會保障法律體系，運用政策調節手段，調控養老保險制度的發展。

二十世紀初，政府就致力於社會保障法律體系的研究。從二十世紀五〇年代年起先後頒布了十餘部社會保障方面的法律。到九〇年代中期，荷蘭社會保險法律體系已基本確立，荷蘭政府從法律上明確規定了養老保險的決策機構、經辦機構（社會保險銀行、行業或企業基金會、保險公司）的法律責任。並由監督管理機構從合法性、有效性方面對經辦機構進行監督。

第二，研究養老保險發展趨勢，制定預防人口老齡化政策措施。

從人口統計資料，進行人口老齡化發展趨勢預測分析。根據社會發展對經濟進行預測和分析，進一步對稅收、財政和養老保險制度進行系統規劃，提出了解決人口高齡化問題的政策建議，並付諸實施。

結語

荷蘭早在法蘭克王朝查理大帝統治時期，就曾於西元七七九年頒布了具有社會福利萌芽性質的法案，一五四三年神聖羅馬帝國皇帝查理五世

（1500-1558）還簽署過《濟貧法》，都將濟貧視為重要的社會責任。拿破崙一世發動征服戰爭前，荷蘭主要是由教會、私人慈善機構，以及封建行和工會等非政府組織承擔社會保障任務的。隨著時勢遷移，現代社會保障制度的主要特徵，就是社會保障已不再是早期那些零星的、分散的救濟和施捨行為，而是在政府的大力推動下逐步建立和發展起來的一套完整的體系和機制，體現為政府主管或監督的社會保障項目越來越多。社會保障改革的根本目標和主要手段是，透過調控福利標準，縮減公共財政支出，擴大社會參與範圍，重新激發社會活力。而其能成功落實，必須在人們對新的社會形勢達到一種新的社會共識、完成觀念的轉變後，並在經濟許可的情況下以逐步完成。

第八章　社會保險制的年金保障

——英國年金制度——

前言

　　根植於歷史與傳統，英國現代社會保障制度是以二十世紀初的社會政策為基礎，以一系列的社會立法建立起來的保障制度。社會福利政策就是政府試圖解決社會問題的政策，一般體現為直接給社會成員提供福利保障的國家作為。二次大戰期間，著名的《貝佛里奇報告》所建構全社會性的國民保險制度，對每個公民提供失業救濟、兒童補助、養老金、殘疾津貼（包括因病而喪失工作能力者津貼）、喪葬補助、救災補助（給與因火災、失竊、破產等天災人禍的受害者補助）、婦女福利（對孕婦、寡婦和被丈夫遺棄的婦女的補助和救濟）。包括社會保險、社會救濟和自願保險三個方面的內容。成為各國所矚目的福利國家並為引領風潮的社會保障制度，年金保障既是一種經濟政策，也是一種政治策略。它試圖以國家計畫的形式來強調社會公平，保障和改善全體社會成員最低生活水準，贏得人民對政府的信任和支持。

壹、英國社會保障制度的形成

　　英國是最早將濟貧工作制度化的歐洲國家。從社會福利意義上來說，濟貧是最低程度的社會保障。社會保障起步於中世紀基督教會主持的慈善

濟貧活動，現在已經發展成為相當完善的社會保障體系，這個漫長歷程大致涵蓋以下幾個階段：

表 8-1　英國社會保障體系歷史分期

類別	時間	特質
濟貧法體制	十六至十九世紀	社會保障制度萌芽階段
社會保險	二十世紀初到三〇年代	社會保障制度形成階段
福利國家	二十世紀四〇年代至今	社會保障制度發展、完善階段

（資料來源：作者整理）

一、《濟貧法》體制階段

一三五一年英王愛德華三世（Edward III, 1327-1377）頒布《勞工法（Statute of Laborers）》，規定所有有工作能力的貧窮勞工不得離開教區，必須接受任何雇主的僱用，任何人不得向有工作能力的乞丐（able-bodied beggars）提供救濟。

表 8-2　英國濟貧法體制階段的歷史分期

法案	時間	特質
伊麗莎白濟貧法	一六〇一	首次以法律形式規範了國家在救災濟貧問題上的職責，開現代社會保障制度之先河。如果說，「貧困是英國工業革命之前的普遍現象，人口中的極少數比人口的大多數擁有更多的財富」的話，那麼，隨著工業革命的發展，在資產階級日益積累財富的同時，勞動大眾越來越貧困，他們的生活再一次面臨嚴峻的威脅。
濟貧法修正案	一七八二	規定那些陷於貧困中的老、弱、病、孤者，以及隨母親（離異、喪偶）生活的兒童，可為貧民習藝所所收容，而身強力壯卻陷於貧困的人，則由教區聯合各個濟貧院安排就業，對短期內不能就業者，暫時為其提供衣食，直到安排就業為止。
新濟貧法	一八三四	回到了嚴厲而苛刻的伊麗莎白時代，因為她取消了《斯品漢姆蘭法》的院外救濟措施，代之以更為嚴格的規定，即受救濟者必須住進貧民習藝所，而習藝則是按待遇必須比「獨立最低階級的勞工」更低、工作更重的原則管理的，目的在於使申請救濟的人望而卻步。這個

		《新濟貧法》甚至規定：「無論以何種方式對有工作能力者及其家庭進行救濟，而使其生活狀況超過了組織良好的濟貧院的水準，均為非法。」因此，濟貧院不再是原來意義上的救濟機構，事實上已經變成懲罰窮人的場所，所以工人們憤怒地把濟貧院、貧民習藝所統統稱為窮人的「巴士底監獄」。

（資料來源：作者整理）

一六○一年的《伊麗莎白濟貧法》——歷史上第一個具有社會保障性質的中央政府法規，開創了濟貧法體制下的現代社會保障事業。縱觀英國濟貧法的歷史，可以看出三個基本特點：

第一，統治者僅僅把濟貧作為一種權宜之計，對於窮人而言，卻是一道阻止他們鋌而走險的最後屏障。

第二，由於普通勞動者階級既無統一組織、又無統一認識，根本無法形成一股與統治階級對抗的政治力量，統治者幾乎完全憑自己的意願制定社會政策，實施濟貧行為。

第三，濟貧制度適應了資本主義萌芽時期和工業革命階段社會問題突出的需要，為部分窮人提供生活保障，以維護社會秩序和安全，保證資本主義發展初期資本家再生產活動所必需的廉價勞動力的生存條件。

總之，從原始積累開始到工業革命完成這三百多年間，無論是《伊麗莎白濟貧法》（一六○一）還是《新濟貧法》（一八三四），始終都把貧窮視為個人懶惰、失敗、不道德的結果。雖然統治階級對貧困、失業、流浪等社會問題給予一定程度的關注，濟貧活動總體上仍是以私人性的慈善行為為主，政府的介入只是邊緣性的，沒有從根本上解決問題。所以，那種「以窮人養活窮人」和「懲罰窮人」的做法，決定了濟貧制度在英國社會保障制度萌芽時期的基本性質。

二、社會保險體制階段

　　工業革命後，自由資本主義很快進入壟斷階段，英國也發展成為世界工廠。但是，工業革命所召喚出來的巨大財富並沒有合理性在社會上分配，它大部分流進了資本家的腰包。多數人沒有享受到工業革命的好處，許多人甚至只受到它的危害，這就使不公平的社會變得更加不平等了。不僅工人及其國家與家屬隨時會因事業、疾病、傷殘、年老等天災人禍的威脅而發生生存危機，就是其他社會成員也必須直接面對各種市場經濟條件下的不穩定因素。

表 8-3　英國社會保險體制階段的歷史分期

階段	時間	特質
友誼互助社階段	十七至十八世紀	十七世紀英國就出現了友誼社、共濟會、工人俱樂部等群眾組織，他們是由工人自己創辦的私人資助保險機構。友誼社（friendly society）是工人們在自願的基礎上建立起來的一種具有直接社會保障作用的互助組織，其成員按規定上交一定的互助基金，為遇到不測的其他成員提供必要的經濟援助，如生病補助、老人年金。由於友誼社和工會組織向工會會員提供濟貧服務，起著社會保障和維護社會安定的積極作用，所以私人自助保險機構被視為英國現代社會保障制度的另一個重要來源。
工黨（Labour Party）階段	一九九〇	英國工人階級創建了一個以自身眼前利益為追求目標、以費邊社會主義作為思想基礎的政黨組織——勞工代表委員會，它由工會組織和社會主義團體即社會民主聯盟、獨立工黨和費邊社組成。這是一個主張社會改良的政治組織，他們為追求工人階級的平等權利和建立現代社會保障制度進行了不懈努力。此外，私人保險和工人互助制度在現代社會保障制度發展過程中也起到不可低估的作用。
貧民救濟現狀的調查	一九〇五	二十世紀初，英國政府開始探討濟貧法以外的濟貧方法，並向老年貧民發放少量養老金。一九二九年，英國政府組織相繼撤銷了由地方政府和教會負責濟貧法實施的救濟機構和濟貧監護委員會。僅僅為部分人提供生活保障的體制，以無法適應新形象要求，至此最終走向解體，現代意義上的社會保障制度應運而生。

| 失業工人法 | 一九〇五 | 工黨政府頒布《失業工人法》（Unemployed Workmen Act），授權地方當局登記失業人員，收集就業信息，幫助移民，走向農村，主要資金來源於自願性捐助和失業稅。英國政府承認失業問題為一種社會現象，就從制度上確認了工人階級的勞動價值，承擔起解決失業問題的國家責任，並以此為基礎，開始向失業工人提供幫助，從而開創了西方現代福利國家的一條重要原則，即社會保障的福利性。 |
| 養老金條例 | 一九〇九 | 仿效德國俾斯麥政府時期頒布的《老年和殘疾社會保險法》。《養老金條例》規定，所有低收入的七十歲以上老人，均可領取養老金。同時規定，國家採取財政撥款的辦法提供養老金費用，以實現國民收入的再分配，從而創立了現代福利國家的基本原則，即養老金的非捐助性。 |

（資料來源：作者整理）

　　現代社會保障制度的建立是國家透過政策方案來協調各種利益集團之間的衝擊，解決以貧困為核心的社會問題，為社會成員中的貧困者提供生存保障。英國的社會保障是十九世紀下半葉以來社會衝突和政治、經濟發展的產物，表明統治者不能完全無視窮人的生存權利，勞動者階級對平等的追求促進了社會進步，趨於合理的英國社會保障制度終於建立起來。英國是現代工業的搖籃，對財富的追求使她發展成為世界上第一個工業化強國；同樣，英國也是為擺脫社會貧困問題在全國範圍內強制推行社會福利的國家。

三、福利國家體制階段

　　英國在工業化國家中最早確立起福利國家體制，她的建制基礎是二十世紀初的社會福利政策。二次大戰期間，一九四一年，在各種壓力下，邱吉爾首相任命牛津大學教授威廉‧貝佛里奇出任英國「各部研究社會保險及有關福利聯合委員會」主席一職。面對無法迴避的五大社會弊病──貧窮、疾病、愚昧、骯髒、怠惰，貝佛里奇傾其全力加以整治。一九四二年，一個有關擴大社會保險網絡，增加社會福利項目，協調社會服務的「關於社會保險和有關福利事業的報告」被提了出來，這就是著名的《貝佛里奇

報告》，主張通過一個全社會性的國民保險制度，對每個公民提供失業救濟、兒童補助、養老金、殘障津貼、喪葬補助、救災補助、婦女福利。

英文中「福利國家」（Welfare State）一詞最早出現於英國教士威廉・坦普爾（W. Temple）一九四一年所著《公民與教徒》（*Citizen and Churchman*）一書中，隨即被《貝佛里奇報告》所引用。福利國家的概念廣為流傳，並為其他歐洲國家所接受。《貝佛里奇報告》認為英國社會政策應以三個方面的內容，就是社會保險、社會救濟和自願保險，構成《貝佛里奇報告》的三大支柱。

表 8-4　《貝佛里奇報告》主要內容

項目	宗旨	作為	原則	要點
社會保險	用以滿足居民的基本需要	國民保健服務（National Health Service）	1.所有家庭應按統一標準上繳基金和領取津貼而不受收入水平的限制。 2.領取津貼的時間和數額應當充分，即以維持正常生活為準。 3.實行統一的行政管理。 4.社會保險應當按照不同階層的不同方式進行調整。	1.社會福利事業的統一行政管理。 2.有工作的國民按統一標準交納保險費。
社會救濟	用以滿足大發展特殊情況的需要	家庭津貼制度（Family Allowance System）		3.對不定期失業者提供補助。 4.給老人、產婦、工作致殘者提供補助。
自願保險	用以滿足收入較多的居民較高層次的需要	退休保險計畫（Retirement Insurance Planning）		5.廢除貧困調查，按統一標準支付補助金。 6.為貧困家庭提供補助。 7.建立國民衛生保健服務體系。

（資料來源：作者整理）

第二次世界大戰以後，科學技術發展更是突飛猛進，西方經濟出現了持續高速增長的局面，為實行福利國家制度奠定了雄厚的物質基礎。一九五〇年，英國政府宣布在世界上建成了第一個「福利國家」，其主要內容為混合經濟、充分就業、全面福利和公平分配。福利國家包括直接提供服務和現金轉讓兩大方面，前者指國民保健體系、教育和公共住宅的服務；

後者又包括由交納的保險金支付和由總稅收支付兩部分。福利國家政策，不但使每個社會成員有了基本生活條件保證，而且向他們提供了「從搖籃到墳墓」的一系列社會保障措施。概括起來，英國福利國家的特點主要有幾點：

第一，國家或政府介入市場經濟之中。

第二，保障每一位公民的最基本需求。

第三，福利是社會權利而非慈善行為。

第四，國家向全體成員提供社會福利。

第五，福利是公民權利而非政府恩賜。

福利國家的目的是彌補因市場的動盪、不足和無能所造成的社會貧困，保證個人和家庭得到最低限度的收入，而不問其工作和財產的市場價值如何。為了協調和統一諸多分散的福利項目，提高項目效率，尋求資金的新來源，英國政府在實施福利國家過程中，經常調整和改革社會福利項目。一九七五年再次對原來的社會保障基金的籌措辦法進行重大改革。到了二十世紀八〇年代，政府對整個社會保障體系又作了一定的調整。儘管如此，英國現行的社會保障體制仍然保持著福利國家的基本特色。

貳、英國年金保障制度的內容

英國較早提出關於國民年金制度的法令，從整體觀之，英國國民年金制度的財務來源主要為保險費，其係採取綜合保險費率制，政府不補助保險費，而僅負擔給付費用的百分之四左右。此外，在國民年金制度下，有國民保險基金以及國民保險準備金基金兩種基金。前者由普通稅收項目下撥付，主要用來支應年金保險業務營運上經常性收支所需要的費用；後者則為保險費收入大於給付額部分所累積而成，運用上以購買政府債券為主，收益則直接撥付作為年金保險之用，主要用來支付未來年金給付之所需。

表 8-5　英國國民年金制度的歷史分期

法案	時間	特質
老年年金法	一九〇八	老年年金法案（The Old Age Pension Act）明令規定政府應提供非繳費但有條件的老年年金。
國民年金保險法	一九一一	國民年金保險法（National Insurance Act），亦為英國的第一個社會保險立法，內容包括健康保險和失業保險，並對於殘障者實施殘障年金。
寡婦、孤兒和老人繳費的年金法案	一九二五	由於放寬享領老年年金的年齡限制，老年人口比例的日漸增加，政府財政負擔加重，頒布需繳交保費的「寡婦、孤兒和老人繳費的年金法案」（The Widows, Orphans & Old Age Contributory Pension Act），藉以納費制舒緩政府的財政壓力。其內容為凡接受保險的工人，六十五歲退休時得領取繳費的年金，且原先符合老年年金法資格的人，仍可以繼續取得政府的保險給付。
國民保險法	一九四六	國民保險法案（National Insurance Act），該法案係以任何人均可以參加社會保險，且將老年年金納入國民保險主要給付的項目之一，其保險費的繳納與退休時的年金領取，皆採取均等制，凡繳納足額保險費且屆滿退休的被保險人，可每週領取均等的退休金，當時將近 10% 的老年人口都涵蓋在老年年金的保障。
社會年金法	一九七五	用以取代附加年金方案，並成為所得相關養老法案（State Earnings Related Pension Scheme, SERPS），該法案的主要特色之一就是讓那些已參加政府認可之私人年金方案得於退出政府方案，並對其他工作者提出年金給付，對於基礎年金方案的內容有了較大的改善。
合夥年金方案	一九九八	社會福利政策之白皮書中提出了尋求年金的夥伴關係（Partnership in Pension）為訴求，其目的除了在保留基礎均等的繳費式年金之外，並提出了合夥年金方案（Stakeholder Pension），此一方案亦為中所得者的私人年金提出了另外一種選擇，而政府的第二年金（State Stakeholder Scheme）則針對無法加入私人或合夥年金方案者，提供了另一種比 SERPS 更為優渥的待遇。

（資料來源：作者整理）

　　英國社會保障制度經過長期而曲折的發展，到二十世紀九〇年代，已經形成了一套完整的框架體系，它由社會保險、社會補助（住宅、兒童、食品、高齡）、社會救助（低收入家庭、貧窮老人、失業者）、保險服務、

社會服務五大部分組成，形成完整的社會保障機制，其中養老保險涵蓋全體居民，養老金及老人年金也是針對全體居民，其主要內容如下：

表 8-6　英國養老保險概況

項目	內涵
立法	一九〇八年最初實施的是《養老金條例》。 一九二五年實施《老年與遺屬保險法》。 現行立法於一九九八年。
內容	英國實行社會保險和社會援助相結合的雙重養老保險制度，退休養老金由基本養老金和附加養老金兩部分組成，規定凡是達到法定退休年齡的公民都可得到基本養老金，而只有平時按規定交納社會保障金的退休公民才能領取附加養老金。交納社會保障基金的時間越長，可得到的附加養老金越多。
條件	法定的退休年齡為男子六十五歲、女子六十歲達到退休年齡時即可享受養老金待遇。 公務員年滿六十歲即可退休，六十五歲強制退休。對於推遲退休者，由雇主代為交納社會保障金，每週可增加 0.143% 的養老金。 如果丈夫已經退休，而妻子未到退休年齡，則丈夫可以領取較多的養老金。
納保	凡每週收入低於最低水平的雇員、年收入低於最低水準的獨立勞動者，以及非受僱人員，都可自願參加養老保險。 工齡較短、週收入超過五十二英鎊者，減發養老金。
給與	基本養老金採用絕對金額給付方式，這是英國養老保險的一個特色。 基本養老金標準，單身與夫婦的標準不同。 未參加社會保險或未交足社會保險費的單身老人給與一定年金。 老人年金支付每年隨物價受變動而調整。
基金	養老保險基金的來源是依：雇員、已婚和喪偶婦女、獨立勞動者、非受僱人員、雇主等有不同的標準。 政府約承擔保險總額的 5%，並且負擔收入調查津貼的全部所需費用。
機構	健康和社會保障部通過其他地區和地方辦事機構，管理年金和支付收入關聯津貼，國內稅收部負責收入關聯保險費的徵收。

（資料來源：作者整理）

十九世紀、二十世紀之交，貧富懸殊、社會不公現象在英國隨處可見，如何解決以貧困為核心的社會問題，已經成為英國政治生活中的一件大事，關於福利國家的社會立法從此起步。二十世紀三〇年代，經濟危機再一次刺

激了英國社會立法活動，英國加快實施福利國家政策的步伐，形成了現代福
利國家體制。英國從以下幾項基本原則出發，實行積極的福利國家政策：

表 8-7　英國社會福利的特色

原則	內涵
公民普遍原則	無論居住地區、收入狀況如何，每個公民均可獲得同樣標準的服務。這個原則與公共救助原則形成明顯對照，那時人們因地域、階級、性別、職業方面的差異而獲得不同的社會服務。
最低標準原則	通過實施社會保障制度，每個公民不因失業、疾病、生育、殘障、老年、死亡而使生活陷入最低生活標準以下。
中央介入原則	中央部門有較大的權力來決定社會福利政策的制定與執行。

（資料來源：作者整理）

　　作為社會安全網，英國社會保障制度對於促進經濟發展、穩定社會秩序，
起到了重要作用。首先，它滿足了大多數人的最低生活和生存要求，改善了
窮人、老人、殘疾人的生活水平，保障了公民的基本人權。第二次世界大戰
前，英國的社會福利是很有限的，失業工人可以領到少量救濟金，只有七十
五歲以上的老人才能領到一點兒養老金。而在福利國家建成以後，社會福利
受益面得到擴大。其次，作為干預國民收入在分配的必要手段，英國社會保
障制度發揮了調節社會需求，刺激或抑制消費增長，推動政府干預經濟的職
能。福利國家作為重要的經濟社會政策，是國民收入再分配一種調節手段。
還有，英國的社會保障制度不僅促進了經濟生活某種公平，同時也保護了競
爭的公平性，使全體社會成員的基本生活實現了社會化保障。

參、英國年金保障制度的挑戰

　　英國是世界上第一個工業化國家，她曾經有過自己的輝煌歷史。工業
革命帶動英國經濟高速發展，奠定了她在十九世紀處於極盛時期的物質基

礎。工業革命是英國邁向現代化的巨大推動力，她所造就的工業技術裝備能力、勞動生產率水準和工業產品素質，都遙遙領先於其他西方國家。由於在工業生產方面無與倫比的優勢，英國取得了「世界工廠」的地位。但，也造成了貧富差距的擴大，為了解決貧困問題，政府規定了國民最低生活標準即貧困線，收入低於這個標準的貧困者就是窮人。英國的窮人主要是：一部分養老金領取者、長期失業者、低所得者、多子女的困難家庭、長期病殘者，以及其他由於天災人禍而陷於貧困的人。戰後多年來，英國基本上消除了赤貧現象，但並沒有根除貧困問題。從相對意義上來說，貧窮人口不但沒有因為實施福利國家制度而減少，反而進一步增加了。而且，福利國家在為社會提供安全保障的同時，必然地產生了一系列難以克服的社會問題，人們形象地稱之為「英國福利病」，主要表現為經濟增長緩慢，通貨膨脹嚴重，就業水平不高。通過分析研究，「英國福利病」的誘因可以歸納為以下幾點：

表 8-8　英國福利病的特色

困擾	內涵
沉重經費包袱	社會福利是制約經濟發展的一個重要因素。形成民眾有一種求穩待變、安於現狀的保守思想，這是阻礙社會進步的最大心理障礙。經過兩次世界大戰，英國長期保持的工業優勢已經不復存在，傳統的工業體系結構日益成為經濟進一步發展的歷史包袱；英國不僅逐漸失去了昔日的世界霸主地位，而且在經濟上也已退居發達國家末流，被後起的德國、美國、日本等資本主義國家超越。
政府負擔過重	社會保障費用偏高，政府負擔過重，削弱了國家調節經濟的能力，這是再一個阻礙英國經濟發展的重要因素。既然有那麼多的窮人和需要幫助的人，政府就不能不增加社會福利支出。戰後初期，在英國社會保險基金尚無積累的情況下，政府通過一系列重要的社會立法，匆匆宣稱併入福利國家狀態，全面推行社會保障制度，結果使國家財政背上了不堪重負的社會福利包袱。
殖民擴張政策	由於長期推行殖民擴張政策，殖民擴張和世界工廠就成為英國經濟賴以存在與發展的兩個重要支柱。在英國經濟整體結構中，為海外擴張服務的海運、貿易、金融、保險、軍事等產業部門的地位越來越重要，對海外市場的依賴程度也越來越高，殖民主義的消極後果制約著英國經濟發展。隨著資本主義世界競爭的激烈和英國經濟實力的下降，英國主要的工業部門發展勢必受到

	最直接的影響，資本輸出卻潛在地妨礙了國內舊企業的更新改造和新企業的建立發展，從而進一步加重了英國經濟的寄生性。
資金人才外流	維持福利國家的稅收政策，降低了人們的工作積極性和投資積極性。許多人寧願把資本輸往國外，爭取更大的利潤，也不願意在國內獲得平均利潤的基礎上，再去負擔更多的社會保障基金份額。那些敢於到海外去發展的人，往往是既有一技之長又有競爭性和創新精神的優秀人才，諸如科學家、律師、醫生、教師、工程師、演員、作家、運動員、經濟人等。專業人才外流客觀上造成國內企業缺乏創新意識，英國經濟缺乏競爭實力。

（資料來源：作者整理）

由於長期實行福利國家政策，不斷增加社會福利開支，英國社會保障費用增長過快，政府負擔過重，社會保障制度面臨著種種問題，主要表現為：「社會保障制度的結構危機」；「大量資本輸出和人才外流」；「辦事機構臃腫，經濟效率低下」。第二次世界大戰以後，英國在治理「英國福利病」問題上提出興革作為：

表 8-9　英國針對社會福利缺失的改革方向

項目	內涵
經濟自由與政府干預的循環	傳統的自由放任政策片面地強調「一隻看不見的手」的作用，已經越來越不適應英國經濟發展的內在要求。政府治理英國福利病的辦法之一，就是採行凱恩斯主義。保守黨政府強調自由市場制度給經濟所帶來的刺激作用，而工黨政府傾向於發揮政府對經濟的干預作用，例如，戰後初期進行「民主社會主義」試驗，實行經濟基礎部門國有化。保守黨採用自由放任思維，融入私營企業的效率與自由，建立一種混合經濟。
柴契爾夫人政府的改革作為	柴契爾夫人認為，英國福利病的病根有兩點，一方面過度依賴文化、集體主義、平均主義，另一方面，在向現代化轉變過程中，平穩建立起來的社會結構已經使英國人逐漸失去了原引以為榮的工業精神和企業文化。因此，保守黨在柴契爾首相領導下，以經濟自由思想為指導，重新倡導私人企業自由經營的精神，努力減少國家對經濟的控制與干預。在全國範圍內大力推行經濟私有化，大規模出售國有企業，改革稅收、薪資、社會福利等各項社會經濟政策。柴契爾夫人於削減社會福利，不是要否定長期實行的福利國家制度，也不可能否定這個已經根深蒂固、深入人心的經濟制度，而是希望透過一種新的政策來刺激經濟發展，擺脫由於過分強調福利所造成的困難，從而達到緩解英國福利病，提供更大社會福利的目的。

社會保障進行系統制度改革	提高保費	提高社會保險繳費比例，擴大社會保障基金財源。如規定對退休年金、失業保險、法定疾病工資、法定產婦工資，甚至遺孀年金開始徵稅。
	減少支出	設法減少生活保障支出，如：無論長短期津貼只能和物價掛鉤，不能和薪資掛鉤，確保社會保障開支的增長速度低於工資的增長速度；取消了對病人、孕婦、殘障人和失業者的附加補助。
	民營改造	嘗試把社會保障的某些項目進行私有化改造，改變由國家的專攬，在養老、疾病與殘障、生育等保障項目上，進一步強調雇主責任制，國家只承擔監督和補救的責任。開始推行與國家退休金平行的「職業與個人年金」制度，雇主可以選擇讓雇員「協議退出」國家退休年金體系，雇員自願參加。但是，雇主必須保證雇員退休金不低於國家年金標準，國家也同時負有責任，即在必要時向這部分雇員支付基本年金。

（資料來源：作者整理）

從改革思路上來看，強調個人責任，對一些保障項目實行私有化改造，在維持現行體制的基礎上，鼓勵企業、社會團體和個人發揮更多的作用。在現行體制下增收，減少政府福利支出，提高社會保障效率，是英國社會保障制度改革的目標。

肆、英國年金保障制度的改革

考察英國最早有關年金制度的立法，經歷不同階段的逐步充實，但由於老年人口不斷的增加、政府財政負擔日趨沉重，以及年金保障不足，進而產生高比例的年金貧窮（pension poverty）等問題，而為了有效解決年金給付不足及政府的財政困境，英國政府遂從一九五〇年代即開始進行一連串的年金改革計畫。雖歷經超過半世紀的年金改革，但其結果仍呈現著高齡貧富差距與年金貧窮等的現象，已儼然成為英國政府亟待解決的重要課題。

為確保所有民眾未來都能做好退休的準備，尤其是對於所有低所得的弱勢人口，英國社會安全部於一九九八年提出「年金合作（Partnership in Pensions）」綠皮書，開始進行退休年金制度的改革，重新檢視政府、個人、

雇主和金融保險業在現行年金制度中所扮演的角色。另於二〇〇二年公布了最新的「年金改革綠皮書（Green Paper）」，其目的在於廣徵各界提供意見，作為進一步年金制度改革的參考。將針對現有各種公共年金、私人年金與個人年金保險等進行逐步改革。有關年金改革計畫的主要內容：

表 8-10　「年金改革綠皮書（Green Paper）」主要內容

項目		內涵
目的		在解決政府財政的困境，以減少政府在年金上的財務責任。因此，除了公共年金之外，現有的私人年金也都在改革範圍之列，其中最重要的是公共第二年金（State Second Pension, S2P）的改革，以及鼓勵或強制個人儲蓄等措施，使大部分的勞工得以脫離年金貧窮的困境。
目標	延後退休	鼓勵民眾延後退休，尤其將針對公務人員的退休年齡逐步提高為六十五歲。
	個人責任	強調個人在退休後經濟保障上的責任。這意味著未來政府將鼓勵民眾儲蓄，甚至強制民眾為退休生活的經濟安全預作準備。
	金融管理	在金融保險業的管理上，政府計畫訂定較靈活有效的管理及監督機制，並鼓勵金融保險業提供簡易的私人年金方案。同時，政府將簡化私人年金的課稅方式，以鼓勵民眾踴躍參與私人年金保險。
	永續經營	政府將禁止受僱者在五十五歲以前請領私人年金的退休給付，以保障受僱者退休後的經濟安全。
原則		協助民眾選擇較有利的退休經濟保障。
		確認雇主在退休年金上的角色，透過工作場所促進民眾儲蓄，提供職業年金等保障。
		鼓勵金融保險業者推動多樣選擇的儲蓄商品，並擴大民眾接近金融管理服務的途徑。
		鼓勵民眾延長工作年齡。
背景		由於國民平均餘命不斷的延長，而退休時間也相對的延後，如果民眾不願意延長工作期間，亦不願意降低退休後的生活水準，政府在財政的壓力下，則選擇從增加民眾的儲蓄著手，以保障民眾退休後的經濟安全。
		國民儲蓄率偏低。再者，由於近年來股市下滑，年金儲蓄轉投資的獲利不如預期，也使得年金短少的情形更加嚴重。
		基於經營成本的考量，英國部分企業停止提供新進員工私人年金（職業年金）的保障。
		由於保險公司操作私人年金基金時，產生弊端，造成年金財政上的黑洞。再加上各項年金方案服務收費過高，使得許多人被排除在私人年金保險的大門外。

作為		推出的「保證年金（pension credit）」，或是稱為「最低所得保證制度（minimum income guarantee）」，以保障年金貧窮者的最低生活水準。
		引進確定提撥式的「投資分享型年金（stakeholder pension）」，其制度主要係以自營作業者及未受雇主提供年金者為對象，俾使勞工能為其養老儲蓄提供有效、簡單且更有彈性的制度選擇。此項年金亦稱為貨幣購買型的年金制度（Money Purchase Scheme），其用意在於期望中長期後能替代公共年金中職業相關年金（State Earning Related Pension Scheme, SERPS）的功能角色，以減輕政府的財政壓力。
		以公共第二年金取代過去的職業相關年金，旨在提供中低收入者更多的保障，並使若干需長期看護者，以及殘障者等，都得以參加國家的第二年金方案。
		英國政府整合年金管理監督的單位，成立單一窗口——金融服務局（Financial Services Authority），以提高民眾對儲蓄養老政策的信心。
措施	國家年金（State Pension）的公共年金改革	由於政府財政上的困難，政府未來不考慮將公共年金的給付標準隨著個人所得水準作調整。
		政府決定維持現行資產調查津貼制度（means-tested benefits），將津貼一同併入公共年金，以維持弱勢民眾可領取的年金給付金額。
		公共年金的退休年齡目前不考慮延後。
		凡是自願延後退休年齡至七十歲者，將可領取一筆補貼年金。
		所有自營作業者將可選擇加入公共第二年金。
	私人年金改革	建立新的監督機制以防範管理疏失和詐欺事件。
		簡化私人年金方案，並取消最低提存準備金（Minimum Funding Requirement）和保證最低年金給付（Guaranteed Minimum Pension）等制度。
		引進單一稅制年金方案（single tax regime for pensions）。
		強制雇主將提供私人年金列為勞動條件之一。
		取消強制退休年齡的限制，以延緩年金的財務壓力。
		所有新進公務人員的退休年齡將提高為六十五歲，並鼓勵現行公務人員延後退休。
		允許民眾在領取私人年金給付之後，仍可繼續工作。
		請領私人年金的年齡由五十歲提高至五十五歲。
	個人年金（Personal Pension）的改革	繼續保留退休金一次給付的免稅優惠。
		政府將引進特定期限年金（limited period annuities），允許民眾只購買短期的年金。
		政府考慮引進保證給付年金（value protected annuities），如果民眾在七十五歲之前死亡，其家人可領取一定金額的遺屬給付。

	為了鼓勵民眾儲蓄，政府將簡化財稅相關手續，例如引進低手續費的私人年金方案，以及提供低率費的財務諮詢等，以提高民眾儲蓄的意願。
其他相關改革	政府將依情形訂定不同退休年齡的年齡差別立法（age discrimination legislation），尤其是對於女性領取公共年金的年齡，在二○二○年之間逐步將其調高至六十五歲，以達成男女相同的目標。
	設立獨立的年金調查委員會，研究強制民眾參加退休年金制度的可行性。
願景	將建設更公平且更有包容性社會的決心，並期望「人人有貢獻、大家可分享」。同時，所有人都期待退休後可領有一份符合理想且穩定的退休金，然而由於平均壽命的延長和健康狀況越來越佳，唯有更多儲蓄或延後退休才可能在退休後享有更好的經濟保障。

（資料來源：作者整理）

顯然，英國政府所提出的各項年金改革措施，乃意涵著因應全球化的個人主義思想潮流，以及全球化退休危機的來臨，而強調個人責任的儲蓄保障觀念的重要性。這些作為對我國形成借鑑的啟示為：

表 8-11　英國年金保障制度的啟示

項目	內涵
建構多層年金制度	為了確實保障老年經濟安全並提早因應全球化退休危機，除了儘速建構第一層的國民年金保險制度，以及加速將現有各項職業保險改採年金制的腳步外，更應及早規劃、建立我國第三層保障制度，透過鼓勵國民儲蓄、購買各種商業保險及稅賦上的優惠等措施，以避免落入英國年金保障不足及年金貧窮的困境。
提供最低所得保障	為避免產生年金貧窮的現象，對於社會上的弱勢族群，除了落實國民年金保險外，參考英國的「最低所得保證制度」，以所得補貼的方式，提供落入年金貧窮者的最低生活保障，強化老年經濟安全網。
建立退休選擇制度	因應未來社會的變化，應提供更具彈性的退休選擇制度，以利延長工作期間，並減輕政府的財政負擔。參考英國的特定期限年金，鼓勵民眾購買短期的年金方式，俾以提供多樣的退休選擇規劃。
適當延長退休年齡	隨著醫療技術的進步，國民平均壽命的增長，參考英國強制延長退休年齡，規劃中高齡人力資源，是未來重要的課題。

（資料來源：作者整理）

結語

　　英國政府為了因應長壽社會所帶來的退休危機，避免年金財政的困境，企圖透過鼓勵民眾儲蓄或是強制的手段，以達到減輕政府的財政負擔與對抗年金貧窮的雙重目標。此外，簡化行政程序、保障老年經濟安全與提供更多的年金選擇方案，則是英國年金改革主要的手段。足資省思。

第九章　社會保險制的年金保障

——德國年金制度——

前言

　　人口老化成為國際的普遍現象，形成各項與老人有關的社會福利支出的快速增加，包括：醫療保健、長期照護、福利服務、社會救助、退休給付⋯⋯等。根據統計，社會福利支出中以老人的經濟安全支出最為龐大，二〇〇〇年以來，德國、法國、義大利、奧地利、西班牙、美國、瑞典、日本、南韓老年年金支出均高於醫療保健與長期照護支出的總合，而 OECD 國家老年年金支出占 GDP 比率，二〇〇〇至二〇五〇年間均呈現持續增加的趨勢（OECD, 2003）。這使得各國政府多尋求適當的應對之道，期望自相互借鑑中尋找突破之方。

　　德國卻是世界上最早制定社會保障立法的工業化國家，社會保險是德國社會保障制度的最重要特色，它有著深厚的歷史基礎，在全球率先實行社會保險政策。經過一個多世紀的發展，它已經形成比較完整的社會保障體系，促進了經濟與社會的協調發展。

壹、德國年金制度的起源

　　德國之所以能夠率先自上而下的推行國家社會保險，是與其社會保險的傳統分不開的。社會保險立法的理論基礎，是從中世紀流傳下來的封建家長制思想和近代發展起來的國家社會主義理論。歷史上，德意志民族一直處於四分五裂狀態，普魯士只是其中一個勢力較強的邦國。她不但像德意志境內的其他邦國一樣，實行中央集權制統治，而且推行封建家長制統治，使普魯士國家具有濃厚的「父權政治」色彩。由中世紀發展而來的行會組織，在德國社會保險史上占有一席之地。行會原是手工業者的自治組織，具有互助共濟的性質。根據行會章程規定，會費和罰款用以救濟鰥寡孤獨、婚嫁喪葬，修建公共會所，行會在生活方面為行會成員提供的福利支持，有利於開展現代社會保險活動。十七世紀在普魯士地區的採礦業中，已經形成了較為著名的礦工協會、疾病保險機構等組織，其社會功能有兩個方面，一方面促進會員之間友好交往，另一方面組織開展與雇主的談判，目的是為會員爭取在生病期間能夠得到免費醫療和領取一兩個月工資的待遇。這種組織起初是自願參加的，後來在國家的干預下開始帶有半強制性質。即當雇主力圖逃避承擔社會保障責任時，普魯士政府通常會出面干涉，要求他們履行義務，規定雇主有義務支付並非由於工人過失而造成的一切工作事故費用。

　　另外，早在十九世紀四〇年代初，已經有工廠儲蓄所，以便在工人偶然面臨病殘情況時能互相幫助。勞動群眾在強烈要求政府實施保護勞工權益的社會政策措施的同時，自發地建立起各種互助互濟的基金會組織。一八四九年，便設立儲蓄信貸所和讓工人參與消費合作社等途徑，為實現勞工的自助，發起工人合作社運動，勞資雙方的共同努力，為日後俾斯麥政府通過國家立法和實施社會保險奠定了重要基礎。

　　德國社會保險的歷史，不僅使大眾對社會保險有著較強的認同，而且為實行現代社會保險政策提供了借鑑經驗。於既有的歷史背景下，一八八九年德國實施國民年金制度，為全世界最早實施強制性社會保險年金制度的國家之一，且其社會保險制度是以老年經濟安全的保障為主要的內容，並以受僱者為主要的保障對象。

　　由於社會福利經費普遍的提高，導致國家的競爭力受到影響，一九七〇年代中期，西方國家普遍存在著「福利國家危機」的問題，德國的社會福利支出有愈來愈多之趨勢，由一九六〇年占總支出的比率的百分之二十一點七上升到一九七〇年的百分之二十九點二，一九七二年並達到百分之三十三的高峰。一九九〇年兩德統一，再經過一九九二年的金融改革之後，新制度適用於全體德國國民，其老年年金的計算方式為：

　　「老年年金＝總所得積點×年金類別係數×即期年金值」

　　至於其計算方程式中的積點、年金類別係數，以及即期年金值等，則各有其估算的方式與試算的標準。但此種估算方式並沒有讓德國的老年給付金額呈現好轉的現象，在一九九五年又上升至百分之三十四點一，這與德國企業的高成本有關，企業經營者除了必須支付較高的薪資成本之外，還必須與勞工共同支付國民金保險、健康保險、失業保險，以及一九九五年才施行的長期照護險，而總計各項保險的費用占勞動報酬的百分之四十二；除此之外，雇主還必須單獨支付職業災害的意外險，其中約有一半（約占百分之四十五）的保險項目為法定的項目。除了社會福利給付偏高，企業所支付的薪資之額外成本亦增加，造成企業競爭力的下降之外，政府亦讓被保險人與企業同時負擔前東德邦境內的社會保障成本，此一支出與社會保險無甚關聯，但卻成為「與社會保險無關的」社會福利支出成本。

　　另方面，德國人口結構的改變也為其社會福利帶來更多的問題，根據德國的人口年齡結構預估，在二〇〇〇年至二〇一〇年間，其年輕的人口（指二十歲以下的年齡層）有下滑的趨勢，而二〇二〇年至二〇三〇年之間的青壯人口（指二十至六十歲的就業人口）則呈較快的下降趨勢，而六十歲以上的人口則呈現大幅度的增加，顯示人口老化問題嚴重；而在相同

時間內，德國婦女生育率則持續下降，平均生育的小孩僅有一點四人；人口的老化與生育率的下降，將使德國的社會福利問題更為嚴重。

貳、德國年金立法的背景

德國率先實施勞工保險制度，固然有其歷史的淵源，然而與其國家發展息息相關。普魯士為謀求德國統一，一八七一年建立德意志帝國，實現了自中世紀以來的第一次全國性統一。要提高國際地位，增強對外競爭實力，關鍵在於保持相對安定的政治環境。要取得對內政策的成功，就必須給大眾勞工更多的生存、發展權，調和勞資關係，安撫基層群眾。勞資關係緊張，工業發展便會受到影響，德意志向外擴張和謀求歐洲大國的希望將會成為泡影。使得俾斯麥政府在西方工業化國家中率先實行國家社會保險，在《黃金詔書》中宣布要建立《社會保險基本法》，聲稱：「一個期待著養老金的人是最守本分的，也是最容易被統治的，社會弊病的醫治，一定不能僅僅靠對社會民主黨（Social Democratic Party）進行行為過火的鎮壓，而且同時要積極促進工人階級的福利。實行社會保險就是一種消除革命的投資。」為了瓦解工人群眾的各種自發組織，包括互助互濟的基金會在內，德意志帝國建立強制性社會保險的道路，正是德國保障立法的理論依據之一。

除了上述原因外，還有一個重要的理論根源，就是十九世紀上半葉德國盛行的歷史學派理論，倡導實質上是國家社會主義學說的社會改良主義。為解決工業化所帶來的社會問題，德國的社會和學術團體進行了有益的理論探討。進行社會政策理論探討的一股重要力量。主張國家干預經濟和對資本主義進行社會改良；同時，又鼓吹勞資合作，要求德國政府採取積極措施，關心和改善工人狀況，解決嚴重的社會問題，極力維護剛剛統一的德意志帝國。為俾斯麥建立社會保險制度提供了理論基礎，主要表現在以下幾個方面：

第一，國家的職能是多方面的，國家意識、法律規範和倫理道德等精
　　　神因素在社會經濟中占主導作用，國家有責任保障國民經濟生
　　　活，有義務促進民眾的福利服務。

第二，國家要安定國內秩序。勞工問題是德意志帝國面臨的最挑戰的
　　　社會問題，政府必須採取有效措施，達到緩和自由市場的危機。

第三，國家的法令、法規、法律至上，透過立法程序實施包括社會保
　　　險、孤寡救濟、勞資合作以至工廠監督等在內的一系列強制性
　　　社會政策，自上而下地實行經濟和社會改革。實行國家立法，
　　　使愈來愈多的人分享高素養的文化、財富、教育和福利。

　　十九世紀中葉，德意志民族掀起了廣泛的國家統一運動。由於普魯士
在經濟上相對發達，統一運動的歷史任務自然地交給了這個最強大邦國。
有「鐵血宰相」之稱的俾斯麥借助於國家力量，推行一系列改良政策和措
施，客觀上促進了社會的文明與進步。他之所以不遺餘力地推行國家社會
保險，主要出於下列三個方面的動機：

表 9-1　德國社會保險的原委

動機	內涵
社會保險是國家維持經濟生活的重要支柱	一八七八年以前，俾斯麥在經濟上推行自由貿易政策，其後，為強化競爭性經濟政策轉向保守主義的形勢下，俾斯麥對日後社會保險作了全面規劃，對勞工、疾病、事故和傷殘等方面採取了一系列必要的保障措施。
社會保險是維護勞工安全保障的重要途徑	為德國的統一和強盛，必須發展工業。俾斯麥從維護國家最高利益出發，堅定了實施社會保險的想法。因為有效實施社會保險制度，政府才可以安撫德國勞工，減輕他們的精神與身體痛苦，從而加強國家的力量。
社會保險立法是打擊社會運動的重要手段	資本主義工業化的深入發展，迅速促成工人數量的增長和階級意識的增強。在馬克思主義影響下，德國工人運動和社會主義運動蓬勃發展。俾斯麥認為「鎮壓社會民主黨人的暴動不是唯一的途徑，同時還應當積極促進工人的福利，改革社會弊端，以便給帝國帶來維持內部太平的保證。」於是，俾斯麥政府根據德皇威廉一世的《黃金詔書》要求，採取溫和的改良手段，改善工人生活待遇，就是頒布一系列社會立法，從國家法律和制度上確立了社會保障目標。

（資料來源：作者整理）

　　俾斯麥統治時期，德國初步建立了社會保險基本法律制度，《職業災害事故保險法》、《疾病社會保險法》和《老年和殘障社會保險法》構成德國社會保險法律體系的三個重要支柱。德國之所以能執西歐各國之牛耳，推行國家社會保險，最深刻的根源在於德國特定的階級狀況、歷史傳統、政治背景和理論基礎。這是世界上社會保障體系發展中的一個創舉，為各國建立社會保險制度開了風氣之先。這種以個人收入多少來決定繳納保險費數額，並取得保險待遇的「俾斯麥保險模式」影響深遠。從德國最初推出的原始形式的現代社會保險立法中可以看出，它們為今天大多數國家所實行的投保資助型的社會保險制度提供了下列幾個基本原則：

1. 強制保險勞工投保須有年限規定；
2. 國家、工人、雇主分攤保險基金；
3. 限定勞工、納保者須具一定條件；
4. 保險須補償因風險而失去的收入；
5. 雇主負擔職業傷害社會保險基金；
6. 退休金按退休前的薪資標準計發；
7. 實行醫療採一律免繳費用的制度。

　　眾所周知，無論工業化規模與發展水平，還是對於現代社會保險的需求，十九世紀八〇年代的德國尚無法與作為工業化先驅的英國相提並論。但是，德國是最早宣布進入「福利國家」的西方發達國家之一，她率先推出一系列社會保險立法，並迅速付諸實施。

參、德國年金制度的發展

　　德國社會保障事業的發展，與德國的工業化進程以及由此引起的經濟社會結構的變化緊密相連，一八七一年，德意志帝國在聞名於世的凡爾賽宮向全世界宣告成立。這個新帝國的建立和鞏固不但得益於「鐵血宰相」

俾斯麥的輔佐，而且得益於由法國提供的五十億法郎戰爭賠款。為了調和勞資關係，加快工業發展，謀求歐洲霸權，藉以擴展其殖民勢力，俾斯麥認為關鍵在於安撫人心，促進國內工人福利。因此，在國家統一的有利條件下，俾斯麥決心在社會政策上作突破，嘗試進行大膽的進行包括社會保險在內的社會改革。大致可分為以下若干階段：

表 9-2　德國社會保障制度的分期

時期	年代	內涵
萌芽時期	一八三九至一八八一	由於人們從早期自由主義的、人道主義的價值觀來看待社會福利事業，德國的社會福利事業是由民間慈善組織發展而來的。一方面，宗教界和社會團體舉辦慈善事業，如在民間由教會、警察、社團創辦孤兒院、收容所等社會慈善機構，從事救濟貧民活動。另一方面，十九世紀工人和工會中出現的「勞動與福利中心」、「社會福利聯合會」等群眾團體，他們的目的是開展互濟互助，幫助工友及其屬度過因各種事故所導致的病殘、死亡等災難。毫無疑問，民間慈善事業不屬於現代社會保障制度，但卻是德國社會保障制度的最初萌芽。
形成時期	一八八一至一九二七	一八八一年初德皇威廉一世鄭重向國會宣布，帝國將採取若干措施保障勞工利益，以此推行一系列的社會改革。接著，同年發表《黃金詔書》，提出推進德國社會改革的基本主張。在這種背景下，德國將社會保障制度逐漸納入立法軌道。一八八三年德國制定了世界上第一部《疾病社會保險法》，一八八四年又頒布了世界上第一部《職業災害事故保險法》，一八八九年開始實行《老年和殘障社會保險法》。一九一一年，這三部法律被確定為德意志帝國統一的法律文本《帝國保險法》，從而在國家的法律制度上確立起系統的社會保障制度。同年，德國制定《職員保險法》，一九二三年頒布《帝國礦工保險法》，一九二七年實施《職業介紹和失業保險法》。這階段，德國先後建立起疾病、職災、殘疾、老年和失業方面的社會保險，形成了一套完整的社會保險體系。
徘徊時期	一九二七至一九五○	德國制定了一系列社會保障法規的附加法律和補充規定，解決社會保障待遇較低的問題。第二次世界大戰前後，戰爭制約著社會政策。戰敗後，德國處於美國、英國、法國占領軍的控制下，成千上萬的人流離失所，食品和其他日用品短缺，社會保險受到了極為嚴格的限制。直到一九四九年頒布《社會保險適應法》，德國社會福利工作才重新恢復活力。

發展時期	一九五〇至一九七六	第二次世界大戰以後，特別是一九五〇至一九七六年的二十多年間，西德採取市場經濟體制。政府以福利經濟學和新自由主義經濟學為理論依據，提出實現國家的「全民福利」主張。這個時期，德國社會保障的內容更加豐富，規模不斷擴大，保障水平日益提高，進入了西方福利國家行列。一九五七年和一九七二年兩次修改養老金保險條例，使德國養老金額隨勞工薪資的增長而相應調整；還先後頒布了《疾病保險所聯合會新條例》、《保險所醫生的權利新條例》和《養老金領取者疾病保險新條例》。繼一九五六年對《失業社會保險法》修改和補充之後，德國分別頒布《事故保險新條例》和《勞動促進法》，並於分別對《聯邦社會救濟法》進行修改，增加對特殊社會困難的救濟，擴大對殘疾人的救濟。這個時期，德國還先後制訂了《戰爭補償法》、《聯邦住宅補貼法》、《聯邦社會救濟法》、《聯邦兒童補貼法》、《聯邦教育法》等幾個新法律。
調整時期	一九七六至一九九〇	隨著對國民福利的增長，德國社會福利的大發展造成了巨大的財政負擔；二十世紀七〇年代隨著石油危機和經濟危機之後，政府企圖在不增加國家財政負擔的同時，比以前更廣泛地解決社會福利問題。結果，社會福利事業繼續膨脹，超過了國民經濟的承受能力，形成了高工資、高福利、高負擔的局面。一九八五年以來，經過不斷改革和調整，德國形成了社會保險、社會補貼、社會救濟為主體的一整套社會保障制度。

（資料來源：作者整理）

肆、德國年金制度的內容

第二次世界大戰結束後，德國由於戰敗而被蘇聯、美國、英國和法國分割，為德意志民主共和國（東德）和德意志聯邦共和國（西德）。經過戰後的恢復和發展，西德於二十世紀六〇年代後期已經形成了一套完整的、內容廣泛的社會保障體系，並成為西歐二十五個國家中保障程度僅次於瑞典的「福利國家」。兩個德國實現統一後，經過兩年左右的過渡期，原聯邦德國的社會保障制度取代原東德的社會保障制度，最終形成統一的德國社會保障制度。德國的勞工和社會事務部負責社會保險法的監督事務，德國的社會保障制度建立在三個原則之上：

其一，有利於發揮市場機制的調節作用，以保證社會的正義與公平；

其二，維護經濟效益與社會公正的調和，不使人們的進取精神減弱；

其三，由國家、雇主和雇員共同分擔基金，以避免市場機制被削弱。

德國社會保障制度主要包括多個體系，簡述為：

表 9-3　德國社會保障制度主要包括兩個大體系

體系	內涵	意義	實例
社會保險體系	為全體居民提供保障的社會保險體系，是德國社會保障制度的核心。	社會保險體系是依靠國家法律強制建立起來的第一層次的社會保障，即義務保險網絡，以交納保險費為基礎。	法定養老保險，法定醫療保險，法定工傷保險，法定失業保險，特殊養老保險。
關照體系	為特殊人群提供幫助的關照體系，是社會保障制度的補充。	關照體系是國家、社會和單位聯合建立起來的第二層次的社會保障網絡，意在維護社會中下層家庭的利益。	直接關照　家庭補助，官員退休金，單位福利，住宅補貼，青年和教育助學金，低收入家庭協助，社會救濟。
			間接關照　稅收優惠，鼓勵建屋。
養老保險分類	法定養老保險金	工人養老保險，職員養老保險，公務員養老保險，煤礦工人養老保險。	
	獨立經營者養老保險	手工業者養老保險，農民養老保險，自由職業者養老保險。	

（資料來源：作者整理）

一、法定（雇員）養老保險的實施情況

表 9-4　德國法定（雇員）養老保險簡表

項目	內涵
緣起	德國的養老金保險開始於一八八九年，它是一種強制性保險形式，經歷了上百年的發展演變過程。最初的養老保險不但對享受者年齡要求較高，與養老保險相關聯的遺孀和孤兒基本沒有卹金保險，而且就是有資格領取者，養老金也非常少。
區分	雇員養老保險金　分為老年退休金、喪失就業能力養老金、喪失職業能力養老金、鰥寡孤獨卹金等。

		免於強制保險的其他人員,包括非工作的家庭婦女、僑居國外的德國公民,以及長期僑居德國的外國人,均可自願參加保險。
	獨立經營者養老保險	由各個州和特別保險協會管理各州工資收入者的養老保險方案,由聯邦薪金雇員保險協會管理薪金雇員養老保險方案。
費率	雇員養老保險	養老保險經費來源於個人、雇主和政府三方,政府規定的繳費率為投保人毛收入的 18.7%,雇員和雇主各交納收入的 8.85%。
	獨立經營者養老保險	獨立勞動者按 17.7%交納,政府則按年補貼養老保險基金,約為全部年金保險費用的 14.6%,並為產假和失業期間的受保人交納 17.7%的保險費。
請領要件	退休	達到法定退休年齡,即男性六十五歲、女性六十歲,並滿五年投保期限的保險人,可以享受養老保險待遇。 未到法定退休年齡,如果有三十五年保險期的被保險人,可從六十三歲起開始領取保險金。 未到法定退休年齡,或者已滿十五年的投保期、失業至少一年,且過去十年內至少有八年從事受保職業的失業者,可以六十歲起開始領取養老金。
	私人養老保險	除法定養老保險外,還有企業補充養老金和私人養老保險等。
	遺屬年金	如果受保人死亡,其遺屬可享受遺屬年金。
給付	公式	養老金標準可用公式表示:R(年金)=A×P×J×St,其中 A 表示計算基數,即等於領取退休金額前三年全體投保者的年收入平均數,並將當年物價因素考慮在內。P 代表退休者的相對經濟地位比值,即該投保人在投保期間的總收入與所有投保人平均收入水準之比,如喪失勞動能力者為 1%,工人、職員分別為 1.5%,礦工為 2%;J 表示交納保險費的年限;St 代表每投保一年遞增的一定百分比。
	標準	法定養老金給付金額標準,相當於在職員工純收入的 65%,並隨工資的增長而作相應調整。

(資料來源:作者整理)

二、特殊養老保險

德國的特殊養老保險體系是在第二次世界大戰後建立起來的,覆蓋面非常廣泛,幾乎將所有社會階層包括在內。

表 9-5　德國的特殊養老保險體系

項目		內涵
農民養老補助保險	法規	根據一九五七年七月頒行的《農民老年救濟法》規定。
	對象	所有未參加其他養老保險的農民必須投保，對投保者及其遺屬提供養老保險，經費來源於投保者交納的保險費和政府補貼。
	規範	凡年滿六十五歲、繳費一百八十個月的農民老人，都可以申領養老輔助保險金。
	意義	從這種強制性做法上來看，農民養老輔助保險是法定養老保險的延伸，實際上成為義務養老保險。
自由職業者養老保險		自由職業者包括獨立行醫的醫生、律師、公證員、社會會計、稅務顧問、建築設計師等，投保人可自由參加這種保險。

（資料來源：作者整理）

結語

　　社會保障制度是社會依靠國家法律強制建立起來的一種國民生活保障和社會穩定體系，主要包括社會救濟、社會保險、社會服務等幾個方面的內容。十九世紀八〇年代，德國建立了世界上第一個勞工養老金制度。這個制度的主要內容包括以下幾點：第一，保險對象是工人和官員；第二，保險資金來自國家、工人和雇主三方交納的基金，勞資雙方各交保險費的一半，國家則對每個領取保險金的老人或殘障者補貼；第三，依據原薪資收入等級和地區等級確定工人的退休收入；第四，只有證明確屬失去謀生能力者，才有權享受殘障社會保險待遇，且必須交足五年保險費；第五，凡年滿六十歲，交納保險費二十年以上者，方有權開始享受退休養老社會保險待遇。從此，揭開了各國開始享有推動年金保障制度。

第十章　市場制的年金保障

——美國年金制度——

前言

　　美國位於北美洲中部，東臨大西洋，西臨太平洋，北部與加拿大相鄰，南部與墨西哥相連。是一個以歐洲後裔為主體的移民國家為一個大熔爐（melting pot），任何外來移民都將消融其中。北美社會這裡沒有依靠血統和世襲特權立足的封建貴族，較少束縛人們思想的傳統羈絆。看重的是自我奮鬥精神和個人成就，而不是他們的血統、膚色、親屬關係等社會背景。美國繼承了歐洲宗教信仰、風俗習慣和思維方式，卻比他們的祖先們更善於學習、冒險和創新。這也正是美國「青出於藍而勝於藍」，執世界於牛耳，領先群倫的根本原因之所在。

壹、美國年金制度的萌芽

　　美國社會安全保障思想源自於一七八七年《美利堅合眾國憲法》，規定「國會有權課徵直接稅、關稅、輸入稅和貨物稅，以償付國債、提供合眾國共同防務和公共福利」（第一條第八款），這既是社會保障作為的基石，也是美國社會保障制度法治化的起點。然而，受到工業化時期和南北戰爭影響，這個新興國家盛行自由放任主義和社會達爾文主義，人們認為每個

社會成員都被平等地提供了成功的機會，導致貧窮的責任不在社會而在個人。所以，當時的公共幫助被嚴重地限制在收容所、濟貧院等機構裡。隨著工業化加速發展，特別是內戰結束之後，社會問題非常突出，數以百計的黑人奴隸雖然被解放，卻因沒有受過良好的教育和職業培訓，其中許多人被迫成為流離失所的遊民，陷入嚴重的經濟困境之中。一八六五年，根據立法建立的自由民局，成為第一個聯邦福利機構，以救濟和監護黑人、難民，管理無主土地。自由民局的運行不僅提供了社會保障的一種模式，也為後來建立社會保障制度提供了實際經驗。

社會保障制度不僅是現代社會進步的產物，也是社會改革運動，體現了社會中的進步傾向。

美國是一個聯邦制的國家，各州享有相當大的自主權利，二十世紀初，美國並沒有像其他發達國家一樣建立起一個由聯邦政府統一運行的社會保障體系，地方上的州和市卻成為現代社會保障制度的先行者。在聯邦－州的體制下，各州在行政與社會事務方面擁有較大的自主權。最早的地方性社會保障單項立法，是一九〇二年馬里蘭州通過的雇員職災補償法，最早的退休養老立法在一九一五年出現於阿拉斯加。

美國聯邦政府建立現行的社會安全制度，主要源自一九二九至一九三三年的經濟大蕭條。當時羅斯福總統借鑑德國「鐵血宰相」俾斯麥在一八八九年推動的社會福利政策，以有濃厚社會主義色彩的退休福利制度為架構。於一九三五年簽署社會安全法時，數以百萬計美國老人的生活落於貧窮線（poverty line）下。這是歷史最嚴重的一次世界性經濟危機，其中美國遭受的打擊最重，面對危機的沉重打擊，失業者、老年人、殘疾人、孤立無援的母親及無依無靠的兒童都處於極端困境之中。可大危機使成千上萬兢兢業業工作的人們，一夜之間變成了需要接受救濟的窮人。經濟危機改變了長期以來左右社會輿論的傳統看法，及認為貧困出自懶惰；人們逐漸意識到，貧困不只是個人的問題，還有社會的責任。最重要的是，經濟危機打破了廉價政府、自由放任和無為而治的政治觀念，人們強烈要求政府承擔起社會責任。

表 10-1　美國實施社會安全保障重要立法

項目	年代	內涵
聯邦緊急救濟法	一九三三	成立了聯邦緊急救濟署，實行「以工代賑」的救濟措施，逐漸使國家度過了工人嚴重失業、老人生活無保障、許多人缺衣少食、無家可歸的經濟難關。
社會安全法	一九三五	對美國社會經濟發展影響最深遠的立法，為人民生存所必需的經濟權利提供保障，是美國社會保障制度的直接淵源。允諾家庭安全、生活保障和社會保障這三大任務是政府向人民提出的最低限度的承諾，沒有經濟上的獨立和安全，就談不上個人的自由；貧困的人沒有真正的自由，也就無法成為一個真正的自由社會，被視為繼《獨立宣言》、《解放宣言》之後的第三個人權法案。

（資料來源：作者整理）

　　《社會安全法》共有十章，在其後來通過的若干修正案基礎上，美國逐漸建立起社會保障制度。根據這個法案，聯邦政府各州提供財政撥款，用以解決老人、盲人、殘障人、失業者、兒童所面臨的經濟困難。涉及授予各州的老年補助金、聯邦的老年救濟金，授予各州實施補助的補助金，授予各州救濟受撫養兒童的補助金，授予各州婦幼福利補助金、公共衛生補助金，並設立社會保障機構，規定就業稅和雇主稅，以及授予各州救濟盲人補助金，還規定政府必須履行義務，依法提供必要的財政資助，幫助那些面臨年老、疾病、傷害、失業、貧困災害的社會成員。《社會安全法》的最重要內容包括三個制度：

表 10-2　《社會安全法》的三個制度

制度	內容
養老年金	凡年滿六十五歲的退休工資勞動者，根據退休前不同的薪資水準，每月可獲得一定的養老金。
失業保險	在職工人和雇主分別交納保險費，約為失業保險金的二分之一，剩下的由聯邦政府撥款支付。此外，各州在隨後兩年相繼建立的各自的失業保險制度。
救濟制度	對盲人、殘障兒童和無依無靠的兒童提供必要的經濟上救助。

（資料來源：作者整理）

　　社會安全制度源於一九三五年的社會安全法案,該法案是為了提供老年給付,爾後陸續於一九三九年增加遺屬給付,一九五四年加入殘障給付,一九六五年加入醫療保障,逐步建立起主要的社會安全體系,不過由於其社會安全體系僅限於勞動者,而非全民性的國民年金制度,所以其財務來源主要是來自雇主與雇員所共同繳納的薪資稅,並且財務獨立,甚少由政府提供補助。在美國的社會安全制度之體系下,政府方面並未負擔任何費用,社會安全稅由賦稅署（Internal Revenue Service）負責收繳。《社會安全法》的保障機構主要為:

表 10-3　《社會安全法》的保障機構

單位	內容
社會保障管理局 （Social Security Administration, SSA）	設於一九四六年,該系統非常龐大,包括:各大區辦公署、執行局及地區和分區之辦事處。分別管理殘疾保險、健康保險、退休和遺屬保險、資料處理、地區管理、聽證和上訴等具體事務。
健康信貸管理局 （Health Care Financing Administration, HCFA）	為了加強對社會保障制度下具體計畫的管理和監督,代表聯邦政府行使管理社會保障計畫的職權。是美國聯邦政府健康、教育和福利部的代理機構,它的最高官員長本身就是政府的社會保障計畫專員,對於他的任命,必須經過總統提名和參議院批准的嚴格程序。

（資料來源:作者整理）

　　總之,《社會安全法》是一個確立社會保障制度、規劃有關保障項目、解決經濟安全問題的綜合性立法。美國社會安全制度的最基本特徵是,強調政府在解決社會問題上的責任行為,應當充分而有效地發揮聯邦政府及州與地方政府的行政管理職能。半個多世紀以來,美國社會保障制度獲得不斷發展、擴大和完善,已經發展成為是一項浩大的系統工程,主要包括社會服務、社會保險和公共救助三種形式。雖然它存在不少弊端,如缺少全國統一標準、各州經費分配不一、資助項目由各州自行決定,但畢竟確立了聯邦政府在社會保障工作中的領導地位,建立起以解決養老問題和失業問題等社會保險為主體、輔之以公共救助的保障模式。

貳、美國年金制度的建立

　　《社會安全法》改變了長期主導美國社會的自由主義主張，改變了過去那種由地方扶助援救，或由民間團體自助自救，或由團體提供救助的濟貧傳統，開始了「福利」試驗，這是美國政府實行社會保障制度的開端。由於資本主義及自由市場的經濟發展，亦帶來社會結構的衝擊，諸如：貧富鴻溝擴大，財富迅速集中到少數人手中，社會弱勢群體的處境困難相伴相生。爰此，年金保險所具備社會福利機能對於平衡社會保障具有一定功能。美國目前的年金保險方案，分為兩大種類。

　　第一，是老年、遺屬與身心障礙保險（Old Age, Survivors, Disability Insurance，簡稱 OASDI），其涵蓋範疇以勞動力人口為主。

　　第二，是其他年金計畫，如公務員退休計畫、鐵路工人退休計畫以及軍人退休計畫；兩類可以重複參加。美國的老年、遺屬與身心障礙保險，除了本身給付項目的年金支付外，亦搭配眷屬與醫療保險等福利。

　　《社會安全法》為搶救當時的困境，政府允諾發給年滿六十五歲的老人每月二百美元的老年年金。當時年金的來源乃來自於年輕一代工作者所繳納，屬現收現付制（pay-as-you-go system）。美國社會安全法制度係採社會保險方式辦理，惟其收取的不是保險費，而是以薪資稅型態，依受僱者薪水之一定比率（雇主亦同）所繳交的社會安全稅支應；美國政府對於公共年金的財務責任較為輕微。

　　人口老化是各國政府不得不正視的施政軸心問題之一，同樣的問題美國早已有所準備，政府將社會安全分為三部分，一、是國家社會安全法案下的退休制度，國家層面的社會保險金，保證就業者退休之後的基本的養

表 10-4　美國年金保障制度簡表

層級	項目	主要內涵
第一層	國家社會安全法案的退休金	財源是按受僱者薪水一定比率所提撥的社會安全稅（Social Security Tax），由受僱者和雇主共同負擔，政府只需要負擔部分行政費用和特殊補助。 隨著領取給付人數與項目的增加、給付水準上升、人口老化迅速等因素，社會安全稅有逐年增加趨勢，以一九三〇年到九〇年的六十年為例，稅率增加了近一倍從 6.7% 增加至 12.4%，而且呈現持續攀升的趨勢。
第二層	民間企業的退休制度	是企業吸引優秀人才的利器，主要由企業主辦的年金計畫和職工福利計畫組成，財務來源大多數是由雇主全額負擔，部分計畫則是由受僱者和雇主按比例負擔，政府並未負擔其中的費用。
第三層	個人退休專戶的 401（k）制度	是在美國的社會福利制度之中，最具特色且普遍為世界各國學習採用的支柱，401（k）是美國鼓勵人民為退休做準備，於一九八一年創立的一種延後課稅退休金帳戶，由於美國政府將相關規定明訂在國稅條例第 401（k）條中，故簡稱為 401（k）計畫。 401（k）計畫資金可以投資於股票、基金、年金保險、債券、專項定期存款等金融產品，雇員可以自主選擇養老金的投資方式，其投資風險由雇員承擔。

（資料來源：作者整理）

老生活。二、是民間企業的退休制度，最後則是個人退休專戶的制度。三、是一種企業的養老金計畫，401k 計畫是其中重要組成部分。

　　其中「401k 計畫」是職業年金，一種由雇員、雇主共同繳費建立起來的完全基金式的養老保險制度，是指美國一九七八年《國內稅收法》新增的第 401 條 k 項條款的規定，一九七九年得到法律認可，一九八一年又追加了實施規則，二十世紀九〇年代迅速發展，逐漸取代了傳統的社會保障體系，成為美國諸多雇主首選的社會保障計畫。該計畫的思維啟蒙自十九世紀七〇年代，適用於私人盈利性公司。

表 10-5　美國私營企業退休計畫發展簡表

階段	年代	內涵
萌發階段	十九世紀七〇到二十世紀三〇年代	私營企業退休計畫是自發形成的，後來獲得了政府在稅收方面的鼓勵。一八七五年捷運公司最先推出私人退休計畫，規定六十歲開始享受退休金的雇員必須至少有二十年工齡。其他行業和廠商也效法捷運公司的做法，先後實行類似的私人退休計畫。
發展階段	二十世紀四〇到五〇年代	政府採取進一步的鼓勵措施加以推動。到一九六〇年，私營企業退休計畫已經覆蓋到約二千萬雇員，對「社會保障退休金」發揮了補充作用，為保證退休者的生活做出了重要貢獻。
保證階段	一九六四年以後	國會通過《雇員退休收入保障法》（ERISA），開始進入政府保證階段。二十世紀九〇年代以後，80%以上達到一百人規模的企業都實行私營企業退休計畫。

（資料來源：作者整理）

個人退休專戶的 401（k）制度是一種確定提撥制度的年金給付。通常，大公司的雇員更願意購買自己公司的股票。壽險公司主要通過兩種方式參與到 401k 計畫。企業如果為雇員提供 401k 退休計畫，雇員是自動加入這一計畫，但雇員也可以選擇不加入。雇主和雇員每個月按照規定比例將資金投放到退休帳戶上，這些投資當年不必繳納個人所得稅。雇員在五十九歲半時可以開始從退休帳戶上提取退休金，按照每年的收入狀況來繳納個人所得稅。

表 10-6　民間公司參與 401k 計畫方式

項目	內涵
提供投資產品	壽險公司通過保證收入的契約（GICs）產品，為養老基金提供多樣化的投資方式。
提供管理服務	壽險公司還為養老金計畫提供受託管理、投資管理和帳戶管理服務。

（資料來源：作者整理）

401k 計畫的監管涉及各金融監管機構、國內稅務局和勞工部。各金融監管機構的主要職責是對償付能力、市場行為、公司治理、投資行為、資訊披露等進行監管。國內稅收局的主要職責是防止稅收收入流失和稅收待

遇被濫用。勞動部的主要職責是：確認計畫發起人、計畫參與者、計畫本身的合格性；嚴格貫徹落實「非歧視」原則；監督受託人履行職責。

參、美國年金制度的內容

　　美國是實行社會保險制度較晚的西方工業化國家，但從一九三〇年代中葉開始，逐漸確立起社會保障體系。美國養老保險的首次立法是一九三五年的《社會安全法》，現行立法則是《社會安全法》及其若干修改條款和一九六五年的《老年人法》，他們共同構成老年人社會保險的法律基礎，意在向老年人提供退休養老、醫療保健和收入保護的社會保險，根本出發點是保障老年人的基本權益。美國養老保險的覆蓋範圍前後有較大變化，起初僅僅涵蓋勞動者——工商業雇員和雇工本人，一九三九年開始涵蓋到他們的家屬，一九五〇年則進一步擴大到軍人、農場工人、個體工商業者，以及部分地方公務人員和國家公務員。現在，除農業和家庭臨時傭工、年淨收入四百美元以下的獨立勞動者外，其他所有從事有收益工作的人都被納入到養老保險之中。州政府和地方政府的雇員、教士可自願保險；鐵路員工、聯邦雇員均有專門的退休養老制度。

　　美國沒有向英國、瑞典、日本那樣實行普遍養老金制度（作為普遍福利政策的一部分），普遍對每位老人給與統一的退休養老金，而是採取選擇性政策，即只對勞動者實施老年社會保險。但是，各種型式的公共幫助和社會服務構成老年社會保障制度不可缺少的組成部分。一九三五年的社會安全法包括老年、遺屬與身心障礙保險（Old Age, Survivors, Disability Insurance，簡稱 OASDI）。其給付主要係根據工作期間所繳交的社會安全稅計算，在這個綜合社會保障項目下，工齡定額是計算退休金的基本依據，可用公式表示：

　　「退休金＝工齡×退休金定額」；

聯邦政府公務員享受優惠的退休金政策，採取累進係數制，按工齡定額遞增法計算，即以退休前若干年內最高工資的平均值為基礎，投保最初五年每年按百分之一點五的係數計算；第二個五年每年按百分之一點七五的係數計算，十年以上一律按百分之二的係數計算。這樣，聯邦政府公務員的退休金也可用公式表示：

「退休金＝最高工資平均值×1.5%×5+最高工資平均值×1.75%×5+最高工資平均值×2%×剩餘工齡」。

因此，一個六十五歲正常退休並有四十年工齡的公務員，可領到退休前三年最高薪資的百分之七十六點二五，僅靠這一份退休金就可以滿足其基本生活。

美國社會保險中最主要的一項收入保險方案（OASDHI），涉及老年人、遺屬、殘疾人的保險，起初規定的養老保險的基金來源包括兩個方面，個人的投保及雇主交納。政府為一九六八年以前年滿七十二歲的老人按月補助特別費用，並承擔收入狀況調查的全部費用。以家庭為保障單位，是美國退休養老保險制度的一大特色。主要包括享受退休待遇的資格、領取退休養老金多少的影響因素、家庭成員獲得經濟幫助的條件等內容。雖然根據規定，凡交納社會保險稅的年滿六十五歲的公民，均可領取退休養老金，六十二至六十四歲退休者可享受部分養老金。對於參加保險的因傷殘而退休者及其未成年子女、配偶，也給與一定的保險費。然而，尚未能滿足對於全民的養老保障，衡酌美國強調自由市場的特質，因而私營企業退休計畫十分發達，是美國老年社會保障制度的重要特點之一。

到了一九八〇年代，由於物價迅速上升，失業人數增加，尤其是高齡化、壽命延長、少子女化等的現象來臨，老年撫養比過大對財政造成很大的影響，於是一九八三年提升養老金的繳稅率和繳稅上限，改現收現付制為部分累積制，即保險計畫內的繳稅水準應能保證留出一定的儲備基金，這部分基金能夠滿足一定時期內養老保險計畫的增支所需。儲備基金係以社會安全基金（Social Security Trustees）方式儲存，用於購買美國特別公債。隨著人口老化，公共年金支出的支出膨脹，年金財務的平衡也更加難以維

繫。據估算，社會安全基金餘額會在二〇四一年用完，屆時只能給付百分之七十的金額（Karczmar, 2005）。歷任政府在此問題上都提出了若干新的改革或修正方案，在保留現有的強制性養老保障體系的基礎上，建議將部分比例改採個人帳戶式的管理、提高請領年齡、提高稅率、調降給付金額、縮減行政人力等，以彌補未來愈見緊迫的財務問題。從公元二〇〇〇年開始執行，規定一九八三年以後出生者的正常退休年齡為六十五歲二個月，而不是六十五歲。到二〇二七年，正常的退休年齡最終必須達到六十七歲。

為了減緩養老年金的流出所形成的不足，除了延後退休年齡之外，實施「遞延年金」。關於延後退休，政策提供了兩點優惠：一是增加高所得社會保障紀錄，這個紀錄到退休時就可以兌現，高所得必然帶來高額養老金；二是另加一個額外的百分數到退休金中，這樣又會提高延後退休的養老金總額。例如，一個一九四三年或以後出生的人，即可因遞延退休而獲得百分之八的額外的養老金。

表 10-7　全額養老金額領取者退休年齡標準

出生年分	正常的退休年齡
一九三七年	六十五歲
一九四〇年	六十五歲六個月
一九五〇年	六十六歲
一九五五年	六十六歲二個月
一九六〇年及以後	六十七歲

（資料來源：作者整理）

表 10-8　遞延退休養老金增加的百分比

出生年分	每年增加的百分比（%）
一九一六年或以前	1.0
一九一七至一九二四年	3.0
一九二五至一九二六年	3.5
一九二七至一九二八年	4.0
一九二九至一九三〇年	4.5
一九三一至一九三二年	5.0

一九三三至一九三四年	5.5
一九三五至一九三六年	6.0
一九三七至一九三八年	6.5
一九三九至一九四〇年	7.0
一九四一至一九四二年	7.5
一九四三年及以後	8.0

（資料來源：作者整理）

在社會安全制度完善改革之前，目前美國鼓勵以企業年金（如 401k）和私人儲蓄來補足退休後的生活需求。

表 10-9　美國老年社會保險金不同層次簡表

單位	內容
社會保障計畫	由聯邦政府實施的「社會安全計畫」（社會安全退休制度），向老年人提供基本退休金（社會保障退休金）。
私營企業「退休計畫」	由政府機關、私營企業分別推出的「退休計畫」，及包括聯邦政府公務員和地方政府公務員退休計畫、私營企業退休計畫，它們屬於補充退休制度。
個人養老儲蓄	聯邦政府給予優惠支持的「個人養老儲蓄」制度，如由國家發行、鼓勵個人購買的高利率個人養老債券。社會保障部門開辦「個人退休帳戶」，允許受僱的工資勞動者從自己收入中拿出一部分（15%左右）投保，他們不僅可以獲得高利率回報，而且免交個人所得稅。

（資料來源：作者整理）

美國的社會安全制度實施已數十年，其經驗顯示，建立多層次的養老保險體系是較為適當的做法，例如：政府提供基本養老保險，企業提供補充性養老保險，個人提供儲蓄性養老保險。單純倚靠政府、企業（雇主）或個人，都有不完整之處。美國通過立法，來鼓勵企業推行補充養老金計畫的做法，可以保障老年人獲得比較穩定的生活。

肆、美國年金制度的借鑑

　　相較於歐美社會經濟發展類似的國家，美國的老人福利政策實施較晚，主要是過去美國老年人口比例較低、並且主張個人主義、強調經濟自由市場等。美國老人福利政策，始自於一九三五年的《社會安全法》，並至一九六五年的《老年人法》陸續對受僱者的老年、殘廢、遺屬與醫療問題，提供解決的制度。簡言之，目前美國退休金制度包括下列三種：

表 10-10　美國養老保障簡表

項目	內涵		財務來源
社會安全法案	政府對一般受僱者（包括自僱者）於退休時給付之老年年金，屬於基礎年金的社會保險制度。 隨著領取給付人數增加、給付項目增加、給付水準調高及人口老化加速，社會安全稅逐年增加。		本制度老年年金之財務來源為平時按受僱者薪水之一定比率提撥社會安全稅（Social Security Tax），由受僱者與雇主共同負擔，政府只負擔資產調查的補助及一九六八年之前年齡在七十二歲以上老人的特殊補助給付，並透過國稅局來徵收社會安全稅，支付各種給付與管理基金。
企業退休金	主要為民間年金計畫與職工福利計畫，屬於職業年金。		民間年金計畫與職工福利計畫之財務來源，多數由雇主全額負擔，部分計畫由受僱者與雇主按比例負擔，政府未負擔。
個人退休帳戶	針對雇主未提供合格退休計畫保障之工作人口所設計的「個人退休帳戶」。		美國個人退休帳戶制度係採自願性質，工作者可依其個人需求自由選擇政府核定之個人退休計畫，政府無權強制人民儲蓄。故其財務來源為個人提存之金額，政府則未負擔。
	「401（k）計畫」：美國政府於一九八一年創立一種遞延課稅的退休	係由企業員工將其部分的稅前薪資提存至特定個人帳戶，提存者可掌控存款金額，並得自由選擇加入雇主所規劃的投資組合。帳戶所	至二〇〇五年底，積極參與 401

| 金帳戶，並將相關規定於《國稅條例》第 401 條 k 款中，故簡稱為 401（k）計畫。 | 有人暫時無須繳納存款與投資利潤的所得稅，直到退休提領時才需付稅。由於未來年老時所得較低，且享受較多的賦稅優惠，故退休時應繳的稅金相對減少。 | （k）的美國民眾有四千七百萬人，持有資產超過二點四兆美金。正因 401（k）的施行，如今美國退休金市場規模為全球最大，其他超過 80%的資產都委外給專業經理人經營。 |
| | 因為稅賦遞延可鼓勵儲蓄，但同時造成稅基流失，因而美國國稅局每年均依照通貨膨脹的變化，公布不同的薪資扣除上限，企業員工提存金額不得逾越此一界線。 | |

（資料來源：作者整理）

　　其中最具特色的是 401k 退休計畫，二〇一一年美國百分之六十接近退休年齡的家庭擁有該退休計畫，這不是全民福利計畫，該計畫是美國最為普遍的就業人員退休計畫，該計畫的受惠者主要是私人企業的雇員，是美國在一九八〇年代對私人企業退休金制度改革的產物，這一退休計畫取代了過去由雇主一方單獨為雇員提供退休福利的局面，形成了雇主與雇員共同負擔退休福利的格局。是一種確定提撥型（DC）計畫，實行個人帳戶積累制，其建立需符合一定條件。由雇員和雇主共同繳費，繳費和投資收益免稅，只在領取時徵收個人所得稅。雇員退休後養老金的領取金額取決於繳費的多少和投資收益狀況。此外，員工提撥的金額可由申報所得裡扣除，等到年老提領時再納入課稅，由於老年人口稅賦優惠額度高，可藉著稅賦優惠吸引民眾提撥，自行籌措退休金；不過為了避免稅收短少，政府也設定有提撥上限，為薪資所得的百分之十五，二〇〇七年政府規定每年上限為一萬五千五百美元，每年會視情況調整，惟五十歲以上員工，每年最多可再多提撥五千美元。雇主若願強化職工福利，留住優秀員工，還可自行配合提撥；也就是說，當你每提撥一美元，雇主可以多幫你提撥二十五分至一美元，幫你快速增加退休金存款金額。投資帳戶裡的錢必須等到五十九歲半才能提領，家境富裕者若暫時用不到這筆退休金，最遲可延至七十

歲半提領，至於在五十九歲半之前提領者，除非有法令允許、且無其他財務來源可支應的緊急狀況外，例如首次購屋，提前提領者要支付所得稅和百分之十的罰款。

401（k）計畫由雇主申請設立後，雇員在不超過上限額度範圍內，每月可提撥某一數額薪水（薪資的百分之一至百分之五）至其退休金帳戶，由雇主挑選合作的金融業者，發行投資計畫，每個計畫至少要提供三種不同風險及報酬率的商品，當中會包含括基金、保險商品、自家公司股票、保本商品等等，再由勞工依個人喜好，從中選擇投資標的，每個計畫平均提供五至十五個標的供計畫參與者挑選。如此一來勞工的退休金投資必須自負盈虧，政府不保證收益，少去了政府的財政支出負擔，另一方面，由於退休金投資期間相當長，一般說來賠錢的機率不高，操作績效也會比由政府官僚進行投資好上許多。

401k 退休計畫無疑是美國私人企業為員工提供的一種退休福利，但它既不是普及到私營企業每一個人的退休福利計畫，也不是政府主導的全民社會福利計畫。二〇〇八年美國退休老人能夠領取到退休金（包括 401k 退休計畫）的人數只占退休老人總數的百分之三十四點二。社會保險金仍是大多數美國人退休後最主要的收入來源，隨著時事推移，401k 退休計畫將發揮更大的輔助作用。當進入「嬰兒潮」時代退休高峰後，401k 退休計畫在老人退休後的收入來源上將發揮更大作用，因為他們是 401k 退休計畫推行以來首批的受益者。作為一種非強制性的養老金計畫，401k 計畫發展迅速，僅用二十餘年的時間就覆蓋了超過三十多萬家企業，涉及超越四千餘萬勞動者和影響逾越百分之六十五的家庭，成為確定提撥制的給付。主要原因是：

表 10-11　美國 401k 退休計畫的特色

特點	內涵
多元保障	是國家在更高層面規劃補充養老保險體系的發展，發展多種不同形式、覆蓋不同職業、滿足各種不同需求的補充養老保險，如職業年金、團體年金、混合型計畫等。
稅收優惠	在此之前的補充養老保險計畫多由企業繳費，可以享受稅優，如有個人繳費則需納稅。因此美國的個人儲蓄率一直較低，人們更傾向於當期消費。通過個人繳費的稅收優惠政策，401k 計畫是國家透過稅收優惠政策（繳費免稅、投資收益免稅、領取繳稅）鼓勵補充養老保險的發展。實現了國家、企業、個人三方為雇員養老分擔責任的制度設計，對企業和員工產生很大的吸引力。
提高儲蓄	以「以養老為目的」的制度設計和監管提高了儲蓄率。401k 計畫為了實現養老的目的，通過有力的監管對提前取款行為進行了懲罰，有效地激勵了儲蓄，401k 計畫可以提高至少 89% 的國民儲蓄率。
長期投資	成熟的資本市場為養老金的長期投資提供了適宜的市場環境。二十世紀七〇年代初美國資本市場開始進入大變革時代，市場更加成熟，投資工具日益豐富，加上法律法規體系和監管體系非常健全，包括 401k 計畫在內的養老金資產成為美國資本市場的基石，與資本市場形成了良性互動發展的局面。特別是使得以共同基金為代表的機構投資者迅速崛起，二〇〇四年共同基金持有 401k 計畫資產總額的 51.5%，為一億八百六十萬美元。
積極促進	一是個人帳戶的可攜帶性有利於勞動力的流動；二是雇員具有投資選擇權促進了他們的積極參與；三是企業的配套繳費有助於吸引並留住人才等。這些特點有助於調動企業和員工參與 401k 計畫的積極性。養老保險資產應當經由有效的運用，與資本市場發展、國民經濟增長實現良性互動。

（資料來源：作者整理）

結語

　　美國的社會福利政策實施的時間雖然較晚，但其政策所反映的是一個市場經濟充分發展的工業社會，被視為以自由主義和個人主義為主流的先進社會。爰此，以年金保障制度而言，目前美國的退休金制度包括國家社會安全法案下的退休制度、民間企業的退休制度，以及個人退休帳戶制度等三種。

在年金保障制度的實施過程中，財務的健全與否將影響制度的永續經營，美國的社會安全法案制度係採社會保險方式辦理，惟其所收取的不是保險費，而是以薪資稅型態，依受僱者薪水之一定比率（雇主亦同）所繳交之社會安全稅支應；大體而言，美國政府對於公共年金的財務責任較為輕微。隨著社會發展，逐步建立《老年人法》對受僱者的老年、殘廢、遺屬與醫療問題，提供保障制度，並建立 401k 養老制度，以充分發揮市場的活力及機能，足為借鑑參研。

第十一章　民營制年金保障

——智利年金制度——

前言

養老金制度是指一個國家為保障特定公民在退休或喪失勞動能力之後能夠維持正常生活水準而實行的一種退休養老的福利制度。人類社會已經進入老齡化時代，無論發達國家還是發展中國家都程度不同地感受到衝擊震動，都在思考和採取對策應對老齡社會的種種挑戰，而首當其衝的就是通過對現行社會保障體制的調整、完善和改革，建立一個適應老齡化時代需要的社會養老保障體系。

為維護國民老年時期的經濟安全，許多國家已制訂年金制度且施行多年。關於世界各國的年金制度發展，可分為三種主要路線：社會保險、社會津貼，與普及型年金制度。智利的年金制度發展以社會保險為起點，但一九八〇年代經歷重大變革，實行的由個人繳費、個人所有、完全積累、私人機構運營的養老金私有化模式。其現行之私有化與個人帳戶制的特色及基金管理公司良好的投資績效，是拉丁美洲的代表。整個社會保障制度改革進程中，智利模式是已經引起學術界和決策層高度關注的一種改革模式。作為世界上有影響的養老保險制度改革舉措，確實是對傳統社會保障制度的根本性變革，其典型性和代表性是毋庸置疑的。

壹、智利年金制度的發展

　　智利的老年年金制度最初立法於一九二四年，一九二五年採社會保險方式辦理，其保障對象因不同身分及職業而不同，分為薪資所得者、薪資受僱者，以及公務人員三類，再依職業區分成三十餘種強制性年金保險制度。由於採現收現付制，隨著人口老化因素，造成入不敷出，財務產生嚴重虧損，行政效率不彰及財務管理不當，曾經是世界最昂貴的國家之一，而受僱者繳交之保險費逐年增加，但物價上漲使得實質給付降低（如在一九六二年至一九八〇年期間，受僱者之平均年金實質給付減少了百分之四十一），一九七四年，社會保險中雇主與員工合計的保險費率甚至曾經高達百分之六十八點五（Alejandro, 2003）。由於繳交保險費與領取年金者的比率漸漸下降，造成財務困難及保險費率居高不下，加上保障不足等等因素，到了一九八〇年，為了彌補財政不足的困境，智利政府不得不採取改革，而一九八一年的政府通過了強制性私有化年金保險制度，由私人主持的「退休年金基金管理公司」（Pension Fund Administrators, AFPs）經營年金保險，政府負責監督與管理。新制度開始運行以來，投資績效卓著，一九八七年成立自願儲蓄帳戶（voluntary savings account），以維護更有保障的老年經濟安全與促進總體經濟的發展，一九九〇年成立補償儲蓄帳戶（compensation savings accounts）。一九九五至一九九八年年金基金投資表現不穩定，甚至曾經出現虧損，因此於二〇〇二年增加 AFPs，以企圖穩定甚至增加年金基金的投資效益。

表 11-1　智利年金制度沿革

年代	規定	重要事項
一九二四	勞工強制保險基金 （Workers' Mandatory Insurance Fund）	為中南美洲第一個政府建立的社會安全制度。
一九二五	私人雇員基金 （Private Employees' Fund） 公共雇員基金 （Public Employees and Journalists）	新增了私人年金基金，並且成立公家機關員工年金保險。
一九八一	政府授權和監管，但私人管理 （Government mandated and regulated but privately managed [AFPs]）	以「政府規範、民間經營」的強制性私人年金保險退休制度，取代原有國營的公共年金制度。
一九八七	自願儲蓄帳戶 （Voluntary savings account）	鼓勵被保險者增加私人投資。
一九九〇	補償儲蓄帳戶 （Compensation savings accounts）	
二〇〇一	自願性的社會保障 （Voluntary social security saving）	放寬 AFPs 投資基金種類至五項以增加效益。
二〇〇四	新的生命年金法（New Life Annuities Law）	

（資料來源：作者整理）

　　在新的強制性私人年金保險退休制度中，係以就業者（包括自僱及受僱者）為保障對象，於其薪資中提存一定之比例，為每位參加者設立退休年金帳戶，交由民間機構之「退休年金基金管理公司」管理，每位參加者可自由選擇參加何種退休年金基金管理公司，基金管理公司將投資基金獲得之收益悉數撥入參加者退休帳戶中，而帳戶內儲金的本息即作為其將來支付退休年金之用。退休金制度的改革取得了舉世矚目的進展，成就「智利模式」。智利退休金制度的歷史歸納為：

表 11-2　智利年金制度發展階段

階段	年代	重要事項	
發軔期	一九一八	建立了第一個為白領工人和藍領工人提供退休金的養老計畫。	
落實期	一九二五至一九七四	特點	其一是它以非獨立工人為保障對象，而將獨立工人和農村勞動力排斥在外；其二是分配極不公平。
		對象	在一九六四年為 92%的非獨立工人提供了退休金、家庭補貼、健康及生育保障。
		資金	有雇員、雇主及國家供款的藍領工人基金；有僅雇員和雇主供款的公務員和白領工人基金。
		評價	基本的財務制度被演化成五十種子財務制度，不僅使社會保障制度財務結構混亂，而且永遠赤字。
變革期	一九八一	考量社會保障的管理體系是由多個公共部門的退休金基金和多個私人部門的退休金基金績效不彰。至一九八一年的重大年金變革，建立重視個人財產權利與強調投資績效的確定提撥制。	

（資料來源：作者整理）

　　智利於一九二四年便建立了以職業別分類的社會保險養老制度，是拉丁美洲國家中最早建立社會安全制度的國家。該制度的提撥率、給付水準因職業區分均有所不同，由政府、企業和勞工三方共同承擔成本，但由政府管理的制度。該制度於一九五〇年代開始出現經營上的問題，拖延至一九七〇年面臨破產的危機。其後智利年金改革成為拉美多國所推崇效尤，其中成立的多項組織對於運作具有決定性的影響特色為：

表 11-3　智利退休年金發放

組織	內涵
退休年金基金管理公司	智利於是於一九八一年開始實行新的年金制度，參加保險者開立個人帳戶並繳交保費給所加入的「退休年金基金管理公司」（Pension Fund Administrators, AFP），所有勞工在進入勞動市場時，均被強制要求參加新制。雇主在整個制度中扮演的角色只是為勞工扣繳其提撥金額到基金公司帳戶中，卻無須強制性參與提撥，雇主若自願性為其員工提撥基金，其提撥金額全數視為當年度的營業費用。於一九八一年以後加入職場的勞工都一律須強制參加新制，一九八一年前已在職場並已參加舊制度的勞工則

	開放選擇，可保留在原有體制或加入新制度。若選擇加入新制，政府發行退休債券保障其在原有體制下積累享有的相關權益。任何公司企業、產業協會、工會、其他金融機構等法人組織均可申請設立 AFP，經主管機關特許後成立。勞工可依投資績效或服務品質更換 AFP，但為降低行政支出與轉換頻率，最多每三個月更換 AFP 一次，一年最多四次。
養老保險基金監管局	在政府組織養老保險基金監管局（Superinterdency of Pension Fund Administrators, SAFP）監管下運作。養老保險基金監管局扮演的角色包括： 1. 根據法令審核 AFP 的設立。 2. 監督 AFP 的運作符合法令規範。 3. 確認 AFP 財務準備與提存作業符合相關規定。 4. 與智利中央銀行共同制定 AFP 投資規範並確保 AFP 投資操作符合法令規定。 5. 對違反相關規定之參與機構課徵罰金。 6. 執行現有法令並視需要修訂與建立新法規。 7. 當糾紛發生時扮演仲裁者。 8. 給付最後安全網。

（資料來源：作者整理）

　　AFP 是私人機構，AFP 必須提供總基金金額的百分之一加入被保險人的基金中共同投資。主要的任務包括：管理個人強制性年金帳戶、基金投資運用、給付退休金、代表參加人與保險公司簽訂保險契約、購買失能和遺屬保險、投資社會安全基金、管理與給付年金、提供會員資訊服務與參與外部活動等等。

　　AFP 為純粹民營型態，主要功能為，管理勞工的個人帳戶，勞工自行選擇一個退休基金管理公司參與提撥，最低提撥率為每月工資的百分之十。勞工亦可自願在另外百分之十的薪資範圍內自行提撥，亦即最高有百分之二十的薪資不計入當年所得，享有遞延稅賦的優惠。被保險人一年最多可以更換四次 AFP。AFP 基金分別投資於國內的政府、銀行與共同合作機構的股票、債券或基金等投資標的；境外投資，其中包括於發展中國家、新興國家或地區。AFP 也有國外公司參與，AFP 每三個月必須對客戶提出財務報告。AFP 整體運作基金如下圖所示。

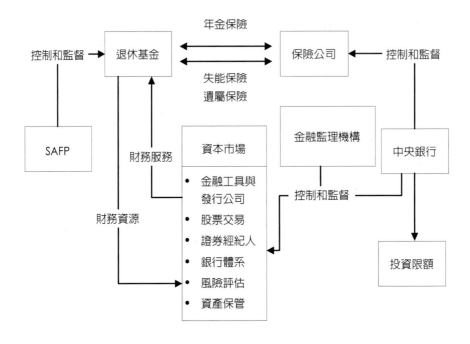

智利退休基金和資本市場的關係

　　為確保最低相對報酬率機制能實現，AFP 必須按規定提存準備金。當當期投報率高於最低標準時，AFP 必須將餘額提存為收益波動準備金（Profitability Fluctuation Reserves），一旦發生投資收益低於最低保證，AFP 立即以收益波動準備金填補，如 AFP 投資失敗，而收益波動準備和現金準備金均不能保證最低收益時，即由政府予以貼補。智利退休制度有所謂的「最低保證退休金」（Minimum Guaranteed Pension），如果參加勞工繳費達二十年以上但因薪資較低未能累積足夠退休基金，造成退休後個人帳戶中的基金積蓄不能達到領取最低保證退休金數額時，主管機關貼補金額達最低保證退休金水準，即使帳戶餘額用罄，政府依然按該金額支付至該勞工死亡。若勞工繳費未達二十年，政府從稅收中以社會救助金形式貼補其退休金給付。另外，一旦 AFP 破產，政府會對 AFP 進行清算並為勞工收益提供貼補。

表 11-4　智利退休年金發放

項目	內涵		
養老給付	智利男性勞工達六十五歲，女性達六十歲即可請領養老給付，若勞工達法定退休年齡卻選擇繼續留在工作職場亦可。		
提早退休給付	只要帳戶累積金額已達退休前十年之平均工資 50%之所得替代率或至少達一點一倍政府擬訂之最低保證退休金（Minimum Guaranteed Pension），為一固定金額，即可請領早退之退休金。		
發給方式	終身年金	勞工可將帳戶累積金額用來購買壽險公司發單之終身年金保單，市場上最常見的終身年金保單為平準式連生設計之保單。自一九八五年起開始開放，選擇此一形式的勞工比例逐年增多，一九九八年起選擇終身年金的退休勞工即占年度申請退休人口的 56%，主要誘因為投資風險與壽命延長風險轉嫁予商業保險機構。	
	系統提領	繼續將基金積存於 AFP 內，在領取退休金的階段，強制提撥的基金餘額只能轉存於相對保守的基金，自願提撥或雇主為其提撥的基金餘額則可存放任何基金，以避免政府貼補的可能。退休勞工於退休時點按生命餘命以及當時市場利率計算未來每月可請領金額，該筆金額每十二個月按通膨率調整提高，直到餘額用罄，易言之，此一請領方式主要由勞工負擔壽命延長與再投資風險，但因為期間基金仍投資於 AFP 的基金內，勞工亦有機會獲取資本市場高報酬的投資機會。若勞工在基金用罄前過世，基金餘額歸其受益人。勞工即使按此方式開始請領退休金，但仍可於任一時間點將餘額購買壽險公司發單之終身年金。	
	混合模式	勞工首先向保險公司購買一延壽年金，扣除延壽年金保費後之餘額則由 AFP 發放，延壽年金何時開始由勞工自行選擇。但延壽年金給付金額必須介於 AFP 定額給付金額之 50%以及 AFP 給付金額之 100%之間。	

（資料來源：作者整理）

貳、智利年金制度的特色

　　在智利政府原來所頒布的年金制度中，其財務來源主要為受僱者繳交之保險費，政府僅提供特別補助。從一九二五年開始實施，迄一九五〇年代即已顯示出經營上的危機，歷任政府均曾設法改進，惟效果不彰，直至

智利從一九八一年起，藉由開辦個人儲蓄帳戶，建立由民營年金基金管理公司承辦的新年金制度以後，整個年金制度的施行才獲得相對的成功。但在新的強制性私人年金保險退休制度中，其主要的財務來源為受僱者提撥薪資的百分之十金額，作為老年年金準備金；提撥薪資的百分之三金額，作為殘障、遺屬年金準備金；雇主並不負擔保險費，惟在新制實施時，雇主被要求提高受僱者薪資百分之十八，以作為補償，同時，政府亦規定最低工資或薪資，以避免對就業市場造成負面影響；至於政府負擔部分，對於參加年金繳費超過二十年，而累積基金仍未達最低給付水準者，由政府負責補貼其差額，使低收入之受僱者亦能獲得最低的年金給付。此外，受僱者提撥金額交由民間機構之退休年金基金管理公司管理，經專業之管理運用後產生之收益（須扣除支付基金管理公司的手續費），亦是新制年金重要財務來源之一。

在智利所推行的新制中，參與者除了繳交法定的年金保險費外，亦可根據受僱者之意願，得自動向退休年金基金管理公司提撥較高的費率，撥入其個人帳戶中，但每月不得超過二千美元，此項法定提撥金額可以從個人所得稅中扣抵，但超過法定提撥自願繳納的金額，不得列為租稅扣抵；至於年金給付部分，受僱者退休時所領取之法定年金給付，須列入所得課徵範圍，但自願繳交的部分，在領取年金給付時，則不列入所得課徵範圍。

針對原有舊制度財務收支不平衡，領取給付條件不公平，以及缺乏行政效率等問題，智利自一九八一年開始實施的新年金制度，因原社會保險年金制度（以下簡稱舊制）的保險費率高達百分之五十，勞雇雙方財務負擔相當沉重，乃提出結構性的年金保險改革，以謀解決。

表 11-5　智利一九八一年年金改革對照表

項目	改革前的制度	改革後的作為
思維策略	社會連帶責任（social solidarity）的原則精神。	增加個人責任（individual responsibility）的參與機會，以個人帳戶制（individual accounts system）為特色。
制度屬性	社會保險制的保險性質。	個人帳戶制的儲蓄型態。

財務處理	確定給付制的公共式隨收隨付制（public pay as you go）。	民營式的確定提撥制（private defined contribution system），並對舊制發行認可債券（recognition bond）作為財務承諾，逐次取消社會保險制度型態。

（資料來源：作者整理）

　　智利在新年金制度開辦前，年金制度面臨的問題包括資產與過去服務債務不成比例、繳費者與年金受益人的比例下降、總體經濟急速惡化、通貨膨脹率高達百分之三十、失業率維持在百分之十一左右，被保險人多設法逃避高達所得百分之四十五的保費。一九八一年改革的重點集中在下列數項，包括：

表 11-6　智利年金改革的重點簡表

項目	內涵
全國一致	統一不同的體系，採取全國一致的給付條件與標準。
保證收益	規定繳費年資至少要二十年，延長累積個人儲蓄帳戶餘額的期間，並且提供最低年金給付的保障，不足的財務支出，則保證由政府補助。
提高薪資	在新制度開始實施以前，要求雇主提高勞工月薪的百分之十八，用以支付個人新增提存費用及佣金的支出。
委外辦理	將業務委由年金基金管理公司辦理，並由其收取佣金。
監督機能	減少政府對年金業務的介入，以監督代替經營。
避免通膨	保障老年年金給付金額不致因通貨膨脹而貶值，以貨幣單位取代通貨，作為計算的基準。
公開透明	定期公布各年金基金管理公司的財務報表，使參加者了解所加入的各年金基金管理公司財務狀況，以及個人儲蓄帳戶中的金額。，ֵ
新舊銜接	容許原有社會保險制度的被保險人，依據個人的利益，選擇加入新制度或留在舊制等。

（資料來源：作者整理）

　　一九八一年智利的年金保險改革，則成為世界實施社會保險年金制度中第一個轉型改採個人帳戶制的國家。即從老年經濟保障體系中第一層強制性制度的財務責任，由公部門移轉到私部門的典型實例。

參、智利年金制度的改革

　　一九八一年智利進行了私有化的改革，頒布了全國統一的新退休養老保險制度法，該法內容包括：各企、事業單位和政府部門，必須每月從職工薪資中扣除百分之十，為職工建立養老保險基金，以職工名義存入退休養老金管理機構，在退休之前，不得提取業已存入的退休養老基金。職工達到法定退休年齡時，可領取退休養老金，符合有關條件者還允許繼續就業。建立相互競爭的私人退休養老基金管理機構。養老金制度是國家為保障特定公民在退休或喪失勞動能力之後能夠維持正常生活水準而實行的一種退休養老的福利制度。特定公民在勞動者年老或喪失勞動能力後，根據國家有關規定及他們對社會所做的貢獻和所具備的享受養老保險資格或退休條件，按月或一次性以貨幣形式支付的保險待遇，主要用於保障這些公民退休後的基本生活需要，做到「老有所養」，解除公民對養老的顧慮和擔心，對社會的和諧與穩定、減緩社會貧富差距加大有重要意義。

　　經由三十餘年的實施，智利推動年金制度有數個可以改進之處：

表 11-7　智利年金制度改進內涵

項目	內涵
缺乏全國性的保障覆蓋	在目前的制度下，智利受到年金制度保障者僅包括受僱勞工、受薪員工與自僱者，家務工作者除非落入低收入戶的範圍內，也就是家庭月收入必須少於一定金額，才能請領老年社會救助年金，換句話說，必須經過資產調查合格者，才能領取老年社會救助年金。若以年金制度應該給予國民最基本保障的精神而論，實屬不足。
未能增加國內投資效益	規劃年金制度低估了財政的支出成本和風險；AFP 從一九八一年開始運作以來，多數年度都呈現獲利，二○○八年以來的金融風暴，投資基金呈現虧損，其產業收益的穩定性備受質疑；加以外商公司 BBVA Provida 與 ING Santa Maria 擁有 41%的基金資產，海外投資限制逐年放寬的趨勢下，對於智利國

	內總體經濟的影響不免讓人憂心。年金私有化未能避免政府用社會保險年金來平衡財政赤字或投入股市的風險。
造成過高行政管理費用	私人基金公司惡性競爭，導致行政管理費增加。勞工每個月繳出薪資的10%到個人退休帳戶，另外繳2%給私人退休基金管理公司當行政管理費，總計每月付出12%，IMF指出每個月的行管費為2%至4%，勞工多數繳交到4%。退休年齡分別為女性六十歲，男性六十五歲，如果參加年金超過二十年，退休後可「享有」每月保障最低年金給付一百四十美元。目前智利有六家私人退休年金管理公司（AFPs）。經營了數十年，將近三分之二勞工加入的年金基金相當可觀，所有AFP的總資產約為智利國內生產毛額的六成。
尚須仰賴社會救助協助	僅有少數勞工得到較高的給付，且是那些在勞動市場裡收入較高的工人才會覺得滿意；低收入或就業不穩定的工人會面臨嚴峻的挑戰，給付年金不足或根本沒有年金可言，國家可能還是要在社會福利預算上協助他們。
未能強化雇主參與責任	智利的強制性個人帳戶或社會保險都採取無雇主責任制，雇主不需負擔任何保費，在這樣的制度下對於新進就業市場者的保障似乎不足，因此智利政府規定於二〇〇八年十月開始，雇主必須幫助十八至三十五歲低工資者繳交保費，並且提出證明，政府將會提撥最低薪資的50%給雇主作為補助（AFP, 2008）。
政府雙重負擔財務壓力	年金保險制度的困境在於尚未完全回歸體制之前，卻會造成雙重負擔的財務壓力。其主要原因係為支付改制轉型的移轉費用（the transition cost），導致智利政府多年來已面臨增加內債的財務負擔壓力，而形成所謂「三明治世代（sandwich generation）」，即一方面須支付新制（the new system）的費用負擔，另方面同時亦須補回舊制的財務承諾（the old system promise）。
加入年金新制者的遞減	新加入年金者遞減中，尤其是自僱者和婦女，前者因為薪資不穩定且寧願自己儲蓄，後者是因為長期勞動參與率低。那麼退休的勞工能領多少年金呢？這更是大問題，當時規劃年金制度時估計所得替代率為六到七成，實際上貢獻較多到個人帳戶（Active Contributors）的勞工大約領得五成。所有個人帳戶平均餘額低於三千美元，甚至有15%，約莫一百萬人的帳戶少於一百七十五美元。
男性與女性的規範不一	法定退休年齡的性別不平等	智利法定退休年齡，男性為六十五歲，女性為六十歲，但是女性的平均餘命要長於男性，這樣的規定很可能讓高齡女性在人生的最後幾年的生活陷入貧窮，建議應延後女性法定退休年齡，且無論男性或女性，在其法定退休年齡後如有繼續從事工作應該可以選擇持續其個人帳戶的投資。
	男女性受僱勞工給付資格與水準不一	年滿六十五歲男性需實際繳交一千零四十週的保費，才可領取年金，年滿六十歲的女性卻只要繳交五百二十週的保費就可以領取，且給付水準依據男性與女性六十或六十五歲平均餘命進行計算，女性被保險人每月領取的年金將少於男性，不符合性別平等的理念。

	遺屬年金請領條件男女不一	男性被保險人若死亡，其配偶可以領取遺屬年金，但是，若是女性被保險人死亡，其配偶除非失能否則不能領取遺屬年金，這樣的限制，將可能造成鰥夫的貧窮。

（資料來源：作者整理）

　　智利於一九八一年的改革著重的是第二層老年保障，歷經二十多年來拉美的年金制度改革，即將公共的社會年金改為個人帳戶制度，接著阿根廷、玻利維亞、哥倫比亞、哥斯大黎加、薩爾瓦多、墨西哥、祕魯、烏拉圭相繼改革。檢視成效，智利是年金改革較為成功的案例，主要是操作過程穩健、政治穩定和經濟成長等外部因素；透過私人年金管理公司，將個別勞動力的部分儲蓄轉成投資，在資本和信用市場活絡下，勞工獲得經濟成長的好處；智利的人民也得益，因為這帶動資本市場和保險部門，且提供金融資源給信用市場而最終利於新購屋者；穩定薪資收入者能在新制度中受益；然而勞工最關心的還是能否得到足夠及穩定的年金給付。

　　一九八一年的改革新制忽略第一層保障的重要性。依據國際勞工組織規定，完整的老年保障有三層：第一層是由國家預算給付的普及津貼，第二層是強制性確定給付的職業年金，第三層是私人保險或儲蓄。個人帳戶制不是確定給付制，是走確定提撥制導致中低收入勞工沒有老年保障，於是第一層制度希望政府提供最低保障。從智利的例子來看，年金制度改革要走「公私混合」制，政府的責任不能只是規範和指導私人年金管理公司，還必須提供最低輔助和社福年金，改革的過程需要社會共識，意即勞資政三方的協商。因此，引起智利二〇〇四年進一步思考「再改革」私人年金制度，以增強政府責任以及調整給付分配不均的問題。係因智利的年金受給者有半數以上均需依賴政府的社會救助來解決其經濟安全問題，方克有濟。

　　二〇〇四年年金制度改革主要改變包括：

表 11-8　智利二〇〇四年年金制度沿革

特質	內容
建立服務資訊系統	使即將退休者能夠藉由此系統對年金制度及本身的年金投資有更詳盡的了解，以減少 AFP 及保險公司與繳交保費的領取養老金者間資訊的不對等。
建立多重保障系統	此制度允許年金領取者可以同時領取二種年金，優點是可以分散預期壽命漸長以及年金基金投資獲益不穩定的風險。
改變年金計算方式	生存年金金額將改以固定價值加上浮動價值，如此領取養老金者也必須分攤投資風險。

（資料來源：作者整理）

　　為周密保障，智利政府於二〇〇八年時，在其個人帳戶制體系內增列最低生活保障給付。其主要目的係透過政府一般稅收方式來籌措財源，對於符合年金給付年齡提供一種基本責任保障給付，即對於個人儲蓄累積額無法達到最低年金標準者提供最低生活保障的一種最低年金，至二〇一二年時擴大到最低收入百分之六十者均納入適用保障範圍。

肆、智利年金制度的借鏡

　　人類社會退休和養老金制度的建立與發展只有一百多年的歷史。由於各國生育率的下降以及平均壽命的增加，導致各國老年人口比例逐漸上升，並預計未來二十年至五十年間將呈現連續上升的趨勢。在此之前，對於很多人來說，退休和養老金收入還只是一個遙遠的夢想。人們往往工作到死亡為止，甚至在貧困中度過晚年。而在很多發達國家，運行多年的養老金制度則陷入困難，面臨著變革與創新的巨大挑戰。以後世界各國都在探討如何依據各個國家的社會經濟狀況，建立一個保障充足、運行穩健、可持續的養老金制度。

　　惟鑑於目前大多數國家的社會保險年金制度多採現收現付制的財務處理方式計收保險費，用以減輕現有勞雇雙方財務負擔以及造成日益嚴重的財務問題，而提出了各種年金保險改革方案，以資因應。

　　智利是拉美地區最早對傳統的現收現付制養老金制度進行結構性改革的國家，也是世界上第一個對養老保險基金進行私有化管理的國家。智利實施的制度有其優點：

第一，長期而言，財務管理公司以投資共同基金（為各種股票與債券的組合）為主，其投資報酬率相對較社會安全稅的隱含報酬率為高。

第二，可觀的投資報酬率將使退休者享有較多的福利金，因而不必對當前工作者課徵沉重的稅捐（俾供社會安全制度營運之用）。

　　由於退休者與工作者的年度消費都來自於年度生產，因此，只有在私有化使得未來產出增加的情況下，才有助於融通未來退休者的消費。所以，增加儲蓄以增加未來產出是年金制度私有化最主要的目的。

　　智利所推行的國民年金制度中，有國營的舊制與民營的新制之分，在新舊國民年金制度的銜接過程中，受僱者在五年內選擇是否參加新制，對於舊制下已繳納的保費，由政府發行一種債券予受僱者，存入退休年金基金管理公司個人帳戶名下，以確認其已往之提撥，此項債券被稱為「確認債券」（Recognition Bond），而其費用則以發行確認債券的方式，承認舊制已繳的保費，並保證可移轉至新制下，繼續投保。智利政府對於公共年金的財務責任包括保障最低年金給付水準，此項經費財源來自一般稅收；此外，尚有確認債券的提供與支付、舊制退休的給付，同時，也扮演監督年金管理公司的角色。在國營的年金制度中，其內容與美國及日本的社會保險制度類似；而民營的新制內容則與新加坡類似，屬於確定提撥制的強制個人退休金帳戶制度，其差異在新加坡由中央政府統一管理基金，智利則由民間經營管理基金，但這並不表示智利政府對國民年金制度的內容及做法不以監管。智利創立的基金制是國際的典範，其養老金制度的成功改革對世界各國的養老保險制度改革都有著十分重要的借鑑意義。

　　面對日益增加的扶老比所衝擊的養老保障，多數國家大都朝向於減輕第一層保障的基本強制責任目標進行改革，而強化增加財務提存準備的功能角色，以及私人確定提撥年金制等措施。其改革的主要目的在於增加制度本身的適足財務償付能力，以解決嚴重的財務負擔問題。人們對老年生活的更高追求促進了私營企業的養老制度或商業養老保險制度的發展；基本養老金僅以滿足人們最低生活需求為目標的那些國家，其補充養老金制度就很發達，一般都是強制性的，而且私營養老保險制度也較發達，總體體現為整個養老保障體系較為全面均衡。

　　智利的社會保險制度起源於二十世紀初期，由於國民年金制度的失當，舊有的國營年金制度造成嚴重虧損，負債累累，經常成為政治衝突與選舉的爭論議題，而新制實施後，年金制度不但正常發展，政府財政也不再負擔年金經營盈虧責任，使得財政負擔大為減輕，甚至財政產生節餘，得以進一步推動基礎建設興辦、促進經濟發展。智利的個人帳戶制度可增加個人投保的意願，且近幾年來智利政府為鼓勵個人增開私人帳戶增加投資金額以利國家經濟發展，提供最高百分之十五投資金額的獎勵予被保險人。另外，AFP 投資效益亮眼，如此不僅可以增加年金基金數額也可促進國家經濟發展，使用與消費者物價指數校正過的金融單位 UF（Unidades de Fomento），進行年金給付調整，比較能夠抵抗通貨膨脹帶來的壓力，也是可以參考的部分。

　　智利改革的結果顯示，即二○一○年諾貝爾經濟學獎得主戴蒙德教授（Peter A. Diamond）對智利模式採行完全個人帳戶制認為仍有若干值得改善之處。這些國家仍須再度重新改革（re-reforms）：

　　第一，加入對象偏低，以致無法全民均需。

　　第二，所得替代率不足，無以應安老之需。

　　第三，移轉費用過高，基金效益顯有加強。

　　第四，個人帳戶管理費用過高，增加負擔。

　　第五，無法十足達成年金制度的經濟成效。

　　智利推動個人帳戶制仍難盡善盡美，從實施後的經驗啟示，在推動任何制度改革時，須考慮到年金制度的財務機制與制約結構的設計規劃，方能見效。

結語

　　綜觀各國的社會保險制度已深受經濟及社會變動的影響，而面臨到相當大的財務壓力；其中年金保險深受人口老化及少子化的壓力衝擊影響最大。智利的年金保險改革策略，旨在減輕勞雇雙方財務負擔，從社會保險制的社會連帶責任精神，改採個人責任精神的個人帳戶制，智利創立的基金制是一項社會創新，被譽為「智利模式」（the Chilean model）。從一九九〇年起，世界銀行對個人帳戶制概念的積極推動，若干拉丁美洲的國家亦相繼採行智利模式的精神起而效仿，藉由發揮所得再分配與連帶責任精神的社會安全功能，以保障國民老年的基本經濟安全，而且可永續經營的社會保險年金制度。

　　智利新的退休金制度例如「補償帳戶」模式對勞動者養老形成的積極作用，保持了養老基金的可持續性，縮短最低繳費年限，推行養老金的私有化管理，投資管道多元化和分散化，使基金監督機構與管理主體相互獨立，增訂保險費率調整機制的財務平衡功能設計，結合財務治理與風險管理的概念，在全球金融危機的衝擊下，藉由社會安全制度的推動來因應所面臨的各項挑戰，而具有連帶責任的社會保險制度，則更能彰顯年金保障的必要性，可視為一種積極性的政策規劃，促使年金保障發揮社會安全的功能。

第十二章　多元制年金保障

——日本年金制度——

前言

　　臺灣的人口結構正在發生重大的轉變。出生率持續下降與平均餘命增加，使得老年人口的比率不斷攀升。如何確保老年人在生命的餘暉中，活得燦爛而有尊嚴，經濟上的支柱扮演著非常重要的角色。過去的觀念認為「養兒防老」，家庭系統的支持是老年生活安適與否的重要關鍵。但不可否認的，家庭的功能已經下降，政府必須發展一套新的制度來照顧廣大的老年族群，防止他們晚年的生活出現困苦與貧窮。

　　日本人口老化的速度是全世界第一，同屬於儒家思想薰陶的亞洲國家，日本的許多政策與制度常為臺灣所師法與借鏡，社會福利也是如此。日本的社會保障制度可分為有狹義的社會保障與廣義的社會保障，它是一個龐大的網絡體系，由多種不同項目組成。狹義的社會保障僅指公共救助、社會福利、社會保險、公眾衛生及醫療和老年保健五大板塊；廣義的社會保障的涵蓋面更廣，還應當加上「恩給」、戰死者援助、住宅計畫、義務教育等內容。其中的多元年金制度成為主要特色。

壹、日本年金制度的歷史發展

日本近代社會制度的發展，啟蒙自一八六八年的「明治維新」，由傳統農業社會向現代工業社會過渡，年金制度亦然。日本開始進入工業化社會，政治體制也由過去的諸侯封建制，蛻變成中央集權。一八七五年至一八八四年間，針對官吏及軍人所頒布「官吏恩給令」、「海軍恩給令」等，是公務員退休制度的始祖。一九三九年所制定的《船員保險法》，則是勞工階層年金保險制度的濫觴。

表 12-1　日本年金保障制度的歷史脈絡簡表

時序	特質	內涵
從明治維新到一次世界大戰結束（一八六八至一九二二年）	社會保障制度起步階段	1.首先實施「恩給」制度，包括一八七五年《海軍退隱令》，政府向退伍軍人和退休官員發放老年生活費，獎勵他們對國家的忠誠和奉獻。 2.恩給制度進一步擴大到教職員、警察、少數行業中的較大企業（官辦企業）勞動者。
從一次大戰結束到二次大戰結束（一九二二至一九四五年）	社會保障制度初步確立階段	1.一九二七年日本建立健康保險制度，保險對象是部分企業的特定工種勞動者。 2.一九三○年代是日本福利制度的快速發展時期，《救護法》的實施確立起現代公共救助制度。在《救護法》的影響下，日本相繼制定了一系列社會保障立法。 3.一九四二年通過《勞動者年金保險法》後，私營企業、船員、農林漁業的僱傭勞動者才開始享受養老保險。 4.一九四四年勞動者養老保險改稱厚生養老保險，保險範圍進一步擴大到職員和婦女。
從二次世界大戰結束到六○年代（一九四五至一九六五年）	社會保障體系重新確立階段	1.一九五一年隨著經濟的快速增長，日本社會保障制度在《社會福利事業法》規定的框架內獲得大擴展。 2.一九六一年日本通過《國民年金法》，確立起以全體國民為對象的綜合保障體制，即所謂的「全民皆養老，國民皆保險」的社會保障制度。

		3.一九六〇年代還制訂了三項重要的社會保障立法，即《精神障礙者福利法》、《老人福利法》和《母子福利法》，構成「福利三法」。
從一九六五年以來	社會保障體系發展與調整階段	1.日本的社會保障已經接近西方福利國家的水準。 2.一九七三年，凡符合條件的老年人每月可獲得五萬元養老金（年金）；對多子女家庭實行補貼制度。 3.一九七三年是戰後經濟持續高度增長的最後一年，日本國民享受的社會保障待遇達到了最高水準，因而被稱為日本的「福利元年」。 4.一九八〇年代起，日本開始調整社會福利政策，一九八九年推動浮動年金制，二〇〇〇年再次大幅修改繳納金保險費和領取養老年金的制度，進一步完善社會的保障制度。

（資料來源：作者整理）

　　日本的國民年金又陸續的產生了幾次較重大的變革，總體而言，日本年金制度的發展與改革，莫不與人口結構改變（勞動力老化，勞動人口減少）所引發的一連串影響（年金給付快速增加，政府財務負擔失衡）有關。

表 12-2　日本國民年金的重大的變革

時間	內容
一九四一年	《勞動者年金保險法》制定，勞動省頒布《勞動者年金保險法》，並於隔年正式實施，更可視為民間企業普及性老年社會保險制度的里程碑。十人以上事業單位的男性員工得以納入保障。
一九四四年	《勞動者年金保險法》修正，厚生省接管勞動年金，將範圍擴大至女性受僱者與五人以上之事業單位，並把名稱改為「厚生年金保險」。
一九五四年	《厚生年金法》修正（將給付開始年齡提高到六十歲）。主要的內容有：繳費年限二十年，開始給付年齡男子為六十歲，女子五十五歲。事業單位的勞工獲得保障。
一九五九年	《國民年金法》制定實施福祉年金，對於殘障者、低收入戶、高齡無繳納保費紀錄者先行開辦「福祉年金」。
一九六一年	全體國民皆納入年金體系，社會保險制的國民年金制度正式實施，對象更擴及自營作業者及農民，也實現了所有日本國民都納入保障體系的目標。
一九六五年	《厚生年金保險法》修正（一萬日圓年金、創設厚生年金基金）。
一九六九年	《厚生年金保險法》修正（二萬日圓年金）。

一九七三年	年金制度修正（五萬日圓年金、導入物價連動制），導入給付金額隨物價波動調整的「物價連動制」，以避免年金給付因物價上漲而貶值。
一九八五年	年金制度修正（確立年金二重制），整併各種複雜的保險制度。一方面將各種受僱年金制度的基礎部分併入國民年金，另一方面也將原有厚生年金保險與共濟組合年金定位在與薪資所得相關之年金。確立了年金保障的「二重制度」。第一重制度為基礎（國民）年金，凡是年滿二十歲的國民都須強制加入，繳費年限四十年，年滿六十歲以上者開始領取年金。第二重制度為厚生年金（上班族）或共濟年金，給付水準與薪資所得的多寡有關。
一九八九年	將年金給付的「物價連動制」，由物價指數上漲 5%時調整給付的辦法改成每年自動隨物價指數調整，此外每五年按實質薪資成長率調整給付。
一九九四年	年金制度修正（決定分階段將給付開始年齡提高至六十五歲、部分年金、淨所得連動、導入獎金保險費、僱用保險合併給付調整等），政府以「人生八十」的觀點出發，除了允許外國人也可加入基礎年金以外，更成功地延後給付年齡、分階段調高保險費率與降低給付水準（依實質薪資給付）。同步的配套措施包括訂定高齡再就業辦法等等。
一九九九年	年金制度修正（削減 5%所得比例年金的給付水準，分階段延後厚生年金的給付年齡至六十五歲、凍結保險費率），將年金的保險費率凍結，以免加重目前中生代勞動者的負擔。但在此同時也將六十五至六十九歲的在職勞動者也納入年金體系並規定他們也要繳交保費。此外，老年厚生年金的給付水準也調降約 5%。

（資料來源：作者整理）

　　日本公設年金包括有國民年金、國民年金基金、厚生年金、共濟年金；私人設立的有企業年金。該年金結構以國民年金為基礎底盤，再加上第二層（自營業者等之國民年金基金、公務員等之共濟年金以及受僱者之厚生年金），甚至是第三層（受僱者之企業年金、公務員等之共濟年金）的老後生活保障。由於國民年金基金在一九九二年才開設，一九九〇年初期建構完成現有年金制度。但事實上，整個日本年金體系的確立，早在一九六一年國民年金開始實施後，雛型就已經奠定完成。國民年金保險歷經半個世紀，期間不斷進行修訂與改革（如調整保險費用、主管機關合併、保險單位、保險給付水準、少子高齡社會等等），期使被保險人能獲得養老的基本保障。

貳、日本年金保障制度的特點

　　日本為全球人口老化相當顯著的國家，傳統的養老型式，主要是透過家庭內世代間資源的移轉，其關鍵取決於子女是否有奉養的能力與孝親觀念。在現代的社會結構下，經濟安全則已不純粹是個人、家庭、企業或國家的責任，而是需要集體的共同努力。因此，有必要將這種關係與定位予以釐清，一方面要能發揮社會集體之機制，提供全民基本生活的保障，另方面亦要能兼及個人義務與努力程度的公平原則。

表 12-3　日本人口老化趨勢

人口老化指標／年度	一九九七	二〇〇二	二〇〇七	二〇一〇	二〇二五	二〇五〇
六十五歲以上人口比率	15.7	18.5	21.5	22.5	28.7	35.7
老年人口依賴比（六十五歲以上／五至六十四歲人口）	22.7	27.5	33.1	35.2	48.0	72.0

（資料來源：作者整理）

　　目前日本的年金制度為多重結構。第一層結構為基礎（國民）年金，提供全體日本國民基本生活的保障。第二層結構為與所得相關的厚生年金或共濟組合，提升上班族或政府公務員的福祉。除此以外，還有第三層結構，是各個企業為受僱員工所提供的私人年金。

表 12-4　日本年金制度的內涵簡表

類別	項目	內涵
保險對象	國民年金	國民年金由政府營運管理，全體國民年滿二十歲之後均強制加入。被保險人依工作性質的不同，共分為三類：第一類被保險人：自營作業者、農民、學生、自由業。

		第二類被保險人：所有的民間受僱者（上班族）、公務員。	
		第三類被保險人：第二類被保險人所扶養的配偶（家庭主夫、主婦）。	
	厚生年金	加保對象為受僱於五人以上私人企業所屬七十歲以下之男女正式員工。四人及以下的事業則加入國民年金。	
	共濟組合	加保對象為國家公務員、私校教職員、農林漁業團體職員及地方公務員共四大組合。	
保險費用	國民年金	第一類被保險人	二〇〇七年的保險費為一萬四千一百日圓。
		第二類被保險人	由雇主併厚生年金或共濟年金保險費中扣除。
		第三類被保險人	免繳保費。
	厚生年金		二〇〇七年的保險費率為投保月薪的 14.996%，由雇主和勞工各負擔一半。
	共濟組合		國家公務員共濟組合：18.39%。私校教職員共濟組合：13.3%。地方公務員共濟組合：16.56%。農林漁業團體職員組合：19.5%。保費由被保險人和政府負擔各半。
給付內容	國民年金	請領資格	原則上被保險人年齡達到六十五歲,且資格年資達二十五年以上，始具有請領資格。
		給付計算	被保險人如加保滿四十年，且均全額繳納保險費，則可領取全額老年年金。 被保險人若選擇在六十歲至六十四歲之間提早領取年金,則需以減額方式給付,其減少額度依提早年齡分別減少 30%至 6%不等，並以此減額年金領取終身。 若被保險人延後於六十六歲至七十歲請領年金,則按其延後年齡採增額方式給付,其增給額度分別為 8.4%至 42%不等，亦可終身領取增額年金。
	厚生年金	請領資格	年滿六十歲（海員及礦工年滿五十五歲）且繳費滿二十五年。
		給付金額	報酬比例部分＋定額部分＋加給年金額。
		加給年金	年金請領人若另有六十五歲以下之配偶或十八歲以下之子女,或二十歲以下之殘障子女,則可領取加給年金額。
		減額給付	若被保險人領取年金後仍繼續受僱於事業單位,則其所領年金須減額,減額條件因年齡之不同而有所差異。
	殘障給付		被保險人因加保期間之傷病造成殘障,且其繳納保險費期間超過應加保期間的三分之二,即可領取障礙基礎年金。

（資料來源：作者整理）

一九六一年日本實施《國民年金法》，凡是二十歲以上、六十歲以下的國民，都有權而且必須參加不同的年金保險，並按月交納保險費，六十歲時開始享受一定年限的年金。從此以後，幾乎所有就業者都參加了某種形式的養老保險制度，從而實現了國民皆享受的年金制度。參加年金保險的上限年齡和領取全額年金的下限年齡，一九九四年時分別推遲到六十五歲。

年金保險是日本社會保障項目的一種，包括老年年金、殘疾年金、遺屬年金等。年金保險又稱「勞動者（雇員）年金保險」，由國家建立並運行，目的是向那些因年老、殘疾、死亡而失去收入保障的體力勞動者支付年金，以保障受保人或受保人遺屬的生活。作為一項公共福利事業，年金保險是強制性的，幾乎所有的企業都參加了保險。

隨著社會老齡化時代的來齡，日本已經發展成為世界上人口預期壽命最長的國家，其老年人口指數不斷上升，一九八〇年為百分之十三點五，一九九〇年為百分之十七點三，二〇〇〇年、二〇二〇年和二〇三五年預計為百分之二十五、百分之四十二點四和百分之四十四點三。這樣，依靠年金生活的老人越來越多，相比之下，繳納保險費的人必然越來越少，年金支付危機已經不可避免。

參、日本年金保障制度的改革

在戰後經濟大幅增長的基礎上，日本年金保障制度獲得了快速發展，總體而言促進了國民經濟發展和社會穩定，給勞動者帶來了許多現實保障。但是，由於經濟發展的階段性和社會保障制度的複雜性，近年來日本年金保障在運行過程中也面臨著日益突顯的矛盾與無法迴避的挑戰。

表 12-5　日本年金保障制度所面臨的挑戰

項目	內容
勞工保費負擔過重	隨著年金保障制度的發展和國民社會福利的完善，社會成員的負擔率也在逐步增高，特別是近年來社會保障費用支付規模過大，一直呈上升態勢。七〇年代中期到九〇年代中期的二十年間，不僅實際社會保障基金的收入增長水平低於物價上漲幅度，而且社會保險基金支付額出現入不敷出的局面。剩餘的社會保險基金即一部分必要勞動產品，被以稅收和保險費的名義充作擴大再生產資金，增加了國民的實際負擔。
政府財政負擔增加	社會保障發展與之間的矛盾。在年金保障制度不斷發展的同時，政府對國民承擔的責任越來越大，用於社會保障的財政負擔也越來越重。毫無疑問，養老保險和醫療保險是社會保障經費支出的兩個主要方面。人口老齡化進程加快不僅導致年金領取者增多，而且造成國民患病比率和治療比率上升，用於醫療保障的財政支出也必然增加。在總的醫療費中，一方面是患者負擔比率下降，另一方面卻是保險人，特別是政府財政負擔比率上升，這種變化是非常明顯的。例如，一九七〇年度受保人、保險人和政府三者承擔的比率分別是 19.3%、69.4% 和 11.3%，一九七五年度變為 12.9%、74.0% 和 13.1%，而一九八〇年度則再變為 11.0%、76.7% 和 12.3%。不僅如此，隨著人口老齡化進程的加速，國民健康保險醫療費用負擔上漲很快，八〇年代初期政府負擔部分（醫療費的 40%、醫療費中 5% 的調整付款、其他補貼及全部行政事務性開支）就已經占整個社會保障支出的四分之一。
各行業間整合困難	日本的年金保障體系是根據行業與地區不同而分別設立的，因而頭緒繁多、項目龐雜、各自為政、難以統一。從一個短暫時期來看，年金保障項目的分散性有利於緩解勞資矛盾、增強企業凝聚力，有利於減少政府負擔、促進經濟發展。但是，從長遠利益來看，特別就社會保障的行業化、地區化與日本盛行的終身僱傭制度而言，年金保障項目的分散性不利於發揮社會保障制度的整體協調作用和公平性，不利於產業結構調整和人力資源的流動與配置，也不利於面對全球化趨勢下的競爭。
人口老化趨勢加快	日本是老齡化速度最快的發達國家，它的國民預期壽命普遍延長和嬰兒出生率穩步下降，導致老齡化人口比重急劇上升。一九九五年以後，勞動年齡人口不斷減少，到一九九八年六十五歲以上老年人口已經超過少年人口。人口老齡化進程加快與勞動年齡人口減少，意味著年金領取者增多，創造勞動產品的勞動就業者負擔加重。產業結構變化，家庭結構和人口結構演變，農業人口減少，以及大城市僱傭勞動者人數增加，社會保障支出急劇攀升，這一切均給政府財政造成較大的壓力。據社會保障廳調查，日本的養老金支出占國民收入的比重，已經由一九八〇年的 4.3% 上升到二〇〇〇年的 12%。如果

	以一九八〇年的社會保障總支出為一百的話，那麼二〇一〇年這個數字已上升到一百四十一。二〇一〇年，八千萬勞動年齡人口不得不養活三千萬老人和二千萬兒童，社會供養率將下降到 1.6：1，這個負擔率大大超過了就業勞動者的實際承受能力。由於人口老齡化的衝擊，如果社會保障金按照目前的趨勢持續上升，那麼日本將出現經濟增長率為零，甚至為負增長的消極局面。

（資料來源：作者整理）

　　二十世紀八〇到九〇年代以來，日本社會的老齡化趨勢仍在持續發展，經濟增長速度卻明顯放慢，國民平均工資上升率年年降低，保險費收入增長率不斷下降，社會福利支出穩步提升，給社會保障制度的正常運行帶來嚴重挑戰。一九九九年，國民醫療費用首次突破三十億日圓的大關，約占該年日本國內生產總值五百兆日圓的百分之八。導致日本人口老齡化的兩個直接因素將長期存在：一方面，二〇五〇年人口的平均預期壽命將達到男子七十九點四三歲，女子八十六點四七歲；另一方面，人口出生率預期從一九九五年的百分之零點一四二，到二〇三〇年將穩定在百分之零點一六一的水平上。六十五歲以上的老年人口也將從一九九五年的一千八百萬上升到二〇五〇年的二千二百萬，占總人口比例從百分之十四點五上升到百分之三十二點三，而同期十五至六十四歲的勞動人口則由八千七百萬下降到五千五百萬。在這種嚴峻的形勢下，日本社會保障支出迅速增長的事實難以控制，社會保障的財政困難越來越突出。日本正著手推行積極的改革措施：

表 12-6　日本年金保障制度改革的措施

項目	內容
修正相關法令	結合經濟形勢和社會發展，適時修訂涉及養老、老人保健、國民健康、家庭津貼等一系列法律條文，強化年金保障的強制性和政府的干預作用，充分體現社會保障制度的優越性。
鼓勵個人儲蓄	完善企業補充養老制度，鼓勵個人儲蓄，多管道推動社會養老制度；提高退休年齡，促進養老金制度一體化發展。在一九九五年將全部年金制大合併的基礎上，實現全日本統一的老年社會保險金制度，目的是逐步降低年金替代率，減少高額年金，開源節流，保證基金的收支平衡。

提高繳費年齡	將交納養老保險的年齡上限從以前的六十歲調整為有收入者的年齡上限為六十九歲,而且從二〇〇二年四月起,企業養老保險採取儲蓄保險養老金制度(簡稱401k)。
社區健康促進	建立保健醫療和社區服務體系,減輕低收入患者的經濟負擔。通過擴大家庭服務,完善提供高齡老人使用的設施,解決高齡化社會的醫療保健問題。
多元籌措資金	多渠道籌措資金,削減財政負擔,降低支付水平,保持社會保險費用的收入與支出之間的綜合平衡。提倡互助與自助,發揮各方面的積極性,把社會保障的負擔從中央政府轉向地方政府、個人及保險者,促進社會公平,是日本社會保障制度改革的目標。
建立調整機制	將年金之給付水準,由二〇〇四年的所得替代率59.3%,逐步調降到二〇二三年後維持在50.2%。此外年金給付的精算公式將採用一個具有彈性的「自動平衡調整機制」,納入出生率、勞動力減少;平均餘命增加等變動指數之考量,迅速地配合人口結構、社經情勢等變化而自動調整,適度抑制給付金額的調升幅度。
護理在宅服務	從二〇〇二年四月起,日本實行了一項以臥床不起或患有失智等疾病而喪失了生活處理能力的患者為對象的護理服務,目的在於使那些長期住院接受生活護理的患者回到家裡療養,從而減少醫療費用支出。
提升保費繳納	日本政府除了加強宣導年金的優點及簡化納保程序、增加保費徵收的管道(例如便利商店也可繳交保費)外,也採取多階段保費免繳制度等措施,和定期提供被保險人繳費及未來領取給付的相關資訊(例如年金給付的試算服務等)。種種措施的目的只有一個,那就是提升保費的繳納率。
促進勞動就業	修訂《就業保險法》,根據每月定額工資確定保險金支付標準,適用範圍擴大到每週工作二十二至三十三小時的鐘點工;設立津貼制度,促進再就業。把一九八七年四月制定的《地區就業開發促進法》與《就業保險法》及《就業對策法》結合起來,共同促進勞動就業。

(資料來源:作者整理)

　　師法福利先進社會,實現「從搖籃到墳墓」的福利,是日本社會保障制度努力追求的目標。但是,這個目標的實現,有賴於經濟發展的對社會保障制度做出適應時代需要的變革。

肆、日本年金保障制度的借鑑

　　十九世紀末二十世紀初，日本社會保障制度已經起步，但直到第二次世界大戰結束才開始建立體系，明顯晚於其他西方國家。在戰敗這個特定的歷史條件下，日本社會保障制度作為一種社會減震器，有利於安撫民心和保障生活，因此促進了國民經濟的恢復與發展，維護了社會安定。隨著戰後日本經濟的恢復和持續高速增長，逐漸形成為一種種類繁多、形式多樣、內容廣泛的社會保障體系，包括社會保險、公共救助、社會福利、公共衛生及老年保健等幾個方面。日本社會保障具有多功能作用，突出地表現在穩定社會生活和促進經濟發展與社會進步方面。

　　一九四六年，日本開始實施《生活保護法》，保護對象為所有有勞動能力的貧困者，保護內容涉及生活、醫療、生育、失業和喪葬五個方面的救助，國家承擔全部費用的百分之八十，地方政府負擔百分之二十。它以無差別和平等的「非軍事化和民主化」原則為基礎，強調國家在維護國民利益方面承擔責任，國家有義務向國民提供最低生活水平保障，從而同戰前實行的施捨性濟貧制度區別開來。它的出發點是將所有窮人一視同仁地列為救濟對象，而不論其有勞動能力，使受保護的人數達到了相當大的規模。

　　一九五一年日本通過《社會福利事業法》，確立了社會福利事業的宗旨、概念及種類，明確了有關社會福利事業的公私責任、合作領域和組織形式，規範了民間社會福利事業的性質，使日本現代公共救助制度得以建立起來。隨著經濟的恢復和高速發展，日本社會保障制度在實施過程中不斷充實和完善，並形成了幾個基本特點：

表 12-7　日本年金保障制度實施的特點

項目	內容
法律建設制度化	立法先行是各項社會保障政策、措施賴以存在的根基和前提，也是日本推行社會保障制度的一項重要經驗。日本設立一項社會保險制度的基本程序是，先由中央主管部門提出法律草案，然後分別經過國會參議院和眾議院討論通過，最後才作為國家法律公布實施。這樣，日本的社會保險制度就包括《社會福利事業法》、《生活保護法》、《國民年金法》、《老人福利法》等眾多立法，形成了一整套的制度體系。
管理方式多元化	日本的社會保障制度是按系統分散管理的，沒有形成全國統一的管理體系，它可以簡單地分為政府、專業機構和社會團體三個管理層次。第一，政府的職責主要集中於制定、實施、監督和落實社會保險的政策和方案，一般負責管理階層屬於法定強制的社會保險。第二，社會保險專業機構具體負責日常業務管理，而社會團體協助辦理相關的社會保險事務。第三，養老保險中的國民年金、私營企業厚生年金和船員保險，疾病與衛生保險，以及家庭津貼，均由厚生省負責管理；養老保險中的私立學校教職員共濟年金由文部省負責管理，而職災保險與失業保險均由勞動省負責管理。實際上，政府對社會保障的管理主要體現為立法與監督，一般將具體事務交給健康保險局、社會保險局、兒童家庭事務局、職業保障局及地方社會保險機構管理。
保障程度社會化	經過戰後初期的恢復，日本的社會保障制度逐漸走上了正常發展的軌道。從法律體系上看，隨著福利事業開支的大幅度增加，大大縮小了社會成員之間的國民生活差距，社會保障真正朝著社會化的方向發展。

（資料來源：作者整理）

　　臺灣已正式於二○○八年開辦國民年金，朝向全民皆有年金保障之路邁進。日本發展年金的經驗與改革歷程有許多地方是值得我們借鏡與觀摩的。首先是保險費率方面，日本在二○○四年的改革法案採用「全自動平衡機制」，將給付水準與人口結構的變化、經濟成長率與物價指數連結。這是值得借鑑之處。此外，配偶年金權的確立，更是對家事勞務者（家庭主婦、主夫）的一種肯定。

結語

　　人口老化以及提早退休等社會趨勢下，使得各國採現收現付（pay-as-you-go, PAYG）的年金制度難以維持原有的財務平衡，而面臨不改革即難以維繫的困境。從一九八〇年代中期到一九九〇年代末期，所有的 OECD 國家的年金制度均經歷至少一次重大的改革（Feldstein and Siebert, 2002）。

　　日本二十世紀五〇年代初到六〇年代末，僅社會保險費用支出一項就增長了一百多倍。社會福利事業的關注對象，已經不再僅僅侷限於一般收入者和社會弱勢群體，而是擴及全體國民。六〇到七〇年代，各種福利津貼不斷提高，保障內容從扶弱濟貧轉向國民福利。保障社會化是戰後歐洲工業化國家社會保障制度的顯著特點，也是日本社會保障制度的重要特點之一。日本實現了社會保障性質的根本轉變，從而保證了經濟的持續高速增長。隨著環境的變異，二〇一〇年成立「日本年金機構」接辦年金保險業務，受厚生勞動省之監督。「日本年金機構」，是非公務員型的新法人機構。在職員的人事管理上，將以能力和實際績效作為基準，並採行簡明親切的通知、電話訪談，或以網際網路提供資訊等方式，澈底地改革職員意識與提升服務品質。同時，更新舊式的電腦系統，各項事務處理朝集中精簡化及委外化，讓業務可以確實而有效率地執行。

第十三章　公積金制年金保障

——新加坡制度——

前言

　　過去傳統社會中，個人生存保障有兩種確保養老所得保障的方式，皆以「連帶」觀念為基礎，其一是傳統的個人主義社會，不干涉他人事，一切以自己為優先，歐美的社會保障制度多以此為主。乃個人生命週期中的資源移轉（life-cycle transfer），在青壯年時增加個人儲蓄以備年老時使用。其次就是家庭內的移轉（family transfer），青壯時期負責下一代的撫養，待年紀老化以後，則依賴下一代的撫養，因為家庭內的移轉涉及上一代與下一代之間的撫養關係，因此也稱為世代移轉（generation transfer）。但是隨著工業化、都市化的發展以及生育子女觀念的改變，人口離開農村集中城鎮，家庭結構在世代間與子女數目上也隨之產生了改變，個人的力量有限，無法救濟眼前的貧困者，於是人口結構趨於老化，家庭的功能亦隨之改變。國家負責以社會全體力量制訂救濟制度，以獲得國民的支持，個人無法做到的事，以組織力量推行救濟弱勢團體，這是「社會連帶」的真諦。

　　新加坡的社會保障體系由社會保險和社會福利兩部分組成。社會保險由國家強制實施個人儲蓄的中央公積金制度構成，是社會保障體系的主體部分，也是其最具特色之處。社會福利是指政府對無法維持最低生活水準的成員給予救助，如對窮人發放津貼和救助金，它是社會保障體系的輔助部分。政府認為貧困是由窮人的個人和直接形勢如失業、疾病、死亡和大家庭造成的，因而未能全面承擔起扶貧濟困的責任，滿足人們的正常生活

需要。這項保障強調的是：國家至上，社會為先；家庭為根，社會為本；關懷扶持，同舟共濟；求同存異，協商共識；種族和諧，宗教寬容。這種國民意識集中體現於各項社會經濟政策之中。中央公積金制度是一種由政府通過立法強制個人儲蓄，採取完全積累模式的一種社會保障制度，這種制度為新加坡經濟的發展和社會穩定發揮了積極作用，研究新加坡的中央公積金制度，對我國年金制度建設具有積極的啟示意義。

壹、新加坡的社會保障

　　新加坡共和國位於亞洲東南部，馬來半島南面，地處太平洋與印度洋之間的船運要道馬六甲海峽的出入口，北面與馬來半島有柔佛海峽相隔，總面積只有六百一十八平方公里，人口近七百多萬。在這個以華人為主的多元社會中，一九六五年退出馬來西亞聯邦，實現獨立，成立共和國，今天，新加坡已經成為市場經濟發展最為完備、工業化程度最高的「東盟」國家。

　　新加坡的社會保障制度是逐步建立和完善起來的，主要包括三方面的內容：

表 13-1　新加坡社會保障制度的主要類型

類型	內涵
全部或大部分由政府財政撥款所設立的社會福利各專案	如老人和殘疾人保障計畫、兒童津貼、醫療保健基金、教育儲蓄基金、公共援助基金等。
由受益者自己出資、由政府依法設立和管理的社會福利措施	如工業災害保障計畫、醫療儲蓄、中央公積金等。
由各種社會團體和民間組織出資設立和管理的社會福利措施	如李氏基金、邵氏基金、陳嘉庚基金、中華總商會基金、人民行動黨社區基金、佛教總會基金等。

（資料來源：作者整理）

　　新加坡實行的社會保障制度，是以一九五五年建立的中央公積金制度為主體的。中央公積金制度是政府立法強制個人儲蓄，採取完全積累模式和集中管理模式的社會保障制度。它是一項行之有效的社會保障制度，在其多年的運作過程中日趨成熟、完善，已由最初的退休養老儲蓄計畫逐漸發展成為集養老、醫療、住房、家庭保障、教育與資產增值等多種功能為一體的綜合性社會保障體系，被認為是世界社會保障制度成功運行的典範。

　　新加坡的老年年金制度最初立法於一九五三年，內容多引自英國的社會福利措施，有關老年年金制度係採公務人員養老金與民間企業人員公積金兩種制度並行，其中公務人員方面，係由政府於公務人員老年退休後一次給付之養老金；在民間企業人員方面，係由民間企業的雇主與受僱者於工作期間共同提存退休準備金，於受僱者老年退休後給付之退休公積金。公積金制度所包括的勞動者是指受僱於同一雇主、時間在一個月以上的工人，不包括臨時工及獨立勞動者，也只是一個強制性的儲蓄計畫，保障的範圍也只涉及公積金會員退休或因傷殘喪失工作能力後的基本生活。

　　至一九七七年時，新加坡政府將兩種制度合併，成為單一的中央公積金制度（Central Provident Fund System）。中央公積金制度之保障對象為勞動者，每人設立一個帳戶來累積其提撥金額，經調整其收入、費用、利得、損失後，於退休時以該帳戶總額作為退休給付金額；其提撥費率隨受僱者之年齡而有不同，最低者為六十五歲以上，雇主與受僱者均提撥薪資的百分之五，最高者為五十五歲以下，雇主與受僱者均提撥薪資的百分之二十，每月按時自受僱者的薪資中扣除個人應提撥之金額，連同雇主應負擔部分，彙繳至中央公積金局。隨著時間的推移，新加坡政府在原有儲蓄計畫的基礎上，又推出了一系列公積金計畫，包括的範圍除養老保險外，還涵蓋住房、醫療、教育、投資增值等多個方面，如一九六八年推出的「公共組屋計畫」、一九八四年推出的「醫療儲蓄計畫」、一九九五年推出的「填補醫療儲蓄計畫」等等。

　　新加坡公積金的財務來源主要為：受僱者與雇主共同提撥之金額，其公積金提撥率隨薪資調整及經濟景氣狀況等，逐年有調高之現象。至於政

府負擔部分，僅限於中央公積金局成立時，提供辦公房舍等固定資產，以後各年所需經費由中央公積金局自行籌措，該局主要透過多餘的辦公房舍出租，收取租金，另外因申請提領公積金存款者於逾期提領所產生之利息餘額，亦為該局主要財源。其財務來源如前所述，由受僱者與雇主共同提撥金額，於退休時以該帳戶總額作為退休給付金額；而新加坡政府對於公共年金的財務責任微乎其微。新加坡的公積金制度不同於美國及日本的社會保險方式，係屬於確定提撥制的強制個人退休金帳戶制度，由中央政府統一管理。

新加坡中央公積金制度的建立並實施，已成為諸多國家所借鑑。各國採行國民年金制度的功能，在於以社會成員共同分擔的社會移轉方式（可採保險或租稅的形式），一方面取代日益枯竭的家庭內養老資源，另方面也取代部分個人儲蓄，以求保障全體國民的老年基本生活，惟未來隨著資本市場發展趨向於健全與成熟，風險漸漸能夠控制在一定範圍內，年金制度的發展將與資本市場的發展產生互動現象，公積金制度亦有其發展的空間存在。

貳、公積金制度的實施

西方工業化國家經濟發展史表明，社會保障制度和市場經濟制度既是現代社會化大生產的客觀要求，也是現代社會化大生產的必然產物。現代社會保障制度為市場經濟的順利運行提供安全保護，反過來，完善的社會保障制度又構成現代市場經濟的一個重要組成部分。第二次世界大戰前，英國殖民當局在對待貧困方面基本上採取自由放任的態度，所以新加坡處理失業和貧困的方法是阻止和限制移民，或者由雇主向工人提供一定的救助。二十世紀五〇年代，經濟上還處於十分落後的狀況，根本談不上完善的社會安全保障。至一九四六年開始設立社會福利部，並於一九四七年和

一九五三年分別進行「新加坡社會調查」。隨後採取措施，對老年人、殘障、寡婦、鰥夫和失業者提供公共幫助；肺結核患者，也給予資助。一九五四年設立工人賠償金，對職業病、傷殘和因公死亡者予以賠償。

　　一九五五年之前，新加坡有權享受退休保障的只有政府公務員和某些大企業雇員等有限的工資勞動者。一九五五年推行中央公積金制度時，也只有十八萬職工受到這種新設立的社會養老保險制度的覆蓋。一九六五年獨立以後，特別是二十世紀七○到八○年代，經濟高速發展為建立完善的社會保障制度奠定了物質基礎。在半個多世紀的實踐中，新加坡社會保障制度逐漸形成了立法保障，涵蓋全體、政府支持、個人和企業參與的特色。八○年代，政府採取充分就業和「居者有其屋」的社會政策，保障人民安居樂業。經過一九七七年、一九八一年、一九八四年和一九八五年的多次修訂，《中央公積金法》進一步擴展了這個制度的適用範圍，減輕了政府壓力，推動了經濟和老年社會保障事業的發展。

　　為了使中央公積金制度有效運作，政府推行老年社會保險卡制度，卡上記載會員的姓名、年齡、工作單位、個人交納和雇主為雇員交納保險費的情況等相關信息。保險卡制度既可以使受保人掌握必要的個人社會保險資訊，做到心中有數，又可以遏制保險機構的不端行為，保護公民合法權益。作為一種強制儲蓄的保障制度，中央公積金的功能是保證工人退休後不致成為國家和企業的負擔。所以，它迫使工人提前支付他們不能再工作時的各種費用，如住宅、健康照護、養老金和家庭職責。就這個制度本身而言，中央公積金局根據人們不斷變化的需求，逐年推出十五種不同的社會保障計畫，將個人、家庭、雇主、社會、政府都納入社會保障體制中，從而使中央公積金制發展成為一個比較全面的社會系統工程。

　　有關新加坡實施國民年金制度的財源，可分為制度的緣起、財務的來源，以及政府負擔之財源籌措等幾個方面來加以說明：

表 13-2　新加坡公積金制度簡表

項目		內涵
制度緣起	立法法制	老年年金制度緣於一九五三年的立法。
	公務人員	由政府於公務人員老年退休後一次給付之養老金。
	企業人員	由民間企業的雇主與受僱者於工作期間共同提存退休準備金，於受僱者老年退休後給付之退休公積金。
	公積金制	一九七七年時，新加坡政府將兩種制度合併，成為單一的中央公積金制度（Central Provident Fund System），此一制度可視為是新加坡對於社會保險的重要制度。
公積金制	保障對象	中央公積金制度之保障對象為勞動者。
	退休給付	每人設立一個帳戶來累積其提撥金額，經調整其收入、費用、利得、損失後，於退休時以該帳戶總額作為退休給付金額。
	提撥費率	其提撥費率隨受僱者之年齡而有不同，最低者為六十五歲以上，雇主與受僱者均提撥薪資的 5%，最高者為五十五歲以下，雇主與受僱者均提撥薪資的 20%，每月按時自受僱者的薪資中扣除個人應提撥之金額，連同雇主應負擔部分，彙繳至中央公積金局。
	儲金保管	中央公積金局將每月由受僱者與雇主共同提撥之金額，分普通戶頭、保健儲蓄戶頭及特別戶頭三個戶頭，存入受僱者的帳戶中，受僱者如有實際需要並符合一定條件，始得依三個戶頭的用途，動支其中戶頭之款項。
財務來源	基金提存	為受僱者與雇主共同提撥之金額，其公積金提撥率隨薪資調整及經濟景氣狀況等，有逐年調高之現象。
	承辦機構	中央公積金局成立時，提供辦公房舍等固定資產，以後各年所需經費由中央公積金局自行籌措，該局主要透過多餘的辦公房舍出租，收取租金，另外，因申請提領公積金存款者於逾期提領所產生之利息餘額，亦為該局主要財源。
財源籌措	制度特色	屬於確定提撥制的強制個人退休金帳戶制度，由中央政府統一管理。
	財務來源	主要是由受僱者與雇主共同提撥金額，於受僱者退休時，以該帳戶總額作為退休給付金額。
	政府負擔	新加坡政府對於公共年金的財務責任微乎其微。

（資料來源：作者整理）

中央公積金是一個完全積累的強制儲蓄計畫。五十五歲以下會員的個人帳戶一分為三：普通帳戶、醫療帳戶和特別帳戶。普通帳戶的儲蓄可用於住宅、保險、獲准的投資和教育支出，醫療帳戶用於住院費支出和獲准情況下的醫療專案支出，特殊帳戶中的儲蓄用於養老和緊急支出。五十五歲以後，其個人帳戶變更為退休帳戶和醫療帳戶兩個，其成員在中央公積金計畫帳戶內的數額達到最低規定後，可以提取部分積蓄。

參、公積金制度的分析

社會保障管理體制是社會保障有效實施的關鍵。嚴格規範、富有成效的基金管理是新加坡中央公積金制度成功運行的重要保障。新加坡政府對中央公積金實行嚴格的管理制度，並做到立法先行。

一、中央公積金的體制

公積金的規模龐大並且所提供的服務眾多，因此，如何有效地管理公積金以使機構順暢運作至關重要。為此，新加坡政府建立了一整套較成熟的法律規範，對整個制度的運行過程實施嚴格周密的法律監督與管理。公積金制度運作的法律依據是一九五三年通過的《中央公積金法》，對中央公積金的繳費率、公積金會員的責任和義務、公積金的提取與使用等均做出明確的法律規定。對於違反公積金條例者，中央公積金局依法追究其責任。該法令涉及一般工人的中央公積金制度（CPF），它是一項簡單明瞭的全國性退休養老金計畫。

一九五五年，新加坡政府設立了中央公積金管理局隸屬於勞工部，實行董事會領導下的總經理負責制，董事會由政府、雇主和雇員三方代表組成。作為公積金制度的管理機構，中央公積金局以國家立法為前提，並在

勞工部制定基本方針政策的基礎上，負責整個公積金的管理運行，對公積金實行規範化、制度化和企業化管理。中央公積金局雖然隸屬於勞工部，但是一個獨立的具有半官方性質的機構，依法獨立工作，其他部門不得干預其日常事務。中央公積金局採用現代公司結構——董事會領導下的總經理負責制。董事會為最高管理機構，下設財金委員會和規劃決策會，負責制定重要的保障政策，其中比較重大的保障計畫需經勞工部批准。董事會由董事會主席、總經理和其他十名董事會成員組成。其中董事會主席和總經理由勞工部任命，任期三年，日常工作由總經理負責。董事會成員由政府代表、雇主代表、雇員代表和專家等組成，從而確保其制定的有關政策能夠比較廣泛地反映各方的利益和意志。他們對公積金的各種計畫進行審核和監督，確保公積金的合理使用。

表 13-3　新加坡公基金管理運作簡表

項目		內涵
繳費率	繳費	雇主和雇員都向中央公積金繳費。
	費率	一九五五年的繳費率為 10%（雇主和雇員各繳納 5%），一九六八年上升到 13%，一九八四年達到 50%，目前基本穩定在 40%，其中雇主繳 17%，雇員繳 23%。但由於公積金制度規定其會員可以將一部分積累額購買住房、股票和支付教育及住院醫療費用，因此，實際用於養老的公積金遠低於 40% 的繳費率。
	最低保障	為了避免公積金過多用於其他支付而影響養老保險，一九八七年政府規定，達到五十五歲後必須在其公積金帳戶中保留一筆最低存款，以充分保證六十歲退休後可以購買相當於社會平均收入 25% 的最低終身年金。
管理機構	組成	公積金管理局設理事會，由政府、職工代表、雇主、社會保障專家四方組成，主席由政府委任，日常工作由總經理負責。
	組織	設會員服務、雇主服務、人事、行政、電腦、內部事務等部。
存款利率	利率	公積金存款的利率是由政府決定。
	標準	普通帳戶和醫療帳戶的存款利率，都是新加坡四家主要的國內銀行，新加坡發展銀行、華僑銀行、華聯銀行和大華銀行的一年期定期存款利率的算術平均值。
	區分	特別帳戶及退休帳戶上的存款利率則稍高於這個名義利率，原因是這兩個帳戶上的存款的期限較長。

投資	投資	五十五歲以下的會員可以動用普通帳戶中的存款進行公積金局指定的投資。包括購置政府組屋、政府批准的保險項目和投資專案、支付教育費用以及向父母的退休帳戶進行填補性轉移支付等。
	託管	這些投資都要通過中央公積金局指定的託管人來進行。託管人的資格通過託管法的規定來決定。
投資管理	目的	為了促進公積金資產的保值增值，近年來公積金局陸續引進了各種投資計畫。
	投資	是指會員可動用 80% 的公積金存款或普通帳戶中的餘額投資於股票、基金（新加坡稱「單位信託」）、黃金、政府債券、儲蓄人壽保險等方面，以實現資產的保值增值。滿足下列三個條件可以參加投資計畫：年齡在二十一歲以上；不是未償清債務的破產人；公積金帳戶有足夠的存款。
	規範	參加投資計畫的會員，可以獨立選擇投資工具實現投資增值，但為此必須承擔可能出現的投資收益率達不到公積金管理局所提供的無風險收益的風險，甚至出現負收益。只有投資收益中超過無風險收益的那部分，投資人才有權提取。
	實例	新加坡巴士有限公司股票計畫。這項投資計畫是為了使會員能利用其公積金存款購買新加坡巴士有限公司的股票，購買上限為五千股。另外，非住宅產業計畫。該計畫允許會員用公積金儲蓄投資寫字樓、商店、工廠和倉庫等非住宅房地產。會員可以單獨或夥購購買這類房地產。
	購股	該項計畫是協助新加坡人擁有國營機構私營化後所出售的股票。實施這個計畫的目的，是為了推動新加坡人更多地長期持有政府控股的上市公司的藍籌股，從而控制政府控股公司的長期投資。

（資料來源：作者整理）

二、中央公積金的運作

　　中央公積金管理局本身是一個準金融機構，中央公積金局及其地方分局的主要職責是，實施相關法律和規定，收繳及發放公積金。下設內務審計部、會員服務部、資訊技術服務部、政策與公司發展部、人事部等部門，在這些部門下還有許多分支機構，主要負責公積金的彙集、結算、使用和儲存等。公積金管理局是一個獨立的系統，對公積金的管理獨立於新加坡政府的財政之外，單獨核算，自負盈虧，不受政府財政收支情形的影響。政府財政無權動用公積金款項，只能以政府債券的形式有償借用並如期歸還，但卻負有擔保公積金價值、償付公積金貶值損失的義務。

　　新加坡的公積金制度實行會員制，即所有受僱的新加坡公民和永久居民都是公積金局的會員，無論是雇主和雇員都必須按雇員月薪收入的一定比例向公積金局繳納公積金。由中央公積金局加上每月應得利息，一併計入每個公積金會員的帳戶，專戶專儲。公積金會員的存款採用個人帳戶集中管理的辦法，其帳戶每年都經過國家審計局審計並對外公開，使這一制度的透明度大，監督和約束機制強。與此同時，政府公積金各項費用的收支、管理、運營的情況透明度也很高，有利於監督、管理和宏觀調控。公積金的繳費率並不是一成不變的，而是根據國家經濟發展的變化情況不斷予以調整。與此同時，政府還針對不同年齡的雇員制定了不同的繳費率，隨著雇員年齡增長，公積金的繳費率相應降低。

表 13-4　新加坡中央公積金繳費率（占薪資的百分比）

年分	工人／%	雇主／%
一九五五	5	5
一九七〇	8	8
一九八〇	18	20.5
一九九〇	23	16.5
二〇〇〇	23	17.5

（資料來源：作者整理）

　　在資金分配上，根據《中央公積金法令》，五十五歲以下的會員擁有的個人帳戶分為三部分：一是普通帳戶，二是保健儲蓄帳戶，三是特別帳戶。

表 13-5　新加坡中央公積金會員擁有的個人帳戶及繳費率（占薪資的百分比）

類別	繳納率	內涵
普通帳戶	30%	在中央公積金局指導下由雇員自行支配，可用於購置公共房屋、非住宅產業、支付獲准情況下的投資、保險，或投資教育以及轉撥款項填補父母或配偶的退休戶頭等。
保健儲蓄帳戶	6%至8%	比例將隨著雇員年齡的增長而有所提高，可專門用以支付醫療保健費用，也可為家庭成員購買重病保險或人壽保險。
特別帳戶	62%至64%	只限於養老和特殊情況下的應急支出，一般在退休前不能動用。

（資料來源：作者整理）

新加坡的中央公積金制度是一個集中管理和強制性管理程度都很高的社會保障制度。新加坡政府利用其高度社會控制能力，強制性地使人民必須為自己的種種保障之需進行預防性儲蓄和投資。從而降低了政府的社會福利開支，又為公共設施建設和資本市場發展提供了大量資金。會員年滿五十五歲時，普通帳戶和特別帳戶向退休帳戶轉換，此時的個人帳戶就由兩個帳戶組成，即退休帳戶和保健儲蓄帳戶。會員除保留一筆最低存款留在退休帳戶以備晚年之用外，其餘存款可全部提出。會員如果終身殘廢或永久離開新加坡，可以提前提取公積金存款。如果會員在規定年齡前不幸逝世，那麼他的公積金存款可移交指定受益人繼承。

表 13-6　中央公積金會員每月繳款存入個人帳戶比例（占薪資的百分比）

年齡	普通帳戶／%	保健儲蓄帳戶／%	特別帳戶／%
三十五歲及三十五歲以下	30	6	4
三十五歲以上至四十五歲	29	7	4
四十五歲以上至五十五歲	28	8	4
五十五歲以上至六十歲	12	8	-
六十歲以上至六十五歲	7	8	-
六十五歲以上	2	8	-

（資料來源：作者整理）

新加坡實行中央公積金制度的根本目的是，將公積金用於就業人員退休後的養老保險，專門用以解決老年社會保障問題。與其他發達國家相比，新加坡的老年社會保障總投保費率是最高的，可達到百分之四十。由於勞資雙方承擔了全部老年社會保障基金，新加坡已經實現了「自我養老」的基本目標。如果說國家在養老保障方面承擔什麼義務的話，那就是它制定了嚴格的法律制度，實行了積極的社會政策，並在稅收、利率等方面提供了優惠條件。

三、中央公積金的投資

　　新加坡對社會保障基金實行集中管理體制，公積金集中於中央公積金局統一管理。中央公積金局將歸集的公積金除用於支付公積金費用開支和利息外，其結存款項的大部分用於購買政府債券、投資公共住宅、股票以及基礎設施建設，並開始用於對國外的投資，千方百計使其保值增值。中央公積金制度在增進社會穩定和國民福利方面發揮了重要作用。公積金在積累的過程中，會員可以使用公積金來買房、購買產業或進行投資以提高收入。人人安居樂業，再加上在養老和醫療上保障較好，這就能較好地免除個人和家庭的後顧之憂，從而增強了國家的凝聚力，有利於社會的安定。

　　中央公積金的具體投資營運是由新加坡貨幣管理局和新加坡政府投資管理公司負責。其中，新加坡貨幣管理局負責中央公積金對國債和銀行存款的投資管理。而新加坡政府投資管理公司則負責把積累的公積金投資於國內的住房和基礎設施建設，並把大量資金投資於外國資產以獲取較高的收益，成為新加坡龐大的外匯儲備的一個重要來源。新加坡政府注重公積金投資安全，並以實際持有的資產儲備作擔保。這就保證了公積金存款的良好信譽，其穩妥程度超過新加坡的私人銀行，成為獨立穩定而信譽高的儲金。中央公積金局還實施了一系列投資計畫以促進公積金資產的保值增值，主要包括：新加坡巴士有限公司股票計畫、非住宅產業計畫、基本投資和增進投資計畫、填補購股計畫等。此外，從二十世紀七〇年代起，公積金局鼓勵會員自己選擇投資，給予會員一定程度上的投資選擇權。會員可以根據自己的公積金儲蓄情況自主選擇投資於各種類型的金融工具，包括股票、基金、政府債券、房地產、保險等，也可委託政府進行管理獲取穩定的收益。這樣不僅分散了風險，而且也避免了公積金局的直接投資責任。

　　當然新加坡中央公積金制度也存在一些不足。例如，該制度沒有再分配功能；繳費率過高；企業負擔較重；帳戶投資收益率一直處於較低水平

等等。但無論如何，在世界上，中央公積金制度已經成為政府主導型社會保障制度的典範。

肆、公積金制度的借鑑

　　國民年金制度係指政府介入的一種經濟制度，期以社會保險的方式，提供基本生活所需的經濟資源，目的在消除或對抗貧窮，而非發財或保值。在實務上，各國所實施的國民年金制度同時受到政治、財政、文化條件……等等因素影響，而各國之國情不同，人文特色亦異，故其所實施的年金制度亦不相同，如西方社會的社會政策，主要是朝資源使用的有效性、資源分配的公平性或公正性，以及保留個人自由選擇權等三個方向來作規劃，但有些亞洲國家可能是居於政治上的考量來作國民年金的規劃，因此，到目前為止還沒有一個全世界適用的國民年金制度。

　　隨著市場經濟的發展和社會政策的推進，新加坡政府把建立和完善中央公積金制度作為經濟發展的戰略重點，為社會保障的發展創造了良好的外部環境。二十世紀九〇年代以來，政府特別關注弱勢族群，採取許多政策和措施，進一步完善社會保障制度，努力把新加坡建成一個社會安全保障的社群。在幾十年的實踐和探索中，中央公積金制已經演變成一種從管理體制到運行方式的完整體系，涵蓋養老、失業、醫療、職災、住宅、教育、家庭保障等多方面內容，實現了「自我養老，居者有其屋，疾病有所治，人人有保障」的安全機能。從一九九三年起，政府鼓勵中央公積金成員把個人帳戶名下的積存公積金投資於股票，參與國家經濟建設，分享經濟發展成果，為新加坡人提供了切實的社會保障。

　　新加坡的公積金制度強調以自助互助的精神，建立一個以家庭為中心的保障模式。中央公積金就性質而言，是一種強迫性的儲蓄制度，由勞雇雙方每月固定提撥所得的一定比例存入個人帳戶，用以支應被保險人遭遇

特定事故與老年之所需，其設訂的提撥率會隨著國家經濟狀況隨時調整。此外，政府為提升企業競爭力，通常會在經濟不景氣時，將雇主負擔的費率調低。

　　社會福利的建構與擴展，在使遭致生、老、病、死、傷、殘與失業等生活風險因素影響者，能獲得適度的醫療保障、社會服務、經濟安全保障。新加坡的中央公積金制度是一項十分複雜的社會保障工程，所有的公積金存款受到各方面的保障。除了養老保險計畫、保健儲蓄計畫、保健保險計畫、家屬保障計畫外，中央公積金制度還包括公共住屋計畫、住宅產業計畫、家庭保障計畫、教育投資計畫等，它們為會員提供了比一般商業銀行、商業保險公司更廣泛、更強有力的安全保障。

表 13-7　新加坡中央公積金制度的完善處理過程

公積金作用	實施項目	實施日期
退休保障	1. 在五十五歲前提取公積金存款	一九五五年七月一日
	2. 最低存款計畫	一九八七年一月一日
	3. 填補最低存款計畫	一九八七年四月一日
健康保險	1. 保健儲蓄計畫	一九八四年四月一日
	2. 健保雙全計畫	一九九〇年七月一日
	3. 自僱人士保健儲蓄計畫	一九九二年七月一日
	4. 增值健保雙全計畫	一九九四年七月一日
住屋保障	1. 公共住屋計畫	一九六八年九月一日
	2. 住宅產業計畫	一九八一年六月一日
家庭保障	1. 家庭保障計畫（房屋抵押遞減保險）	一九八一年十一月一日
	2. 家屬保障計畫（定期人壽保險）	一九八九年五月十四日
資產保障	1. 非住宅產業計畫	一九八六年五月一日
	2. 教育投資計畫	一九八九年六月一日
	3. 公積金投資計畫	一九九七年一月一日

（資料來源：作者整理）

　　中央公積金制度實質上是一種強制儲蓄型社會保障，其社會保障制度更是特色鮮明，不僅在強制性儲蓄方面富有成效，實現了社會化的基本目標，而且在保險基金的積累方面也成績斐然。

表 13-8　新加坡公積金制度的特色

特點	內涵
籌集管道較集中	新加坡中央公積金是通過強制儲蓄為人們提供老年保障的制度，其物件限於有一定規模企業職工，他們再就業期間，職工及所在企業向中央基金繳費，所繳費用分別計入每個職工的個人帳戶，國家財政不負擔任何費用，只對法定比例內的公積金免徵所得稅。
覆蓋層面較全面	新加坡實行的是中央公積金，保障物件由原來的部分企業雇員擴大為：新加坡公民和永久居民；所有雇員；所有自僱人士，新加坡中央公積金享受人群惠及全民98%以上；自願交納公積金者。
養老金的比重高	新加坡的養老公積金所占國民收入的比重超過國民收入的一半以上，其他公積金所占的比重小。
退休給與的發放	退休金額根據投保率、退休前工資水準和存儲利率確定，比較靈活。由於可以根據投標率和存儲利率來決定退休金額，可以更好抵擋通貨膨脹。
經濟結構的貢獻	新加坡中央公積金的實質不僅是保障計畫，而且是國家宏觀調控的主要手段，財政收入的一大來源。

（資料來源：作者整理）

　　新加坡的社會保障制度，以雄厚的經濟實力為基礎，強調以家庭為中心和發揮主導作用，維護了社會穩定，促進了經濟發展。

　　中央公積金的存款方式可以避免會員一次取走退休金，可以保證會員不會因為透支而增加國家負擔，且不統一存放在中央公積金局利於防止腐敗。新加坡強制儲蓄型社會保障獲得成功的根本原因就在於：

表 13-9　新加坡強制儲蓄型社會保障的優缺點

項目	特點	內容
優點	投保費率較高	規定了很高的總投保費率，如實行之初的一九五五年為10%，經濟繁榮的黃金年分（一九八四年）已經上升到50%，以裨益養老給付的保障。
	實質受益較高	政府規定的老年社會保險存款利率超過物價漲幅，如一九六六至一九八七年老年社會保險存款利率一直高於平均每年3.7%的物價漲幅。
	裨益經濟發展	中央公積金善於經營老年社會保險基金，如通過購買長期和短期國家建設公債，保證了新加坡經濟年平均10%的增長率，也保障了老年社會保險基金的保值增值。集中管理和強制性管理程度都很高的社會保障制度。

	鼓勵參與勞動	實現了老年社會保險的社會化，覆蓋率達到 98%以上。演變成一項全面的社會福利保障儲蓄計畫。中央公積金的退休制度，激勵人們要不斷努力工作，增加收入，這樣既能增加儲蓄金額，又可以在算工資水準時具有優勢。
	減輕政府負擔	退休金年年大量盈餘（因為最低儲蓄計畫），促進了國家經濟運行的良性循環。強制性地使人民必須為自己的種種保障之需進行預防性儲蓄和投資。從而降低了政府的社會福利開支，又為公共設施建設和資本市場發展提供了大量資金。
	建立稅賦誘因	實現了自我養老保障（利息收入可以解決管理成本，另外還有產業賺取的租金），但是稅收、利率上國家給予了幫助。
缺點	政府投入有限	政府沒有推行企業補充保險退休金制度，新加坡老年人可以享受的退休金來源單一，使退休者晚年生活保障普遍存在一定的風險性。
	缺乏互助共濟	養老保險形式單一，強制儲蓄保險形式的中央公積金制度缺乏互助共濟的功能，無法體現社會保障的公平性特徵。
	不利資淺人員	年輕雇員和低收入雇員沒有積累，他們能否依靠公積金養老還是個未知數。年輕雇員工齡短，低廉雇員保費少，難以用公積金來保障自己的晚年生活。
	養老待遇懸殊	公積金結存數額差距較大，退休老人的養老待遇懸殊。如一九八二年存款金額超過三萬新元的會員為十一萬名，占會員總數的 6.6%，共積累了六十五億新元，占結存總額的 41.7%，而結存不到五百新元的三十九萬名會員，占會員總數為 23.1%，總共積累了七千萬新元，僅占結存金額的 0.5%。
	雇主承擔較高	雇主承擔較高的投保費用，生產成本增加必然會降低產品市場競爭力，從整體上影響新加坡的經濟發展。

（資料來源：作者整理）

結語

　　由於目前西方福利國家對於政府效率的問題已多所質疑，故不論未來是否繼續發展傳統的公共年金制度，或是引進國外的公私部門年金混合制，或者透過時尚流行的所謂層次上的混搭概念（Mix and Match），均須重新調整政府、企業、個人之間對公私部門雙層保障制度間的互動與責任及其角色配置，以因應未來的情勢所需。就誠如 Barr 所說的：「如果政府缺乏效率，則任何年金制度都將面臨危險，一切改革將成為落空。」不可否認

地，不僅公部門年金會有缺乏效率管理的問題，私部門年金同樣亦有類似的問題存在，而問題的關鍵在於如何能有效而快速的加以處理解決。

　　新加坡政府為了促進經濟快速發展和維護社會穩定，一九五三年通過的《中央公積金法》構成這個最具有特色制度的法律依據，一九五五年成立的「中央公積金局」是實施該項立法的主管機構，它的主要任務是徵收並保存勞資雙方繳納的存款，為工人退休後或無法工作時提供最低的生活保障。雖然不少亞非國家也推行這種社會保障制度，但只有新加坡實施的中央公積金制度最為系統、完善，也最具有創造性。它的組織形式為會員制，強制實行儲蓄保障，規定由勞資雙方共同出資建立基金，儲蓄金計入個人名下的帳戶，由政府確保償付和支付利息，供每個職工養老時使用。凡是參加中央公積金的，無論是雇主還是雇員，都必須按雇員月薪的一定比例繳費，每月存入雇員帳戶，而且不能隨意支取；所有職工，資歷越老，積累的公積金就越多。新加坡積累了雄厚的老年社會保障基金，既保證了退休工人的晚年生活，又促進了經濟運行的良性循環，從而鞏固了已實行幾十年的中央公積金制度。

第十四章　年金保險與社會公義

前言

　　年金制度的實施，對全體國民而言，是一種福祉，為人民終身保障，讓其安享晚年，以維護基本經濟安全的需求。然而，制度規劃若缺乏考量長期性、整體性、前瞻性的因素，僅為一種短期性、地方性、現實性的權宜措施，甚至遷就政治目的、兌現競選承諾，則也可能成為禍延後代的枷鎖。為了造福全體國民，不重蹈年金保障制度的覆轍，除應把握國民的需要，考量全民是否能負擔得起保費等因素外，尤須借重外國經驗，作為殷鑑參考。

　　福利國家在二十一世紀中仍會繼續存在，而發揮其本身特有的功能角色，並且能順應其經濟與社會的變遷而有所調適。無論是年金規劃或改革，不能僅從制度面或政治面來考量，必須以更宏觀的視野，從國家整體來衡量年金制度的規劃與各項變革，包括財政、經濟、政治與社會等，方不致於顧此失彼，產生不良的作用，或使制度無法達至預定的目標。

壹、經濟安全保障體系

　　福利國家的年金制度除了傳統的濟貧功能外，還有儲蓄養老功能。我國現行的經濟安全保障體系，除了以低收入社會弱勢者為對象的社會救助（如：「中低收入老人生活津貼」）及社會津貼（如：「老年農民福利津貼」）之外。對於生育、老年、職災等社會風險事故的保障機制，主要是

以就業者為對象，依其職業別分別加入軍、公、勞保及農保（無老年給付）等社會保險制度，軍、公、教人員另有公務人員退休撫卹制度；勞工有勞工退休條例規定之勞工退休金制度。對於不在勞動市場內的國民，如家事服務者，則以國民年金提供經濟安全保障機制。此外，針對特定群體，如身心障礙者、無生活自理能力之老人、老年榮民，也已分別實施了身心障礙者生活補助、中低收入老人特別照顧津貼、榮民就養給與等。

觀諸福利先進社會的實施經驗，福利國家多以再分配的濟貧功能為其目標，用以解決貧窮的問題。然而隨著全球化、社會風險及不確定性等諸因素對生活乃至生存的衝擊，所衍生的困擾，需透過社會安全的功能發揮，俾使民眾獲得生活的保障。無疑的，當人們面臨不可預測的社會風險時，期盼經由國家的政策干預，以維護基本保障，而社會安全制度仍有繼續存在的必要性。換言之，福利國家不只是為了消滅貧窮而存在，更應該提供個人的基本保障與維持一定生活水準的機能。

現行的這些經濟安全保障制度，固然有其歷史發展的背景，但以今日的經社結構與世界潮流的發展予以檢視，顯然仍存有許多不夠周延的地方，難以滿足現代社會的需要，而必須持續不斷的進行檢討與改進。

表 14-1　社會安全保障的努力之處

項目	內涵
老年給付最低年齡的規定均偏低	現行退休制度中，不論是各種社會保險制度，或是公務人員退休撫卹基金、勞工退休金等，領取老年給付最低年齡之規定均偏低，與當前及未來的人口結構變化，顯已不合時宜，對於制度之潛在財務衝擊，尤需予以重視。
各類社會保險內涵多元缺乏統合	部分國民重複領取公教、軍、勞保老年給付及各種津貼，由於各有其特定適用對象，欠缺普及性，以致其公平性常遭質疑。
未能落實社會保險財務責任制度	軍、公教、勞、農保等各類社會保險，多未能落實保險財務責任制度，且保險費補助因職業身分別而異，不符公平正義原則，亦有資源不當配置之問題。
社會保險彼此缺乏年資轉換機制	各種退休制度，均以特定對象為主體，各自獨立運作，彼此間缺乏年資轉換機制，轉換退休制度者，老年給付權益未能獲得充分保障。特別是在現代的就業市場中，職業流動日趨頻繁，退休制度與就業市場

	之間，已出現明顯之扞格現象。影響所及因為公、私部門退休制度缺乏轉換機制，影響人才流動問題。
社會福利社會保險彼此交相措置	以農民為特定對象而開辦之農保，固然有其重大之貢獻，但由於制度本身無投保年齡上限，投保資格亦相當寬鬆，自開辦以來即長年處於財務虧損狀態，此一趨勢除全民健保開辦初期有改善外，近年其虧損情形已日益嚴重，每年均需政府鉅額撥補其虧損。

（資料來源：作者整理）

　　人人都期待老年有保障，都希望養老時有年金，都期盼「繳少領多」高替代率的年金，眼見軍公教月退所得替代率太高口誅筆伐時，但攻擊者何嘗不希望自己也享有高替代率！隨著國民年金、勞保老年給付年金化實施以來，「不患寡患不均」當和軍公教相比差距大，所以相對的被剝奪感強，容易附和，解決這種衝突的方式是：正視「人人渴望有安身立命的年金保障」的需求。事實上，綜觀各國的現況顯示：在社會安全制度的功能角色，由原先的團體責任為主的濟貧功能逐漸轉變成個人責任為主的保障功能；而在制度屬性上，也已由福利（救助）型的稅收方式轉為保險型的納費型態趨勢，福利國家的功能面臨新思維。個人對其生涯規劃在財產及所得的分配上有其自主性與理財規劃，其中具有儲蓄保障功能的可攜式年金（portable pension）將成為未來老年經濟保障制度中的主要類型。

貳、西方年金改革借鑑

　　公共年金制度的建立，是以保障人民生活福祉與經濟安全為目標，為因應人口老化，各先進國家皆積極朝向年金保障的建置，避免民眾於老年時陷於生活困難，然而隨著高齡化趨勢及預期壽命的延長，合理訂定給付水準以維持民眾一定的生活所需，是在進行年金制度規劃與實施時所不能忽視的。

　　觀察未來在年金給付成本上的消長情形可以掌握人口老化對年金制度的影響，及各國在致力於降低其年金給付成本上的成效。根據估計，各主要國家在未來五十年間，其年金給付支出占 GDP 的比例詳如下表。

表 14-2　未來年金給付支出的變化（單位：%）

國家	二〇〇〇	二〇五〇	增減比例
英國	5.1	3.9	-23.53
義大利	14.2	13.9	-2.11
奧地利	14.5	15.1	4.14
瑞典	9.0	10.0	11.11
法國	12.1	15.6	28.93
丹麥	10.2	13.2	29.41
比利時	9.3	12.6	35.48
芬蘭	11.3	16.0	41.59
德國	10.3	14.6	41.75
葡萄牙	9.8	14.2	44.90
荷蘭	7.9	13.6	72.15
西班牙	9.4	17.7	88.30
愛爾蘭	4.6	9.0	95.65

（資料來源：行政院經建會，〈歐洲國民年金改革成效報告〉，2001.03.09）

　　隨著各國人口持續老化，年金的支出會繼續膨脹，年金財務的平衡也將更加難以維繫。因此，從一九八〇年代以來，各國莫不將年金改革視為社會安全制度發展中最為迫切之議題。近年來，包括福利資本主義先進的歐美國家、發展中的拉丁美洲國家、經濟轉型的東歐國家、以及被視為福利後進的東亞國家，均紛紛對其年金制度進行重要的改革。借鑑福利先進國家行諸久遠的年金保障興革措施，則我國宜著眼於：

第一，通常一國若沒有或只有很少的公共債務，則比較有能力來解決該國人口老化對其公共退休制度的影響。在原有年金制度遭遇人口老化及財務壓力時，當務之急不見得需先直接針對制度本身來做變革，部分國家的做法是先行致力於減輕國家負債，健

全國家財政狀況，等財政及經濟狀況改善後，再進行年金制度變革，往往能有事半功倍之效。

第二，社會保險所遭遇的真正危機並不是財務危機，而是對於制度的信心危機，這是一種社會安全制度的「不安全」（in-security）現象，「不信任」所帶來的「不安全」是人們必須面對的問題。是以，除了公共年金制度之外，建立提存準備的第二、三層年金制度或職業年金制度，可累積龐大的年金資產，除可增加稅收外，年金資產亦可促進本國金融與經濟發展。易言之，具有廣大及發展良好的提存準備年金制度（第二、三層）有助於降低現收現付公共年金制度的財務壓力，此係由於這些基金有助於未來的賦稅收入。採提存準備的年金制度將賦稅延遲至年金給付後，這些未來稅收來源，在隨收隨付制的公共年金方案給付支出大幅成長的同時，亦持續增加，是以有大量的年金資產將有助於減緩人口老化對公共年金制度所帶來的負面影響。

第三，公共年金制度的建立，最終仍以保障人民生活福祉與經濟安全為目標，若為因應人口老化及財務壓力而一味調降給付水準，致使民眾陷於生活困難，如此改革必不能為民眾所接受，故合理訂定給付水準與維持民眾一定的生活水平，是在進行年金制度規劃與改革時所不能忽視的。有些國家雖然沒有直接改革其年金制度，但在縮減債務上成效卻相當好，使這些國家未來在推動年金改革上有一個較好的財政狀況。

第四，若以提高賦稅來達成縮減債務的目標，長期而言不是一個有效的策略，故同時需了解各國的賦稅情形。此外，低賦稅有助於經濟成長與工作機會創造，因為勞動力的持續增加對現收現付的年金制度來說是非常重要的，亦可減緩人口老化對現收現付年金制度的影響。

參、年金改革主要措施

我國隨著平均壽命延長，出生率下降，老年人的人數和比例呈現顯著成長，早已邁入聯合國世界衛生組織所稱的高齡化社會，依據推估，至二○二六年時，老年人口將占全國人口百分之二十。而隨著社會變遷與家庭結構改變，家庭扶持老人之傳統功能漸趨式微，子女供養老人比例逐年下降，因此提供國民老年生活的經濟安全保障，已成為我國社會安全體系中重要之一環。借鑑世界先進國家，有的國家如美國、英國已經建立上述三個支柱；有的國家有兩個支柱，如新加坡；有的國家則只有一個支柱，如智利。各國的政策考量雖各有不同，但有一點相同的，就是各國仍然繼續推動改革，為適應經濟與社會的重大變化，德國積極推出幾項變革。

表 14-3　德國積極推出的年金改革措施

項目	內容
提高退休年齡和工齡，控制提前退休	德國的退休金全額為薪資的 70%。德國政府從二○一一年開始把退休年齡從原有的六十五歲提高到六十七歲。但能拿到全部退休金的人極少，因為法律規定只有年資達到四十五年的退休者才能獲得全額退休金。同時鼓勵退休者參加部分時間工作，對提前退休者則扣除其部分老年給付額。
實現社會保險保費繳納和支出的平衡	因老齡化問題日益嚴重，老年給付供求比例失調。為穩定社會保險體系，政府努力創造就業機會，增加就業人口，鼓勵生育，希望增加未來老年支付群體的數量。同時政府不斷提高就業人員繳納社會保險費占其薪資總額中的比率，二○○五年可升至 20%。
實現政府、企業和個人三者間的平衡	二○○二年，德國政府推出 Reister 年金方案，鼓勵個人在參加社會保險的同時也參加其他年金保險計畫。Reister 年金規定，現在的就業者每投保一個附加養老金，政府就給與其一定數額的補助或稅收上的優惠。目前，德國政府每年拿出七百億歐元補貼，並用部分生態稅補充養老基金。據德國專家估計，在該計畫的激勵下，德國私人老年保險在整個老年保險金的比例將從近期的 15% 增至 30%。

（資料來源：作者整理）

　　另外參酌美國為例，根據統計，美國老人、遺屬與身心障礙保險受領者與繳交保險費者的比率將由二〇〇二年之 1：3.4 人，增加到二〇五〇年之 1：2 人，由於支領的多，但繳交的少，使年金財政將受到嚴厲的挑戰。依目前之趨勢，二〇一六年將會出現支出超過收入的危機，二〇三八年時儲備金將枯竭，現行制度將無法完全支付年金給付。雖然年金財務危機已出現端倪，但美國卻沒有利用傳統做法調漲社會保險費率來減輕財務負擔。而是在老人、遺屬與身心障礙保險的三大項給付條件上，進行過微幅的策略變動，以減輕財務支出的負擔。主要的變革，包括下列各項：

表 14-4　美國推出的年金改革措施

項目		內涵
老年年金給付	延長老年給付開始年齡	原本年滿六十五歲以上者可領全額的老年年金。一九八三年修正社會安全法，規定正常退休年齡開始申請請領年金給付，階段性地提高到六十七歲。二〇〇〇年開始，六十五歲是為正常申請老年給付開始年齡，而二〇〇五年開始給付老年年金的年齡已經是六十五點五歲，預計至二〇二七年為止要完成設定到六十七歲為老年、遺屬與身心障礙保險正常老年給付年齡。最後的退休年齡是七十歲。
	所得調查配合減額給付	未滿七十歲的被保險人，領取老年給付時同有其他工作收入，經所得調查後之收入額達法定上限，則所得可領的老年給付，將依規定遞減。二〇〇五年為例，還未達年金支付開始年齡（六十五點五歲）前，年所得超過一萬二千美元年金給付外的所得時，每超過二美元所得，必須減少一美元的給付。而達年金支付開始年齡（六十五點五歲），年所得超過三萬一千八百美元年金給付外的所得時，每超過三美元所得，必須減少一美元的給付。
身障年金給付		達足夠積點時，罹患導致不能工作一年以上的或預期將導致死亡的的嚴重身體上或精神上的疾病，可在任何年齡領取身心障礙給付。但須在停止工作一年內提出申請。身心障礙給付計算公式與老年年金計算給付的基礎相似。依一九五〇年以後（若較遲，則以二十一歲以後），直到殘障這段期間的平均投保薪資為計算基礎，扣除最低薪的五年薪資。上述期間以外的收入若較高，可換替。亦隨著物價指數變動而自動調整。除此，亦給以眷屬津貼、身心障礙生活補助金。
遺屬年金給付		發給已故被保險人在六十五歲可領年金的全額給付、六十至六十四歲改為減額給付。五十至五十九歲之身心障礙者死亡，減計遺屬給付。亦給付孤兒年金、賴其撫養的父母年金、實際的家庭最高給付。

年金財務	重視自助努力的概念，鼓勵以企業年金（如 401k）和私人儲蓄來補足退休後的生活需求。主張從現有 6.2%的社會保險稅抽出 2%，轉移到企業年金中，同時企業和員工也增加相應的比例，使之成為美國人老年經濟生活費中最主要的組成部分。

（資料來源：作者整理）

　　為避免美國社會安全制度在二〇三四年走上破產的命運，針對年金財務問題，政府提出了若干新的改革或修正方案，如提議部分比例改採個人帳戶式的管理、提高請領年齡、提高稅率、調降給付金額、縮減行政人力等，以彌補未來愈見緊迫的財務問題。而勞工對於私人儲蓄和雇主退休金制度較政府所推動的社會保險更具信心。譬如美國目前有社會安全制度民營化的呼聲。主張將目前人民薪給中百分之十二點四的社會安全稅捐中的二個百分點改存入所謂的個人退休基金帳戶（personal retirement account）。

肆、年金制度發展趨勢

　　德國是最早實施社會保險年金制度的國家，也是俾斯麥模式的年金體制的典型。美國的老年、遺屬、身心障礙年金保險是其社會安全制度的核心，制度實施超過三分之二個世紀，近年來各項改革的提案紛陳，也吸引各國的關注和討論。日本是亞洲最早實施社會保險年金制度的國家之一，其國民年金保險更為我國國民年金保險制度規劃的主要參考對象之一。韓國的年金制度實施歷史較短，但在實施初期就曾經歷重要的改革。爰此，這項社會安全機制將隨社會發展而調整精進。

　　臺灣社會保險制度的推展已有相當的歷史，透過不斷擴大保險範圍、增加給付種類及提高給付水準，使得社會安全保障制度得隨著社會、經濟與政治環境、人口結構、勞動市場及社會文化價值與時俱進，持續發揮保

障國民並增進其生活水準的目的。促使社會保險制度更趨完備，臺灣年金
保障制度的發展趨勢可歸類以下五點：

表 14-5　臺灣年金保障制度的發展趨勢

項目	內涵
保障更具備完整性	對於被保險人之保障更具完整性，針對失能、老年或遺屬給付三個年金得相互轉換，使臺灣社會保險制度更趨完整、健全。
給付方式更具彈性	勞工或其遺屬在請領失能、老年或遺屬給付時，除了可以擇優選擇外，更可以選擇年金或一次領請，以符合自身財務規劃與需求。
擴大給付實施對象	被保險人經評估為終身無工作能力者，得領取失能年金，並且將失能年金之發放擴及至被保險人之眷屬；被保險人於保險有效期間死亡時，除喪葬津貼外，遺有配偶、子女、父母、祖父母、受其撫養之孫子女或兄弟、姊妹者，得請領遺屬年金。
合理調整保險費率	全面檢討各項社會保險費率之合理性並進行適度的調整，使得被保險人及投保單位所繳納之保險費符合公平、正義的原則。
建立相關查核機制	失能種類、狀態、等級、給付額度、開具診斷書醫療機構層級及審核基準等事項之標準，應由中央主管機關建立職業輔導評量及個別化之專業評估機制，作為失能年金給付之依據；保險人於審核失能給付，認為有複檢必要時，得另行指定醫院或醫師複檢，領取失能年金給付後，保險人應至少每五年審核其失能程度。

（資料來源：作者整理）

　　綜觀世界各國確保老年國民經濟生活之做法，大抵多以基礎年金、職
業年金與自願性保險及私人儲蓄構成多元化保障，臺灣行之有年之公教人
員保險、軍人保險、勞工保險等職域性社會保險，提供被保險人在其面臨
老年、身心障礙或死亡時，享有現金保險給付以保障其基本經濟安全。二
〇〇八年十月一日起建立國民年金制度，提供該等國民老年基本經濟安全
保障，使得臺灣的社會安全網更趨完善，亦給予全體國民之經濟生活與社
會安全更多保障。

結語

　　當社會面臨「不婚、不生、不立」低生育率，使得養兒防老更不可靠、也不實際，不管依靠政府、依靠雇主、投靠年金保險公司，都無法等到五十歲才開始籌謀思量，因為以今日為基準國人五十歲的平均餘命有三十年（女性為八十三點八，男性為七十七點一），「安養餘年」是生涯大事。生涯大事無法冀望政府，無法依託雇主，更無法憑藉市面上賣年金產品的商品，而是個人要負責的去了解，理性的去認識，實踐作為。社會須建立讓民眾了解「天下無白吃的午餐」，「要怎麼收穫，先要怎麼栽」的負責務實態度，避免為政客炫耀口號迷失理智。積極採取「豫則立，不豫則廢」，多層次年金保障的作為，按部就班，日積月累，方能克期有功。

　　因應人口老化的趨勢，先進福利社會多採取三層的退休保障：一、基礎國民年金（public funds）；二、職業年金（earnings-related）；三、個人儲蓄（personal pension），以應付愈來愈多的退休人口。採行「年金保障」方式辦理，不僅可以避免一次給付後，因資金運用不當所發生的損失，此外，年金制度有配合物價指數調整投保金額（投保金額為計算年金給付的基礎）及定期調整年金給付基本保障金額的設計，可以避免因通貨膨脹造成給付縮水，以確實保障年金給付對象的生活需要，讓臺灣邁入全民保險的時代，落實政府全民照顧的理念。

第十五章　國民年金與社會保障

前言

　　臺灣的老年經濟保障體系早於一九五〇年代即建立雛形，首先開辦的勞工保險和軍人保險，以及一九五八年開辦的公務人員保險，都將老年給付納入保障項目。考量臺灣少子化和人口老化的趨勢，政府於二〇〇八年十月一日開始實施國民年金制度，對國人保障可謂是繼一九九五年三月一日實施全民健康保險，另一劃時代的重要社會政策措施。

　　國民年金制度可提供國民基本經濟安全保障，使我國社會安全體系更趨完備，長期更能排除政治因素對社會福利制度的干擾，有助於國家財政的健全，因此勢在必行，而且最好能在政治力量介入前付諸實施。在實施初期政府財政需求每年約需三百至四百億元，如無穩定財源，推動確實不易。因此，國民年金制度必須在民眾的需求與負擔間取得一個平衡。為了建立可長可遠的制度，國民年金在給付水準和補助比例方面，著重於做到「基本保障」的目的。其他搭配措施，諸如提高累積準備的報酬率，減少所得重分配性質，鼓勵民間儲蓄，提倡商業年金保險，教育民眾及早做好「生涯規劃」都是不可或缺。

壹、國民年金的建制歷程

　　人口高齡化是社會日益明顯的趨勢，為因應安老的需求，政府陸續開辦各項生活津貼，作為國民年金制度實施前的過渡措施。然而，由於國內政治

環境的催化，使得老人津貼體系大幅擴充，已造成國家財政的沉重負擔。國民年金開辦前主要為：敬老津貼、老農津貼、中低收入津貼和榮民就養給與等，而每十位六十五歲以上老人中約有七人領取這些津貼。因此必須思考當老年人口不斷增長時，再加上物價上漲等因素，政府真有這麼多預算來撫養老人嗎？因此，從津貼制度轉型為年金制度，就是採取政府與個人共同負責老年人口的平衡消費。開辦國民年金制度，是解決現有老年保障體系的策略。

國民年金主要是考量我國有勞保、軍保、公教保及農保等以在職勞動者為納保對象的社會保險，但仍有約四百多萬年滿二十五歲、未滿六十五歲的國民，無法參加任何社會保險，而這些人當中，有許多是經濟弱勢的家庭主婦或無工作者。國民年金即是針對此部分的不足，設計一個以全民為保障標的的保險制度，讓以往未能被納入社會保險網絡的國民，獲得老年經濟生活的基本保障。除了家庭主婦與無工作者外，勞工在失業期間也應加入國民年金，也就是說有工作時參加勞保，沒有工作期間加入國保，等到年老時再以加保的年資分別請領勞保年金及國民年金。

世界各國在推展社會安全制度時，都將國民年金制度視為重要的一環。《國民年金法》是自《全民健康保險條例》之後，我國一個眾所關注的社會安全法案，由於我國自一九九三年進入「高齡化社會」，因此相關於老年生活的保障制度，也成為一項政府與社會都必須重視的議題。國民年金制度的實施，須考量現在的老人和未來的老人；及銜接自一九九〇年代中期後陸續開辦的中低收入戶老人生活津貼、老年農漁民生活津貼、敬老福利津貼、原住民老年生活福利津貼等，對老人所提供的保障。

「年金」是指一種定期性、持續性的給付，無論是按年、按季、按月或按週給付，都可稱為年金。「國民年金」是我國於二〇〇八年十月一日開辦的社會保險制度，主要納保對象是年滿二十五歲、未滿六十五歲，在國內設有戶籍，且沒有參加勞保、農保、公保、軍保的國民。國民年金提供「老年年金」、「身心障礙年金」、「遺屬年金」三大年金給付保障，及「生育給付」、「喪葬給付」二種一次性給付保障。被保險人只要按時繳納保險費，在生育、遭遇重度以上身心障礙或死亡事故，以及年滿六十五歲時，

就可以依規定請領相關年金給付或一次性給付，以保障本人或其遺屬的基本經濟生活。將農保與國保脫鉤，農民繼續加保農保，相關的喪葬、殘廢、生育等給付也依照農保原有的制度。農、漁民如符合老農津貼請領資格，仍可繼續申領老農津貼。

福利國家不只是為消滅貧窮而存在，更應該提供個人的保險保障與維持一定水準的平衡消費。國民年金保險所以要改採按月給付的方式，主要的原因是：

第一，可以提供被保險人本人或其遺屬長期穩定的經濟保障。一般而言，繳費年資愈長，老年基礎年金的給付額就愈高。國民年金保險訂有一項基本的給付標準，那就是繳費四十年可以領到全額年金。如果超過全額年金的繳費年資，或超過六十五歲時還繼續參加保險及繳交保險費，都可以領取較多的年金給付。

第二，年金給付額隨著物價和薪資變動情形加以調整，可以避免通貨膨脹的影響，而得以維持一定的購買力。

第三，避免被保險人領取一次給付，一旦資金運用不當，淪為貧困後，仍須依賴社會救助解決其生活問題。

貳、國民年金的保障內容

國民年金保險，是我國的一項社會保險制度，目的是讓年滿二十五歲至六十五歲的國民，在沒有參加軍公教、勞、農等職業保險的期間，納入國民年金保險的社會安全體系。由衛生福利部國民年金局主辦。國民年金保險屬柔性強制納保，符合納保對象者會自動納入，對於不繳納的人並無特別設立罰則。

國民年金制度為百年事業，所涉及範圍甚廣，涵蓋社會福利、財政、經濟、保險及精算，對於政府長期財政分配及國家總體經濟有著重要的影

響。國民年金的推動，確有其追求實質正義的正當性，影響深遠，其內容簡述如下表：

表 15-1　國民年金簡述表

項目			內涵
加保對象			年滿二十五歲至未滿六十五歲，未參加軍保、公保、勞保、農保，且未曾領取相關社會保險老年給付者均強制納保。
			開辦前除了勞保老年給付外，未領取其他社會保險老年給付者；或開辦後十五年內領取勞保老年給付，勞保年資未滿十五年，未滿六十五歲，且未領取公教保養老給付、軍保退伍給付者，亦應強制加保。即：勞保年金實施後，領取勞保老年給付，勞保年資小於十五年者。
給付類型			國民年金提供民眾老年保障、身心障礙保障、遺屬保障及喪葬的給付等四大保障，給付項目合計有八種：1.老年年金 2.老年基本保證年金 3.原住民給付 4.身心障礙年金 5.身心障礙基本年金 6.遺屬年金 7.喪葬給付 8.生育給付。
費率保費			1. 第一年費率為 6.5%，每二年調高 0.5%至上限 12%。 2. 月投保金額：以勞保投保薪資第一級（即基本工資）訂之，消費者物價指數累積成長率達 5%時，即依該成率調整之。 3. 第一年保費一千一百二十三元（一萬七千二百八十元×6.5%），一般被保險人自付六百七十四元（60%），政府補助四百四十九元（40%）。 4. 低收入戶政府全額補助，所得未達一定標準者政府補助 55%至 70%，身心障礙者政府補助 55%至 100%。 5. 採柔性強制加保制，未繳保費者不動用強制執行或罰則，惟未繳清保險費及利息者，不予支付保險給付。 6. 發生保險事故前一年期間，有保費未繳納情形，或有欠保險費期間不計入保險年資情事者，均無法享有基本保障三千元之優惠。 7. 配偶間，互負連帶繳納之義務。
財源籌措			1. 公益彩券盈餘。 2. 提高營業稅徵收率 1%挹注。 3. 由中央主管機關按年度編列預算支應。
老年年金給付	請領條件	老年年金給付	年滿六十五歲之被保險人或曾參加本保險者。
		老年基本保證年金	開辦時已年滿六十五歲且現領取敬老津貼、老農津貼者，持續按月發給。
		原住民	年滿五十五歲未滿六十五歲原住民，按月發給。
	給付標準	基本年金	三千元。
		擇優發給	1. 月投保金額（最低工資）×0.65%×投保年資＋三千元 2. 月投保金額（最低工資）×1.3%×投保年資

身心障礙年金給付	請領條件	身心障礙年金	加保期間致重度以上身心障礙，且經評估無工作能力者。		
		基本保證年金	加保前已重度身心障礙且經評估無工作能力者。		
	給付標準	身心障礙年金	月投保金額（一萬七千二百八十元）×投保年資×1.3%（基本保障四千元）		
		基本保證年金	四千元。		
遺屬年金給付	請領條件	被保險人死亡，或領取身心障礙或老年年金期間死亡時，配偶與子女等相關家屬可請領。	配偶	年滿五十五歲且婚姻關係存續一年以上。年滿四十五歲且婚姻關係存續一年以上，且每月收入未超過其領取遺屬年金時之月投保金額。	
			子女	1.未成年或 2.無謀生能力或 3.二十五歲以下在學每月收入未超過其領取遺屬年金時之月投保金額。	
			父母及祖父母	年滿五十五歲且每月收入未超過其領取遺屬年金時之月投保金額。	
			孫子女	1.未成年或 2.無謀生能力或 3.二十五歲以下在學每月收入未超過其領取遺屬年金時之月投保金額。	
			兄弟、姊妹	1.未成年或 2.無謀生能力或 3.五十五歲以上且每月收入未超過其領取遺屬年金時之月投保金額。	
	給付順序	所定當序受領遺屬年金對象存在時，後順序之遺屬不得請領：1.配偶及子女。2.父母。3.祖父母。4.孫子女。5.兄弟、姊妹。			
	給付標準	被保險人於加保期間死亡	年資每滿一年，按期月投保金額 1.3%發給。即月投保金額（基本工資）×投保年資×1.3%（基本保障三千元）。		
		被保險人於領取身障或老年年金給付期間死亡	按被保險人原領身障或老年年金金額之半數（基本保障三千元）。		
喪葬給付	請領條件	被保險人死亡。			
	給付標準	依月投保金額一次發給五個月喪葬給付。			
原住民給付	請領條件	年滿五十五歲未滿六十五歲之原住民，在國內設有戶籍，無下列情況之一，可以請領每人每月三千元： 1. 現職軍公教及公、民營事業人員。 2. 領取政務人員、公教人員、公營事業人員月退休金或軍人退休俸。 3. 已領取身心障礙者生活補助或榮民就養給付。			

		4.經政府全額補助收容安置。
		5.最近一年個人所得總額超過五十萬元。
		6.個人所有之土地及房屋價值合計超過五百萬元以上。
		7.入獄服刑、因案羈押或拘禁。
	給付標準	原住民給付將發至年滿六十五歲前一個月,年滿六十五歲時如為國民年金被保險人,或是曾參加過國民年金,改請領國民年金老年年金。

（資料來源：作者整理）

　　國民年金是一種社會保險制度,以全體國民為保險對象,目的是提供民眾生活上的保障。當民眾遭遇老年、殘障或死亡時,國民年金提供定期性繼續給付,以保障本人或其遺屬的生活。我國社會保險已開辦多年,使得許多民眾因而受惠。但為使社會保險制度更加周延,讓全民皆能享受保障,並改善現有制度之缺失,政府致力於國民年金制度的設立,以促使社會保險制度更加完善,補充原有制度之不足,使社會福利更為普及、公平,讓民眾擁有安全無虞的生活環境。國民年金保險的給付項目,可分為下列三大類:

表 15-2　國民年金保險的給付項目

項目	內涵
老年基礎年金	被保險人年滿六十五歲,且繳納十年以上的保險費者,依保險年資的長短領取年金給付。但國民年金保險開辦時年滿五十五歲的人,因為到六十五歲時無法累積繳費十年,因此採行優惠規定,其領取年金給付所需繳費年資,是以六十五歲減開辦時的年齡。另外,老年基礎年金依繳費年資計算年金給付,原則上繳費滿四十年才可以領到全額年金;但國民年金開辦時已超過二十六歲者,領取全額年金所需繳費年資,同樣採行優惠規定,就是依年齡遞減到年滿四十歲以上時為二十五年。
	延遲給付:如果超過六十五歲還在工作並繼續繳納保險費的人,就可以領取較多的延遲給付,原則上繳費年資每多一個月可多得 0.005 的全額年金。
身心障礙基礎年金	被保險人參加保險後,因故造成身心障礙,符合國民年金保險身心障礙基礎年金給付標準表所訂重度或極重度身心障礙等級者,可具請領年金給付。
遺屬基礎年金	被保險人或年金受益人死亡,被保險人繳費年資達保險期間的三分之二以上,其遺屬符合一定資格者,可請領配偶年金、母（父）子或孤兒年金。

（資料來源：作者整理）

政府開辦國民年金保險制度，不僅在補充現有社會保障的不足，並期以循序漸進的方式，帶動其他相關社會保險制度，改以年金給付方式，取代傳統一次給付，以為全體國民建立鞏固之老年基本經濟生活保障。

參、國民年金的保障特色

我國隨著平均壽命延長，出生率下降，老年人的人數和比例呈現顯著成長，早已邁入聯合國世界衛生組織所稱的高齡化社會，依據推估，至二〇二六年時，老年人口將占全國人口百分之二十。而隨著社會變遷與家庭結構改變，家庭扶持老人之傳統功能漸趨式微，子女供養老人比例逐年下降，因此提供國民老年生活的經濟安全保障，已成為我國社會安全體系中重要之一環。

國民年金是國家體現經濟安全（economic security）的目的，採符合國際潮流的年金化方式辦理，落實保障國民基本生活。制度的推行兼具雙重目的，積極面在於進行橫向的整合，以健全老人經濟安全制度，在於透過集體的力量以保障國民退休養老的生活，藉此使其在遭遇風險事故時，仍然有足以維持個人和家庭基本生活的收入。消極面，則是必須掌握時機，以免政治力量和選舉因素導致雜亂的津貼或是福利制度。主要的是當個人或家庭遭遇到貧窮、退休、死亡、殘障或失業等等事故，以致於使家庭收入暫時或永久的中斷或減少時，所提供的一種所得維持（income maintenance），藉以提供制度性規避風險的目的。國民年金的開辦使我國的社會安全網得以全面性建構，補足了以往社會保險制度的缺口，讓臺灣邁入全民保險的時代，落實政府全民照顧的理念。而採行「年金」方式辦理，不僅可以避免一次給付後，因資金運用不當所發生的損失，此外，年金制度有配合物價指數調整投保金額（投保金額為計算年金給付的基礎）的設計，可以避免因通貨膨脹造成給付縮水，以確實保障年金給付對象的生活需要。為近四百萬現無任何保險保障之國民開辦國民年金保險，提供被保險人國民年

金內涵的基礎年金保障，是國民年金制度的最大特色。而除了低收入戶自付部分保費由政府全額補助，具有所得重分配效果之外，「定額保費、定額給付」不必因人而易。兼具經濟性與社會性的雙重意義。

表 15-3　國民年金的保障特色

特色	內涵
可達成風險分擔	國民年金將採「社會保險」方式辦理，而社會保險本身，即具有「風險分擔」、「代間移轉」、「所得重分配」等功能。且國民年金保險包含有「身心障礙者及低收入者給予較高保費補助比例」及「給予分期或延期繳費」等之設計，已就民眾繳費能力予以考量。
所得重分配效果	政府負擔之保險費補助，係由全民繳納之稅收予以支付，亦可達所得重分配之效果。
與勞工保險接軌	由於家庭主婦或中壯人口進出勞動市場或職場轉換頻繁，國民年金制度之設計有必要與現行相關社會保險銜接，以加強我國現有社會保險制度之完整性及互補性。故「國民年金保險」乃規劃採以勞保內涵辦理，亦即費率及給付項目與勞保大致相同，且年資可銜接，以及老年給付單一窗口等設計，使未就業之配偶或中壯人口，亦享有與勞保加保對象同等之保障，便利將來與勞工保險制度之整合。
農民可擇一參加	國民年金保險將新進農民納入保障，現有農民亦可就國民年金保險或農民健康保險擇一參加，因此將使農保逐漸整合至國民年金，使農民獲得比農保更完善之保障。
整合敬老津貼	將敬老福利生活津貼納入老年年金給付，以整合現有津貼，避免債留子孫。國民年金開辦後，僅針對已年滿六十五歲或五年內滿六十五歲之國民續發放敬老福利生活津貼，對於參加本保險者，則將敬老福利生活津貼納入老年年金給付，以達整合現有津貼之目的。長期而言，敬老福利生活津貼將逐漸落日，可減輕政府財政負擔，避免債留子孫。
保障基本的生活	鑑於國內現有相關社會保險之老年給付制度均採一次給付方式，勢將難以因應國民預期壽命延長、通貨膨脹等因素所引發之老年經濟生活問題，是以，國民年金保險給付方式，採用符合國際潮流的年金化方式，亦即採用年金方式發給定期性、持續性給付，以保障該等國民老年及發生事故時的基本生活。
建構社會安全網	現行各項社會保險雖有加以檢討整合之必要，惟因各項社會保險給付不一致，短期整合不易。再者，各項社會保險之被保險人於發生老年、身心障礙或死亡時，已有社會保險給付，經濟保障暫不匱乏，為顧及因未參加各項社會保險者之權益，而以未享有社會保險老年經濟安全保障之國民為保障對象。

（資料來源：作者整理）

經由國民年金開辦，將使我國社會安全網得以全面性建構，以落實全民照顧之理念。國民年金之特色：

第一，國民年金採「社會保險」方式辦理，以達風險分擔及所得重分配效果。

第二，與「勞保年金制度」銜接，配合公保與軍保，建構全面性社會安全網。

第三，維護婦女給付，有配偶負擔保費義務，使婦女享有基本經濟安全保障。

第四，與敬老津貼相關之補助接軌，並兼顧民眾既有權益，以避免債留子孫。

第五，採取符合國際潮流的年金化方式辦理，以期能落實保障國民基本生活。

第六，提供老人、身心障礙者與遺屬給與，以期能有更適足的經濟安全保障。

隨著生育率降低及平均壽命的延長，世界各國幾乎都面臨到日趨嚴重的人口老化問題。而為因應高齡化對人類社會發展的影響與衝擊，先進國家多半已針對這一項議題，提出因應的策略方案。我國於一九九三年達到聯合國所定高齡化社會的標準，正式邁入高齡化國家之列，然而由於傳統家庭結構的改變，我國老年人口的扶養比正逐年遞減，因此未來老年生活所需的所得來源，是政府與全民所應共同關注的議題。一般福利周全國家多半藉由：社會保險體系、社會救助體系、以及福利津貼體系彼此之間的分工、職能，藉此形塑出一套縝密的社會安全網。國民年金在於突顯出老人此一族群所特有的生存處境及其相與對應的福利作為的意涵。

肆、國民年金待突破之處

　　國民年金制度的開辦，是為確保未能於相關社會保險獲得適足保障的國民，能夠於老年及發生身心障礙時的基本經濟安全，並謀其遺屬生活的安定。為避免國民年金未來從社會保險淪為社會救助、福利依賴及年金貧窮的問題，讓國民年金回歸社會保險的本質，真正成為國人的第一層保障，達到社會互助的理想。國民年金制度屬社會保險性質，採部分提存、確定給付方式，其保障範圍包括老年年金、障礙年金與遺屬年金。保險目的是為保障全體國民老年、發生身心障礙或死亡時，其本人及遺屬的基本經濟安全的一種制度。臺灣地區早已經進入高齡社會，上有平均壽命的延長，下有出生率的下降，以致老人的人數和比例呈現顯著成長；而隨著社會的變遷與家庭結構改變，傳統家庭成員相互扶持的功能逐漸式微，使得各界普遍強調老年問題的重要性。在消除「活得太久的恐懼」。依據《老人福利法》的規定，攸關到老人經濟生活安全的保障，是採取生活津貼、特別照顧津貼以及年金保險制度的方式，因此政府推動國民年金制度，以保障老人基本經濟生活。

　　國民年金提供老年經濟保障，將為經濟弱勢人口提供一個相當的保障。目前世界各國的趨勢，老年經濟安全保障是政府的責任，也是國民個人的責任，而我國的社會救助制度，亦將隨著年金制度的落實，進而產生重大的變革。雖然政府對於弱勢老年民眾的生活扶助支出將逐漸減少，但對於一般弱勢人口的保費補助勢將不斷的增加，除了現有的全民健康保險費的補助外，將額外增加國民年金保險的保費補貼。其中涉及福利津貼、保費補助與財源籌措等幾方面，為謀永續發展，實有賴突破之處，如：

表 15-4　國民年金提供老年經濟保障突破之處

項目	內涵
財政負擔	國民年金為長期性、永續性的社會保障制度，其財源以具有穩定成長、普遍性質等特性者為宜，故應繳之營業稅加徵附加捐，作為開辦國民年金制度時政府財務負擔之特定財源。政府對於弱勢保險的最後保證及世代契約的承諾，無可厚非以加重比例的保費補貼（40 至 100%），作為穩定財務支撐的來源，然而，尋求收支平衡原則及永續經營是所有國家年金改革的重點，可以預見的是，這項保險將無法以被保險人繳納之保險費為基金而支撐起此一制度的運作，因此，所謂的公益彩券盈餘、營業稅以及公務預算等，恐怕將成為這項保險的重要後援。這亦違反社會保險之原理，因為「逆選擇」的必然出現，未來將出現財務危機。
世代公義	國民年金在執行前就碰到生育率下降的現象，而又是年輕人繳錢給老年人領取的設計。現在的中年人可以以低額繳費獲得高額給付；但目前的年輕人在未來的給付則是建立在未來擁有足夠的年輕人口上，目前的年輕人很可能在未來無法獲得合理給付。
所得替代	由於現行公、軍、勞保的被保險人有選擇新舊制的權利，因此，整體而言，還不至於降低其勞動意願；至於其他國民，是否因而影響勞動意願，則與所得重分配性質和所得替代率有關，也就是要看給付水準的高低及政府保費補助高低而定，如果國民年金制度政府補助保費之比例傾向一致，對勞動意願即不構成影響。
勞動參與	實施國民年金制度是否會降低勞動意願，基本上和制度的設計有關；只要讓延後退休者的給付水準更高，基本上即不至於誘導提早退休。國民年金保險的給付標準，約每人 GDP 之 30%，尚不足以誘使勞工退出勞動市場，且各保險年資可銜接，年滿六十五歲以上開始領取老年基礎年金，反而可以促進中高齡勞工再就業。因此，為免對勞動就業產生負面影響，年金制度的所得重分配性質應當控制到合理程度。
失業稅賦	由於國民年金保險的對象是二十五歲以上六十五歲以下無軍公教勞農保的人，此與失業人口有很大的重複性，因此國民年金從開辦之日起，就被失業民眾詬病為政府向人民徵收失業稅。在人口老化的趨勢下，如何安善運用國民年金的龐大經費，提高報酬率，設法提高累積準備的比率，將是未來制度規劃上應當加強之處。
降低儲蓄	由於國民年金制度等於是以國家福利代替個人儲蓄，對國民儲蓄的影響程度，又須視財務制度是否為隨收隨付制或提存準備制而定。年金恐使個人儲蓄降低，主要是因為現收現付制的關係。其他搭配性的獎勵個人儲蓄措施，也很重要。

替代役男	由於年滿二十五歲之替代役男如同義務役士兵一般，都具有被國家強制徵召而不能工作的特性，但是卻因為沒有現役軍人身分無法參加軍人保險，所以通通都是國民年金保險的納保對象，不像軍人保險是由政府支付。造成替代役男另外繳保險費。
柔性加保	國民年金是屬於柔性強制加保，基本上欠費除了加計利息之外，並不會像健保一樣強制執行。唯獨一種情況例外，夫妻具有連帶幫對方繳納保費之義務。如果一方有積欠保費之情況，勞保局國民年金業務處會對另一方處以罰鍰和強制執行。
道德風險	在勞保年金條件較優渥下，不少加保人可能會選擇鑽漏洞，加入職業工會成員在理性選擇後容易以採納勞保年金，留下的多是沒能力繳保費、必須依賴政府補助者，反而讓期待保障弱勢的國民年金制度更弱勢。
行政負擔	國民年金制度一旦建立就很有可能像現在的全民健保制度一樣面臨人口結構、政治決策的風險及管理成本的持續成長的困難問題，以至於保費補助與年金給付可能成為龐大的財務負擔。

（資料來源：作者整理）

　　觀察先進國家的國民年金制度為因應人口變遷趨勢均有較大幅度的改革，如二〇〇五年世界銀行提出的年金改革方案，建議年金體系應分為五柱，國家、市場與家庭都必須在年金體系中擔負一定的責任，以逐漸減緩國家在年金體系中的財務壓力。此乃由於人口老化日趨嚴重，老年年金給付增加快速，已嚴重影響其國民年金制度財務的健全，加以經濟發展遲緩，不足以因應龐大的老年給付支出。如以提高費率來挹注的方式卻又導致納保人負擔的增加，進一步影響經濟發展，致使財務問題更為嚴重。因此，各國多以降低給付、減少支出或限制給付資格與條件，作為老年年金制度改革的重點，如美國於一九八三年的《社會安全法案》修正案中，即已規劃將給付年齡於二十一世紀初逐步提高至六十七歲，以求制度財務之健全，並減緩對經濟發展的不利影響。

　　社會制度與社會環境關係密切，十九世紀，「人生七十古來稀」，社會的政策著眼的是以青壯年作為規劃的主軸。而今臺灣平均壽命接近八十，據預估，三、四十年後，平均餘命或將達九十歲。因此，我們不能用百年前的人口結構模式，來規劃未來社會的建構藍圖。大體而言，在二十世紀

九〇年代開始，世界各主要國家實施國民年金制度的趨勢，便已逐漸視經濟條件的改變而逐漸調整其相關的費率或保費，若將各國實施國民年金制度的主要改革趨勢加以歸納，則可發現其未來的趨勢如下述：

1. 提高給付開始年齡以縮小支付的總額。
2. 改變給付計算公式及降低年金給付額。
3. 提高合於領取年金的最低合格的期間。
4. 依物價而非薪資增加調整年金給付額。
5. 提高領取全額年金給付的繳費年資數。
6. 利用所得或資產調查來訂定給付額度。

就儲蓄行為來說，國民年金將使「養兒防老、積穀防飢」的觀念日趨淡薄而減少終身儲蓄的數量，使社會的資本量不足。有鑑於國民年金開辦以後所產生的財務不平衡日趨嚴重，必須調高費率才能解決全民健保的相關問題，若從先進國家近年來的改革經驗，提高費率或增闢新財源以資因應，均有導致勞動成本上升、影響參與意願之可能性，唯有訂定合理的給付支出，有效地控制成本，方能確保國民年金制度長期存在，並確保經濟的持續發展。

面對老年人口急速增加的結構性改變，我們必須從革命性的觀點，以正向的思維和行動，迎接高齡化的時代巨流；停止並改變對老年人的偏見與歧視，積極思考人類平均餘命增加，對個人和社會發展的可能性，進而建立「全齡社會」，讓所有人都不會因年齡而被排斥、歧視，讓不同年齡的人都能共有、共存、共榮和共享，讓現在和未來的老年人，都能生活在充滿希望的世界。讓國民年金制度可以順利推動並實施，而所有各國實施國民年金制度的經驗，都是我國實施國民年金制度興革的重要借鑑。針對國民年金的永續，宜朝向的變革措施包括：延後退休、調降給付、增加政府補助；或透過減稅吸引事業單位辦理職業年金或增加保費補助；鼓勵民眾購買私人年金保險等方式，將老年經濟安全問題外部化，以「加層化」（layering）方式逐步提高「民營分擔」在年金體系中的重要性，藉此減輕國家的責任與負擔。

結語

　　由於生活水準與醫療技術的不斷提升，退休後老人的平均壽命也不斷延長。我國人口老化問題越來越嚴重。經建會估計，因出生率下降及高齡人口增加，二○一六年開始我國的「扶老比」將超越「扶幼比」。此外，我國男性二十四歲以下者、以及四十五歲以上中高齡人口的勞動力參與率，均較亞洲主要經濟體的新加坡、南韓、日本、香港為低；另比較高中職畢業升學人數、國人平均受教育年數（約十六點二年）、實際退休年齡等面向，我國勞動力明顯呈現較晚進入就業市場、較早退休離開職場的「晚入早退」現象。顯示我國將面臨人口老化、勞動力逐漸短絀等人口結構變遷挑戰。平均壽命的延長，不僅意謂著大多數的人可以活得更久，而且活到老年的人，他們預期的壽命也更長。但平均餘命的延長將導致退休後時期的增長，及相對風險的提高。人們勢必在勞動期間積蓄更多的資產，或者以年金的確定給付領取方式，以因應年老後生活的費用，否則，平均餘命的延長將帶給老人更大的經濟風險與壓力。

　　以我國重視家庭，傳統上的安老及養老資源往往是透過家庭移轉，如：養兒防老的作為。隨著社會快速變遷，當面對著極高風險與不確定性，原有措施已無法滿足民眾的保障。如果沒有將一部分風險經由社會化處理轉移政府承擔，或是其他更妥善制度化之年金式確定給付經濟保障措施，這些老人之經濟風險將難以降低。觀之，我國社會保障係採取社會保險制度，於憲法即明文規定：「國家為謀社會福利，應實施社會保險制度。人民之老弱殘廢，無力生活，及受非常災害者，國家應予以適當之扶助與救濟。」當人們的生活改善時，則往往傾向於老年時亦能夠維持既定的生活，因此富裕的社會往往伴隨著經濟安全的強烈需求。政府二○○八年就開辦國民年金，以保障國人之老年生活，回應國民年金之長治久安的期待上，所牽

涉到的變項因素已經是超乎老人權益的單一考量。其次，「國民年金」雖與健保、失業保險同為社會保險之一環，但由於其所實施內容更著重於全面性的國民經濟需求，有助擴大我國社會保險的保障範圍，其所影響層面亦更為廣泛，對於高齡者帶來基本保障，為年金制度中重要的社會安全機制。

第十六章　職業年金與社會保障

前言

　　隨著人口老齡化的發展和公共養老金負擔的加重，職業年金已經成為養老保險體系中的一根重要支柱。社會安全保障，意指全體經濟活動人口在不同的勞動階段與境遇中處於一種有確實保障與發展機會，而無虞陷入生活困境或免受失業等社會風險因素威脅之總體樣態。

　　職業年金，也稱企業年金，是私營經濟部門為本企業員工提供的一種補充養老保險。勞動人口種種在職工作與福利權益能獲得確實保障，除得以遠離失業與職災風險因素之威脅外，並有人格發展與自我實現之機會；同時失業者、特定待業者與低度就業者皆能獲得應有的經濟安全保障，而無虞陷入生活困境。與強制性的公共養老保險制度相比，職業年金往往由雇主根據強制法律、集體談判結果或者自願原則建立，政府參與少，但往往給予一定稅收優惠。為實現此一總體勞動樣態，國家必須建構積極的就業促進制度、健全的勞動保護及權益保障法制以及失業所得維護體系，以形成有效的社會安全制度。

壹、職業年金的作用

　　「國者人之積也，人者心之器也。」組織的成就需要依賴所屬成員的貢獻，企業的成長須賴員工的積極努力。員工激勵的目標必須和企業的發

展緊密連繫，激勵員工的動機就是要設法使員工看到自己的需要與企業目標之間的連繫，使他們處於一種驅動狀態，他們在這種狀態的驅動下所付出的努力不僅滿足其個人需要，同時也通過達成一定的工作績效而實現企業目標。激勵對於激勵員工潛在的積極性，使員工出色完成工作目標以及不斷提高工作績效都有十分重要的作用。所以說職業年金是一種具有積極意義的福利計畫，它在提高員工福利的同時，為企業解決福利中的難題提供了有效的管理工具，發揮了增加企業凝聚力、吸引力的作用。

職業年金是企業的一種福利，就其實施則職業年金與企業福利在本質上仍有若干的差異。

表 16-1　職業年金與企業福利的比較表

職業年金	企業福利
職業年金是社會保障，職業年金的安全機制發生在退休之後。	企業福利強調各項福利的提供，如：休閒活動補助，是當期消費。
職業年金體現效率；重點體現效率，企業經濟效益好壞、個人貢獻大小等，都可以導致職業年金提列的差異。	福利體現公平，企業的福利項目一般與生活需求等物質條件直接相關，與人的地位、級別沒有關係，福利標準對事不對人。
職業年金屬於一般分配範疇。	福利屬於再分配範疇。

（資料來源：作者整理）

隨著知識經濟的到來，越來越多的企業認識到，企業的競爭歸根結底最終是人的競爭。企業單位建立良好的員工福利保障制度，充分解決員工的醫療、養老、職災及死亡撫卹等問題，有利於落實人力資源管理制度，從而吸引優秀人才加盟。

表 16-2　職業年金的作用

作用	內涵
樹立良好的企業形象	伴隨著人才流動機制已逐步形成，企業有選擇人才的權利，個人也有擇業的自由，人才的合理流動已成為時代的潮流。
吸引和留住優秀人才	切實保障了員工利益，穩定了現有員工隊伍，增強了企業的凝聚力，激勵員工的積極性，對提高企業經濟效益具有積極的促進作用。

有利公平合理的分配	根據期望理論，當員工認為努力會帶來良好的績效評價時，他就會受到激勵進而付出更多的努力。職業根據員工的貢獻，設計具有差異性的年金計畫，在設計年金計畫時，企業可以充分利用年金保險的靈活性特點，打破傳統薪酬福利的「平均主義」原則，對於不同服務年限、不同職級、不同崗位、不同貢獻的員工提供不同的保障計畫，服務年限長、職級高、技術高、貢獻大的員工的保障額度更高，保障計畫更全面。
充分發揮員工的潛能	建立差異化的職業年金制度，運用年金計畫中「權益歸屬」的設定，利用福利，留住人才。可在單位形成激勵氛圍，激勵員工的工作積極性，發揮自身的最大潛力，為企業的發展多做貢獻。
實現對員工有效激勵	在職業年金的計畫中，設定權益歸屬方案，規定服務滿一定的年限後方可獲得相應的年金權益，與即時兌現的獎金福利相比，職業年金既使員工得到了鼓勵，又達到了類似期權的良好效果，而且操作上又比期約要簡單、方便得多。同時，設制權益歸屬還將與未來國家可能設立的遞延納稅政策很好地銜接。

為企業和個人的節稅	繳費、增值期間	企業購買年金保險，除了可充分利用國家財稅政策，無須繳納企業所得稅；與假定企業進行其他投資形式相比，在假定投資收益率相同的情況下，由於保險作為複利計算，只在最終扣除相關稅金，而其他投資每年都將扣除相應的所得稅，因此年金保險與其他投資形式相比，將會獲取更大收益。
	領取期間，將保險儲蓄轉換為養老金	個人收入一生均勻化可使企業福利最大化。假設企業給其員工一生的福利費用總額一定，其員工建立的職業年金由於權益歸屬或權益實現的原因，在年金領取之前是不交個人收入調節稅的。根據現行的個人收入調節稅徵繳辦法來看，個人收入調節稅將在年金領取時徵收。如果市場利率與資金增值率相同，現值相同的資金分不同時期的現金流入，最後的終值必然相等。但由於退休後總收入（基本養老保險收入＋企業年金收入）相對下降，從總量上看，可節約相當數量的稅金。

（資料來源：作者整理）

　　職業年金不僅是勞動者退休生活保障的重要補充形式，也是企業激勵職工積極性，吸引高素質人才，穩定職工隊伍，增強企業競爭力和凝聚力的重要手段。它的主要作用和功能至少可以概括為三個方面：

表 16-3　職業年金的功能

功能	內涵
分配功能	職業年金既具有國民收入初次分配性質,也具有國民收入再分配性質。因此,職業年金形式的補充養老金計畫又被視為對職工的一種延遲支付的工資收入分配。
激勵功能	職業年金計畫根據企業的盈利和職工的績效為職工年金個人帳戶供款,對於企業吸引高素質人才,穩定職工隊伍,保障職工利益,激勵職工的勞動積極性和創造力,提高職工為企業服務的自豪感和責任感,從而增強企業的凝聚力和市場競爭力,獲取最大經濟效益,又是一種積極而有效的手段。
保障功能	建立職業年金可以在相當程度上提高職工退休後的養老金待遇水平,解決由於基本養老金替代率逐年下降而造成的職工退休前後的較大收入差距,彌補基本養老金保障水平的不足,滿足退休人員享受較高生活質量的客觀需求,發揮其補充和保障的作用。

（資料來源：作者整理）

　　職業年金被稱為社會年金保障「第二層保障」,是社會安全的重要組成部分,在企業的經營管理中發揮著不可替代的重要作用。越來越多的企業走上了年金制度,它必將對現代企業乃至整個社會都產生舉足輕重的作用。很多企業在用高薪酬福利制度實現激勵的同時,用期約的形式作一些規定以發揮到留住人才、長期規劃的目的。職業年金類型、繳費標準、支付水準和基金管理形式多樣,大多進行市場化投資,積累資金的投資收益率較高,但風險也大。

貳、職業年金的類型

　　社會安全的內容通常分為社會保險（social insurance）、社會救助（social assistance）、福利服務（welfare service）等。其中社會保險與社會救助的差異如下：

表 16-4　社會保險與社會救助的比較

項目	社會保險	社會救助
功能	防貧	濟貧
本質	是一種危險分攤（risk distribution）的制度。	是一種所得移轉（income transfer）的制度。
適用範圍	以生產人口的職業取向或者以全民為主要對象。	以老弱殘障等的特定人口為實施對象。
財源籌措	以勞雇雙方繳納保險費為主。	以政府稅收為課收方式。
給付資格	不必經資產調查（means test）的手續。	須經資產調查的手續。

（資料來源：作者整理）

　　社會保險與社會救助兩者間各有其特殊的差異性，但亦有其互補性。職業年金屬社會保險的一環，就其內容可區隔為：

表 16-5　職業年金的類型

區分	類別	內涵
遵循的會計處理方法	設定繳存基金	設定繳存基金為每個計畫參與者提供一個個人帳戶，並按照既定的公式決定參與者的繳存金額，並不規定其將收到的福利的金額；將來在其有資格領取養老金時，個人所收到的養老金福利是取決於其個人帳戶的繳存金額，這些繳存金額的投資收益以及可被分攤到該參與者帳戶的其他參與者罰沒的福利。這樣基金的企業承擔了按預先的協議向職工個人帳戶繳費的責任。當職工離開企業時，其個人帳戶的資金可以隨之轉移，進入其他企業的職業年金帳戶，這在一定程度上降低了職工更換工作的成本，促進了人力資源的流動。設定繳存基金的會計處理較為簡單。因為企業僅承擔按期向帳戶繳費的義務，不承擔職工退休後向職工支付養老金的義務，也不承擔與職業年金基金有關的風險，這些風險將由職業年金基金的託管機構或基金參與者自行承擔。因此，企業向基金管理者繳存的資產不再確認為企業的資產，企業當期應予確認的養老金成本是企業當期應支付的企業年金繳存金，確認的養老金負債是按照基金規定，當期及以前各期累計的應繳未繳企業年金繳存金。

	設定受益基金	設定受益計畫是基金主辦者按既定的金額提供養老金福利的職業年金;福利的金額通常是一個或多個因素的函數,如參加者的年齡、服務年數或薪資;該福利既可以是一筆年金,也可以一次性支付。在這一基金下,按期足額支付養老金的責任由基金主辦者承擔,如果到期不能按照原先的約定支付養老金,則違約責任亦應由基金主辦者承擔,換言之,基金主辦者承擔了不能足額支付的風險、投資失敗風險、通貨膨脹風險等一系列風險;而該基金的參與者如果提前離開企業,則他過去服務所賺得的養老金福利很有可能部分、甚至全部喪失。由於設定受益基金需要涉及大量的精算假設和會計估計,如職工未來養老金水準、領取養老金的年數、剩餘服務年限、未來薪資水準、能夠領取養老金的職工人數的折現率等,故其會計處理比較複雜。企業當期應確認的養老金成本除當期服務成本外,還涉及過去服務成本、精算利得和損失與利息費用等項目。企業對職工的養老金義務符合負債的定義,因此,理應確認為企業的一項養老金負債。養老金負債是企業採用一定的精算方法、估計合適的折現率所計算出的未來需要支付的養老金總額的折現值。
根據法律規範的程度	自願性企業年金	以美國、日本為代表,國家通過立法,制定基本規則和基本政策,企業自願參加;企業一旦決定實行補充保險,必須按照既定的規則運作;具體實施方案、待遇水平、基金模式由企業制定或選擇;雇員可以繳費,也可以不繳費。
	強制性企業年金	以澳大利亞、法國為代表,國家立法,強制實施,所有雇主都必須為其雇員投保;待遇水平、基金模式、籌資方法等完全由國家規定。
根據待遇計發辦法	繳費確定型企業年金	經由建立個人帳戶的方式,由企業和職工定期按一定比例繳納保險費(其中職工個人少繳或不繳費),職工退休時的企業年金水平取決於資金積累規模及其投資收益。其基本特徵是: 1. 簡便易行,透明度較高。 2. 繳費水平可以根據企業經濟狀況作適當調整。 3. 企業與職工繳納的保險費免予徵稅,其投資予以減免稅優惠。 4. 職工個人承擔有關投資風險,企業原則上不負擔超過定期繳費以外的保險金給付義務。
	待遇確定型企業年金	1. 透過確定一定的收入替代率,保障職工獲得穩定的職業年金。 2. 基金的積累規模隨薪資增長幅度進行調整。 3. 企業承擔因無法預測的社會經濟變化引起的職業年金收入波動風險。

根據資金籌集和運作模式	確定提撥（DC制）	意義	通過建立個人帳戶的方式，由企業和職工定期按一定比例繳納保險費（其中職工個人少繳或不繳費），職工退休時的職業年金水平取決於資金積累規模及其投資收益。
		特徵	1.簡便易行，透明度較高。 2.繳費水平可以根據企業經濟狀況作適當調整。 3.企業與職工繳納的保險費免予徵稅，其投資收入予以減免稅優惠。 4.職工個人承擔有關投資風險，企業原則上不負擔超過定期繳費以外的保險金給付義務。
		優點	1.簡便靈活，雇主不承擔將來提供確定數額的養老金義務，只需按預先測算的養老金數額規定一定的繳費率，也不承擔精算的責任，這項工作可以由人壽保險公司承擔。 2.養老金計入個人帳戶，對雇員有很強的吸引力，一旦參加者在退休前終止養老金計畫時，可以對其帳戶餘額處置具有廣泛選擇權。 3.本計畫的企業年金不必參加養老金計畫終止的再保險，如果雇員遇到重大經濟困難時，可以隨時終止養老金計畫，並不承擔任何責任。
		缺陷	1.雇員退休時的養老金取決於其個人帳戶中的養老金數額，參加養老金計畫的不同年齡的雇員退休後得到的養老金水平相差比較大。 2.個人帳戶中的養老金受投資環境和通貨膨脹的影響比較大，在持續通貨膨脹，投資收益不佳的情況下，養老金難以保值增值。 3.確定提撥計畫鼓勵雇員在退休時一次性領取養老金，終止養老保險關係，但因為一次領取數額比較大，退休者往往不得不忍受較高的所得稅率；此外，確定提撥計畫的養老金與社會保障計畫的養老金完全脫鉤，容易出現不同人員的養老金替代率偏高或偏低。
	確定給付（DB制）	意義	指繳費並不確定，無論繳費多少，雇員退休時的待遇是確定的。雇員退休時，按照在該企業工作年限的長短，從經辦機構領取相當於其在業期間工資收入一定比例的養老金。參加確定給付計畫的雇員退休時，領取的養老金待遇與雇員的工資收入高低和雇員工作年限有關。計算公式是：雇員養老金＝若干年的平均薪資×係數×工作年數。

	特徵	1.透過確定一定的收入替代率，保障職工獲得穩定的職業年金。 2.基金的積累規模和水平隨工資增長幅度進行調整。 3.企業承擔因無法預測的社會經濟變化引起的企業年金收入波動風險。 4.一般規定有享有資格和條件，大部分規定工作必須滿十年，達不到則不能享受，達到條件的，每年享受到的養老金額還有最低限額和最高限額的規定。 5.該計畫中的養老金，雇員退休前不能支取，流動後也不能轉移，退休前或退休後死亡的，不再向家屬提供，但給付家屬一定數額的一次性撫卹金。
	比較	1.確定提撥計畫保險金給付水準最終受制於積累基金的規模和基金的投資收益，個人要承擔年金基金投資風險。 2.確定給付計畫保險金給付水準取決於個人退休前的薪資和工作年限，在沒有全面建立起物價指數調節機制前，就會面臨通貨膨脹的威脅。
		對確定提撥計畫而言，只有資本交易市場完善，有多樣化的投資產品可供選擇時，年金資產管理公司才能有既定收益，保證對年金持有人給付養老金和對投資收益的兌現；對確定給付計畫而言，更適應於金融市場還不是很完善的國家。

（資料來源：作者整理）

從目前國際上的發展趨勢看，確定提撥制度已經成為多國在職業年金規劃的主要樣態。於建立職業年金的企業多半具備：第一，依法參加基本養老保險並履行繳費義務；第二，具有相應的經濟負擔能力。

參、建立年金的原則

職業年金制度作為公共養老保險的主要支柱，在養老金制度中占有重要地位，是多層次社會保障體系中不可缺少的一環，而社保基金也是發展資本市場的需要。隨著對養老體制的重視，近幾年來職業年金發展迅速，

並且存在著進一步加速發展的趨勢，未來將有越來越多的企業建立職業年金。就職業年金經辦管理主要採取兩種形式：

表 16-6　職業年金的形式

類型	內涵
專業機構管理	對大多數不具備自行設立職業年金管理機構條件的單位，尤其是已建立職業年金計畫的中小企業，可以以委託方式將本單位職業年金的全部事務委託給職業年金專業工作機構經辦管理。雙方以委託協議形式確立委託人與受託人的法律關係，約定相關權利義務和具體事項。職業年金工作機構嚴格依照法律法規的規定和委託協議的約定，履行受託人的義務，承擔受託人的法律責任，負責為委託人及其職工建立並管理年金個人帳戶，負責對受託職業年金資金進行市場化運營和管理，負責年金待遇支付等全部事務。
企業自建自管	具備自行設立職業年金管理機構條件的用人單位，可以根據需要設立職業年金理事會及其相應的專門管理機構，負責本單位職業年金計畫的個人帳戶、年金資產、基金運營、待遇支付等全部事務的經辦管理。但建立自營機構的單位，必須將企業年金資產與本企業資產相分離，以保障職工在企業年金方面的權益。由於自設管理機構必然會相應增加企業的事務負擔和管理成本，因此這種管理形式通常僅適合於大型企業，以及行業集團採用。

（資料來源：作者整理）

職業年金與基本養老保險既有區別又有關聯，其區別主要體現在兩種養老保險的層次和功能上的不同，其連繫主要在兩種養老保險的政策相互連繫、密不可分。職業年金實行市場化運營。職業年金由企業和員工共同承擔，用人單位建立職業年金計畫應遵循以下原則：

表 16-7　建立職業年金計畫的原則

原則	內涵
民主原則	建立職業年金計畫，應由用人單位與工會組織或職工代表集體協商確定。《職業年金方案》應徵得本單位工會組織同意。
效益原則	企業年金供款資金主要來源於企業經營成果和經濟效益的增長，供款金額可以隨經濟效益變化適度調整。經濟效益增長快時可以提撥多一些，經濟效益增長慢時可以提撥少一些，經營出現虧損時可以暫停提撥。

激勵原則	用人單位可以根據盈利情況和職工的績效考核以及其他利於本單位發展的因素確定每個職工的不同提撥，形成有利於穩定職工和激發工作熱情的激勵機制。
保障原則	用人單位建立職業年金計畫的目的是彌補基本養老保險保障的不足，為職工提供較為滿意的退休生活保障。

（資料來源：作者整理）

　　隨著市場經濟的發展，企業認識到競爭歸根結底是人的競爭。但是，伴隨著全球化，人才流動機制已逐步形成，企業有選擇人才的權利，個人也有擇業的自由，人才的合理流動已成為時代的潮流。職業年金是一種良好的福利計畫，它在提高員工福利的同時，為企業福利中提供了有效的管理工具，發揮增加企業凝聚力、吸引力的作用。

表 16-7　職業年金的優點

優點	內涵
吸引和留住優秀人才	企業單位建立良好的員工福利保障制度，充分解決員工的醫療、養老、職災及死亡撫卹等問題，建立職業年金制度，有利於樹立良好的企業形象，落實人力資源管理制度，增加市場競爭力，從而吸引優秀人才加盟。同時，又切實保障了員工利益，穩定了現有員工隊伍，增強了企業的凝聚力，激發了員工的積極性，對提高企業經濟效益具有積極的促進作用。
形成公平的分配制度	企業根據員工的貢獻，設計具有差異性的年金計畫，有利於發揮員工的潛能。根據期望理論，當員工認為努力會帶來良好的績效評價時，他就會受到激勵進而付出更多的努力。在設計年金計畫時，企業可以充分利用年金保險的靈活性特點，打破傳統薪酬福利的均等原則，對於不同服務年限、不同職級、不同職位、不同貢獻的員工提供不同的保障計畫，服務年限長、職級高、技術強、貢獻大的員工的保障額度更高，保障計畫更全面。而服務年限短、職級低、技術低、貢獻小的員工的保障額度較低，保障計畫較單一。
有效激勵及留住人才	在職業年金的計畫中，設定權益歸屬方案，規定服務滿一定的年限後方可獲得相應的年金權益，與即時兌現的獎金福利相比，職業年金既使員工得到了鼓勵，又達到了類似期權的良好效果，而且操作上又比期權要簡單、方便得多。同時，設制權益歸屬還將與未來國家可能設立的遞延納稅政策很好地銜接。

	建立職業年金制度，在提高員工福利的同時，利用國家有關稅收政策，可將職業年金透過避稅增加企業福利的問題。假定企業購買年金保險，除了可充分利用國家財稅政策，無須繳納企業所得稅；與假定企業進行其他投資形式相比，在假定投資收益率相同的情況下，由於保險作為複利計算，只在最終扣除相關稅金，而其他投資每年都將扣除相應的所得稅，因此年金保險與其他投資形式相比，將會獲取更大收益。
為企業個人合理節稅	

（資料來源：作者整理）

　　養老保險體系，其由基本養老保險、職業年金和個人儲蓄性養老保險三個部分組成。職業年金制度已走向規範化運作，越來越多的企業走上了年金制度這條道路，它必將對現代企業乃至整個社會都產生舉足輕重的作用。職業年金和基本養老保險都是國家的社會養老保障體系的組成部分，且符合社會保障體系。

表 16-9　職業年金與國家年金的差異

類別	職業年金	國家年金
強制保障	職業年金在大多數國家一般由企業在自願的基礎上建立，可以自主管理也可以託管。	基本養老保險採取國家強制加入的模式，管理機構的經費納入國家財政預算由政府統一安排，政府機構進行管理。
基本保障	職業年金屬於私人產品。	公共產品，因為養老保險具有一定的排他性。但屬於非私人產品。
基金積累	職業年金大多採用基金積累制，實行個人保障。	基本養老保險統籌模式一般採取現收現付制，通過代際贍養實現保障。
投資效益	職業年金的基金投資手段一般集中於資本市場，手段更多樣化。	基本養老保險基金由政府管理和運營，保值增值手段一般是儲蓄和購買國債。
公平原則	職業年金更注重效率原則，是一種具有激勵功能的福利手段。	基本養老保險注重公平原則與收入再分配作用。
責任主體	職業年金的責任主體是企業自身。	政府主辦且是政府直接責任。

（資料來源：作者整理）

　　職業年金計畫不屬於商業保險範疇。職業年金與商業保險的壽險產品有某些相似之處，但絕不是商業壽險產品。其區隔如後：

表 16-10　職業年金與商業保險的壽險產品的差異

類別	職業年金	商業保險
基本不同	職業年金屬於企業職工福利和社會保障的範疇，不以盈利為目的。是否建立企業年金，是企業勞資談判中勞動報酬和勞動保障的一項重要內容。	商業壽險產品則是商業保險公司以盈利為目的的保險商品。
政府政策	為推動職業年金制度的發展，鼓勵有條件的用人單位為職工建立職業年金計畫，政府在稅收、基金運營等方面給予優惠，允許一定比例內的企業繳費在成本中列支，職業年金所需費用由企業和職工個人共同繳納。企業繳費的列支渠道按國家有關規定執行；職工個人繳費可以由企業從職工個人工資中代扣。	商業壽險產品則一般沒有國家政策優惠。職工向商業保險公司購買財產保險、人身保險等商業保險，屬於個人投資行為，其所需資金一律由職工個人負擔，不得由企業報銷。
產品規範	職業年金計畫不是標準化產品，它往往因企業經營特色和職工結構不同而具有個性化的特點；只要勞資雙方達成一致，企業年金計畫的供款可以調整或中止。	壽險保單是標準格式化產品，可以向個人按份出售。壽險合同一經生效，投保人必須按保單約定的金額繳費，保險人必須按保單約定的金額給付保險金。
管理機構	職業年金可以由企業或行業單獨設立的企業年金機構經辦管理，也可以是社會保險經辦機構專門設立的企業年金管理機構經辦。	商業保險的壽險產品則只能由商業人壽保險公司經辦。

（資料來源：作者整理）

肆、職業年金的管理

　　職業年金的管理是一個長期的、複雜的過程。在此過程中，與風險管理有關的制度安排以及這些制度的運作效率是影響管理效果的關鍵。信用管理是指通過制定資訊政策，指導和協調各機構業務活動，包括內部控制、監理機能、風險管控等，以保障受保障者的權益。大多數發達國家都有自己的職業年金體系，在美國有超過百分之七十的企業加入了職業年金計畫，德國和

日本則分別為達到或接近半數；從替代率觀點先進國家職業年金的替代率約占百分之三十至五十。從職業年金管理觀點應重點做好以下幾項工作：

表 16-11　職業年金角度應重點做好以下幾項工作

項目	內涵
落實稅收和市場的運作	職業年金和基本養老保險不同的是職業年金管理運作模式更適合採取市場化方式。以美國為例，職業年金已經有百餘年的歷史。發展至今，職業年金計畫產生了多種不同的模式，投資方向也包括股票、債券、房地產等。更為市場化的職業年金顯然更加需要完善的配套法律和政策。
同步規範職業年金資金	隨著職業年金日益受到重視，使得年金基金總量逐步擴大，在推進職業年金增量發展的配套法律和政策的及監督管理機制的建立也需要與時俱進，以期有效規範及引導。
加強職業年金管理監督	完善的職業年金監管有利於保護計畫受益人的權益，保障社會穩定，有利於培育年金市場健康發展，有利於推動和促進金融市場發展，是完善年金監督管理的重要環節。職業年金監督管理包括：職業年金參與機構管理交易、企業繳費、參與機構的治理結構、營銷環節、投資獨立性、訊息報告等環節的監督和管理必須引起足夠的重視。

（資料來源：作者整理）

　　職業年金是一個新興的年金保障制度，對應於現代社會的安全保障需要做好風險管理（Risk Management），風險管理強調的是藉由有效的管理作為，將可避免的風險、成本及損失極小化。理想的風險管理，可以預先排定優先次序，有效把握優先處理足以引發最大損失及發生機率最高的事件，其次再處理風險相對較低的事件。同時也要面對如何運用有效資源的作為，以最少的資源化解最大的危機。風險管理是透過辨識、預測、監控以期能控制風險，採取有效方法設法降低成本；有計畫地保障職業年金順利運作。

　　年金在運行過程中面臨的風險很多，主要風險是信用風險和投資風險。信用風險是指職業年金的受託人、託管人、投資管理人或帳戶管理人違約而給受益人造成直接或間接的損失風險。信用風險根植於職業年金的治理結構之中。在這種「信託—委託」關係鏈中，受託人、帳戶管理人、託管人和投資管理人的信用風險狀況如何，將直接影響職業年金計畫運行

的成敗與否，所以信用風險是進行職業年金風險管理時首先要考慮的風險。而信用風險最終表現形式是違約。投資風險是指在對職業年金進行投資時，由於市場的波動性所造成的收益不確定性，特別是投資收益低於目標值甚至發生虧損的可能性。在職業年金的運作流程中，投資管理是一個極其重要的環節。一旦投資失敗將會直接影響受益人的經濟利益，甚至會導致整個年金計畫的失敗，而且投資風險是和投資人的信用風險連繫在一起的，投資失敗在很大程度上會引發信用風險。

表 16-12　職業年金管理機能簡表

項目	內涵
信用風險管理	政府應該對受託人、帳戶管理人、投資管理人和託管人設立嚴格的准入和退出制度。職業年金的監管機構要制定全面和詳細的規則，對申請從業的機構的資本規模、治理結構、人員素質、資信水準、經營業績等各方面進行嚴格審核，把不具備資格的申請機構排除在外，從源頭上預防信用風險的發生。對於在運行中出現違規行為的機構，要堅決取締其相關從業資格並給予嚴厲懲罰。為了從根本上避免某些違規機構和人員到異地從業的現象發生，監管部門還應當逐步建立職業年金從業機構和人員的信用檔案訊息系統。要明確界定從業機構和人員的獨立性，旨在預防從業機構之間出現利益勾結而損害職業年金受益人的利益。
分散風險管理	建立嚴密的相互制衡機制。例如，託管人如果發現投資管理人依據交易程序已經生效的投資指令違反法律、行政法規、其他有關規定或契約約定的，應當立即通知投資管理人，並及時向受託人和有關監管部門報告。對於金額很大的職業年金應當選擇多個投資管理人進行管理，以分散信用風險。這屬於損失抑制的措施，主要是確保一旦某個投資管理人出現信用危機，也不至於導致整個職業年金計畫全盤失敗，從而把損失控制在一定的範圍之內。
投資風險管理	明確禁止某些風險極大的投資行為，直接進行風險迴避。例如，規定職業年金基金不得用於信用交易，不得用於向他人貸款和提供擔保。投資管理人不得從事使職業年金基金財產承擔無限責任的投資等。對職業年金的各種投資工具的比例做出規定，限制股票等高風險工具的投資比例。
風險自留機制	有計畫的風險自留是指風險管理者察覺到了風險的存在，估計到了該風險造成的期望損失，決定以其內部資源，來對損失加以彌補的措施。職業年金採取有計畫的風險自留的方式包括：職業年金的投資管理人每年從當期收取的管理費中，按一定比例提取投資風險準備金，專項用於彌補職業年金基金投資虧損。

資訊揭露管理	完善訊息披露機制，及時發現從業機構在管理中存在的問題，把各種風險因素化解在萌芽狀態。在每季度和年度結束後規定的時限內，受託人應向委託人提交職業年金基金管理報告；帳戶管理人應當向受託人提交職業年金基金帳戶管理報告；託管人應當向受託人提交職業年金基金託管和財務會計報告；投資管理人應當向受託人提交經託管人確認的職業年金基金管理報告。相應地，應同時建立起定期審計的制度。委託人每年應聘請會計師對職業年金基金的財務會計報告進行審計，並把審計的結果作為對相關當事人的工作績效進行考核的重要依據。
風險評估機制	建立定期風險評估制度。職業年金面臨的風險種類以及發生的頻率、程度是在不斷變化的，因此當前實施的風險管理措施也不應當是一成不變的，而應該根據經濟、社會和政治環境的變化而不斷地進行調整。所以，職業年金的受託人應當定期（如每季度）對整個職業年金的風險狀況進行分析評估，檢查現有風險管理措施的實施情況，並向委託人提交風險評估報告。可以通過建立第三方擔保的方式為職業年金的受益人設置一道安全屏障，這也是一種財務型風險管理技術，實質上是對職業年金進行風險轉移。
綜合風險管理	受託人、帳戶管理人、託管人和投資管理人應當完善各自相應的內部控制制度。在實際經濟生活中，內部控制制度是企業的一種基礎性的風險管理制度，它的有效運行可以在很大程度上發現和化解這些機構本身遇到的外部風險，阻斷風險傳遞鏈條，從而降低職業年金運作的整體風險。

（資料來源：作者整理）

結語

　　職業年金是在建構防備性與發展性勞工福利基礎上，所顯示國家對工作權尊重的一種表徵，亦是就業安全的一環。而就業安全的增進與工作權保障，涉及就業促進、在職保障以及失業所得維持等三大職工福利領域，各領域均涵蓋有確切的相關措施與制度。職業年金是克服一次給付，易因通貨膨脹而貶值，或因投資不當、供子孫花用、甚或遭人覬覦騙取而瞬間一無所有，致使老年生活頓失依靠等缺點，更有利保障勞工晚年的生活。

第十七章　勞保年金與社會保障

前言

　　根據美國就業安全協會之見解，認為就業安全包括職業訓練、就業服務與工作保障（Job security）。德國首相於一八八三年將個人事故社會化，運用社會保險於勞動者的權益保障，不僅是一項巧思，也為社會的凝聚達成一定的功能，成為社會保險濫觴。隨著社會安全制度及實施的經驗，德國的社會保險制度是採行多元化、民營化、行政與財務完全獨立自主的制度，政府扮演雇主及監督者的角色。為因應人口老化問題，除調升保險費與延長退休年齡外，更增設個人退休金帳戶，而成為一種混合式的退休年金制度。

　　借鑑國際經驗，年金保障是時代趨勢，勞保年金、勞工退休金新制與國民年金相互接軌，將可建構完善的生活保障體系。如此，勞工可享有與其他職域保險相當的保障，是政府對終身貢獻經濟發展的勞工應有的責任。

壹、勞工保險目的及意義

　　我國勞工保險年金化的實施，使社會安全制度更臻健全，勞工及遺屬生活將可獲得更好的保障。勞保年金、勞退年金與國民年金，建構完善的勞工生活保障體系。勞工泛指受雇主僱用從事工作獲致工資之受僱者。就現行社會保險制度中，勞工保險的納保人數最多，因此其保障程度相對受到更多的關注。勞工退休時，依法可以請領兩項退休給付：

表 17-1　勞工退休金保障簡表

類別	勞保年金	勞退儲金
法律	勞工保險條例	勞工退休金條例
保障	第一層保障	第二層保障
類同	基礎年金	職域年金
條件	是一項社會保險給付，依規定繳交保險費，當符合一定條件時，便可請領。	是雇主給予的退休保障，是屬於雇主對員工的一種法定責任。
對象	除了受僱勞工外，無一定雇主或自營作業的勞工也都能參加。	保障的是「受僱勞工」，不包括自僱者，譬如計程車司機、攤販等，就沒有勞退金。

（資料來源：作者整理）

　　勞工退休金與勞保老年給付是兩種不同的制度，既不會互相影響也沒有替代性。換句話說，「受僱勞工」退休時可以領到兩筆錢，一筆是雇主應給予的退休金，另外一筆則是勞保的老年給付。二〇〇九年一月勞保年金制實施，在老年給付方面提供了按月領年金的方式，並且規定只要年金制上路前就曾參加過勞保的人，都具有選擇請領一次金或年金的權利。而為了區隔，便將年金制稱為勞保新制，原來一次給付的方式稱為勞保舊制。但不論勞工請領時選擇的是勞保一次金或勞保年金，都不會影響到勞工退休金的給付。尤其是勞保年金所得替代率百分之一點五五，並有展延年金，勞工的生活保障更為提高，以一個工作三十年的勞工為例，將可達到所得替代率百分之四十六點五，加上勞工退休金所得替代率，合計超過百分之七十。

　　為落實照顧勞工的社會保障本旨，如同勞工保險條例第一條所述：為保障勞工生活，促進社會安全。為回應社會變遷，勞工保險年金納入勞工保險體系，於二〇〇九年一月一日實施。

表 17-2　勞保新舊制度比較

年資	勞保一次金＋利息＋國保（舊制）	勞保領年金（新制）	現新制比較
二十五年	32,000 元×35 月＝112 萬元 112 萬元×2.5%（年息）×5 年＝14 萬元（利息） 17,280 元×0.65%×5 年＋3,000＝3,561 元／月×12 個月＝42,732 元／年×17 年＝726,444 元（活到 82 歲之國民年金可領總額） （一次金）＋5 年利息＋國保＝112 萬元＋14 萬元＋72 萬元＝1,986,444 元	32,000 元×1.55%×25 年＝12,400 元／月 12,400 元／月×12 月＝148,800 元／年 148,800 元 ×22 年＝3,273,600 元	新制勞保年金比國民年金可多領 1,287,156 元

（資料來源：作者整理）

　　因應高齡化及少子女化社會趨勢，為讓勞工及其遺屬獲得更完整的長期生活保障問題更應重視。勞保新制上路，進入年金時代，如果以勞保平均投保薪資計算，平均工作三十年，每月可領一萬三千多元，相較於內政部公布的臺灣省低收入戶最低生活費每人每月九千八百二十九元計算，勞保年金至少可以確保最基本的生活水準，上班族晚年生活更有保障。因為勞保老年年金高達百分之一點五五的所得替代率，只要投保年資長、投保薪資高於平均投保薪資，退休後，幾乎每月可領一萬多元的勞保年金，讓晚年生活更有依靠。隨著全民年金時代來臨，健全勞工保障成為社會保障的具體作為。

貳、勞工保險年金的內容

　　勞工保險自一九五〇年開辦，並於一九五八年制定《勞工保險條例》公布實施以來，原來的勞保現金給付包括：生育、傷病、殘廢、老年、死亡等給付，勞保年金施行後，除了將「殘廢給付」名稱改為「失能給付」外，失

能、老年及死亡三種給付更增加了可以每個月領年金的方式,也就是「老年年金」、「失能年金」和「遺屬年金」三種給付。自此勞工保險正式邁向年金化,為勞工朋友提供更完善的勞保保障體系。勞保年金制度有三個特色:

表 17-3　勞保年金制度特色

特色	內涵
保障完整性	同時規劃老年、身心障礙及遺屬年金制度。
給付選擇性	因為勞工保險年金制由一次給付改制而來,關係到目前已加保勞工之權益,如果在年金施行前有保險年資者,於符合所定條件時,得選擇年金或一次請領老年給付。
保險銜接性	配合國民年金制度整體之規劃,勞工在二個保險可能都有年資,但如果被保險人勞保年資較短,無法符合勞保老年年金給付條件,則加計國民年金之保險年資即符合者,亦得請領勞保老年年金,以確保其老年經濟生活安全。

(資料來源:作者整理)

年金給付的優點是,上班族較不容易因為一次領到一大筆錢,因為投資失利賠掉老本。另一大優點是,年金給付可以紓解因為通貨膨脹侵蝕老本的缺點。勞保年金另一大特色是,政府將依照物價指數調整年金給付金額,根據勞工保險條例規定,保險之年金給付金額,於中央主計機關發布之消費者物價指數累計成長率達正負百分之五時,即依該成長率調整之。換句話說,一旦物價指數波動過大,政府將會依照物價成長率調整年金給付金額,增加退休族的實質購買力。隨著人類壽命延長加上高通膨的陰影,選擇年金給付,更能確保晚年的退休生活無虞有依靠。

表 17-4　勞保加保對象

對象	規範
強制加保對象	年齡:十五歲以上,六十歲以下勞工 1.受僱於僱用勞工五人以上之公司、行號等員工。 2.不得參加公保之政府機關及學校之員工。 3.受僱從事漁業生產之勞動者。

	4.在政府登記有案之職業訓練機構接受訓練者。
	5.無一定雇主或自營作業之職業工會會員或漁會甲類會員。
自願加保對象	1.受僱於第六條第一項規定各業以外之員工。
	2.受僱於僱用四人以下之第六條第一項第一款至第三款規定各業之員工。
	3.實際從事勞動之雇主。
	4.參加海員總工會或船長公會之外僱船員。
自願加保對象	1.應徵召服兵役。
	2.派遣出國考察、研習或提供服務。
	3.因傷病請假致留職停薪，普通傷病未超過一年，職業災害未超過二年。
	4.在職勞工，年逾六十歲繼續工作。
	5.因案停職或被羈押，未經法院判決確定。
	6.依性別工作平等法申請育嬰留職停薪。
被裁減資遣續保	被保險人參加保險，年資合計滿十五年，被裁減資遣而自願繼續參加勞工保險者，由原投保單位為其辦理參加普通事故保險，至符合請領老年給付之日止。

（資料來源：作者整理）

　　年金制度為國家百年大計，為保險制度永續經營，健全保險財務基礎及合理費率也是相當重要。勞工保險保險費率，年金施行時為百分之七點五逐年調整至百分之十三。換句話說，勞保費自二○○九年度以後，每年保費會越來越高。

表 17-5　各類被保險人保費負擔比較

被保險人	保費負擔比例		
	勞工	雇主	政府
以雇主為投保單位者	20%	70%	10%
以工會為投保單位者	60%	-	40%
被資遣續保者	80%		20%

（資料來源：作者整理）

　　我國已進入高齡化社會，人口老化速度與全球壽命最長的日本相近，再加以少子女化趨勢，規劃一個完善的勞工退休生活保障制度，已成為因應高齡化及少子女化社會的重要議題。勞保年金和原來的勞保給付有何不

同？原來的勞保現金給付包括「生育、傷病、殘廢、老年、死亡」等給付，勞保年金施行後，除了將「殘廢給付」名稱改為「失能給付」外，失能、老年及死亡三種給付更增加了年金的選擇，也就是「失能年金」、「老年年金」和「遺屬年金」三種給付。有了勞保年金，勞工可以獲得什麼保障？勞保年金包括「老年年金」、「失能年金」和「遺屬年金」三種給付，提供被保險人或其遺屬長期且安定的生活保障。

第一，老年年金：提供退休後長期之經濟生活保障，更可視勞工個人退休規劃而選擇延後請領「展延老年年金」或提前請領「減額老年年金」。

第二，失能年金：除了提供失能達終身無工作能力者長期之生活照顧外，如有符合條件的配偶或子女，還可加發眷屬補助，可確實保障其整體家庭經濟生活。

第三，遺屬年金：不論是被保險人在保險有效期間死亡，或是在「領取老年年金或失能年金期間死亡」者，符合條件的遺屬即可請領遺屬年金，且另有遺屬加計，使其遺屬獲得長期之生活保障。

表 17-6　勞工保險給付資格與標準

項目	條件	區分	內涵
老年年金給付	請領要件	老年年金	1.年滿六十歲，保險年資合計滿十五年者。 2.被保險人擔任具有危險、堅強體力等特殊性質之工作合計滿十五年，年滿五十五歲，並辦理離職退保者，得請領老年年金給付。 3.請領年齡逐步提高：自年金施行之日起，第十年提高一歲，其後每二年提高一歲，以提高至六十五歲為限。
		老年一次金	1.年滿六十歲，保險年資合計未滿十五年者。 2.給付標準同舊制老年給付，每滿一年發給一個月，逾六十歲之保險年資最多以五年計。
	給付標準		依下列兩種方式擇優發給： 平均月投保薪資×年資×0.775%＋3,000 元 平均月投保薪資×年資×1.55% ＊平均月投保薪資較高或年資較長者，選擇第二式較有利。

	展延年金	每延後一年請領，依原計算金額增給 4%，最多增給 20%。		
	減額年金	被保險人保險年資合計滿十五年，惟尚未符合本條例所定老年年金請領年齡條件者，得提前請領老年年金，每提前一年，依原計算金額減給 4%，以提前五年請領為限。		
失能年金給付	請領要件	1. 被保險人遭遇傷害或罹患疾病，經治療後，症狀固定，再行治療仍不能期待其治療效果，經保險人自設或特約醫院診斷為永久失能，且經評估為終身無工作能力者。 2. 被保險人為身心障礙者權益保障法所定之身心障礙者，經評估為終身無工作能力者。 ＊其他失能程度未達終身不能從事工作者，仍同舊制按失能給付標準規定發給一次金。		
	給付標準	1. 平均月投保薪資×年資×1.55%。 2. 最低保障 4,000 元。 3. 發生職災經評估為終身無工作能力者，除發給年金外，另加發二十個月職災失能一次金。		
	補助標準	配偶或子女符合條件者，每一人加發 25%，最多加 50%。		
	眷屬補助	眷屬資格	配偶：符合下列情形之一 1. 年滿五十五歲，且婚姻關係存續一年以上。 2. 年滿四十五歲，婚姻關係存續一年以上，且每月工作收入未超過勞保投保薪資分級表第一級。	
			子女：符合下列情形之一 1. 未成年。 2. 無謀生能力。 3. 二十五歲以下，在學，且每月工作收入未超過勞保投保薪資分級表第一級。	
		眷屬補助停發	1. 配偶再婚。 2. 配偶未滿五十五歲。 3. 入獄服刑、因案羈押或拘禁。 4. 失蹤。	
遺屬年金給付	請領要件	1. 被保險人在保險有效期間死亡。 2. 被保險人退保，於領取老年年金或失能年金給付期間死亡。 3. 保險年資滿十五年，並符合老年給付條件，於未領取老年給付前死亡。		
	給付標準	1. 平均月投保薪資×年資×1.55%。 2. 最低保障 3,000 元。 3. 發生職災致死者，除發給年金外，另加發十個月職災死亡補償一次金。		

			配偶：符合下列情形之一 1.年滿五十五歲，且婚姻關係存續一年以上。 2.年滿四十五歲，婚姻關係存續一年以上，且每月工作收入未超過勞保投保薪資分級表第一級。
請求權之行使	遺屬資格		子女（養子女須有收養關係六個月以上）符合下列情形之一： 1.未成年。 2.無謀生能力。 3.二十五歲以下，在學，且每月工作收入未超過勞保投保薪資分級表第一級。
			父母、祖父母年滿五十五歲，且每月工作收入未超過投保薪資分級表第一級者。
			受被保險人扶養之孫子女符合無謀生能力者。
			受被保險人扶養之兄弟、姊妹符合下列條件之一： 1.未成年。 2.無謀生能力。 3.年滿五十五歲，且每月工作收入未超過投保薪資分級表第一級。
	遺屬順序		1.配偶及子女。 2.父母。 3.祖父母。 4.受扶養之孫子女。 5.受扶養之兄弟、姊妹。

（資料來源：作者整理）

　　勞保條例規定，領取保險給付之請求權，自得請領之日起，因兩年間不行使而消滅。遺屬年金受益人未於符合請領條件之當月提出申請者，其提出請領之日起前五年得請領之給付，由保險人依法追溯補發。現行勞工年滿六十歲，可請領勞保年金；最多可提前五年，五十五歲時請領減額勞保年金。不過，考量高齡化、延退趨勢和緩和勞保財務壓力，勞保年金二〇〇九年元旦上路時規定，施行第十年，二〇一八年時，法定請領年齡將延為六十一歲，隨後每兩年提高一歲，最多到六十五歲。伴隨著規定法定請領年齡延後，須等到隔年，年滿六十一歲時才能請領；往前推五年後，也就是二〇一四年達五十六歲時，勞保年資達十五年，可提早請領減額勞保年金，每提早一年，須減額百分之四，最多減額百分之二十。

表 17-7　勞工保險給付彈性規範標準

出生年次	法定領全額年金	領年金最早年齡
一九五八年	二〇一九年，六十一歲時	二〇一四年，五十六歲時
一九五九年	二〇二一年，六十二歲時	二〇一六年，五十七歲時
一九六〇年	二〇二三年，六十三歲時	二〇一八年，五十八歲時
一九六一年	二〇二五年，六十四歲時	二〇二〇年，五十九歲時
一九六二年	二〇二七年以後，均為六十五歲時	二〇二二年以後，均為六十歲時

（資料來源：作者整理）

　　假設某一九五八年次勞工，明年五十六歲時，勞保年資二十年、平均月投保薪資三萬六千元，提早五年、減額百分之二十後，可月領八千九百二十八元的勞保年金；等於到六十一歲法定請領年齡前，就可先拿到五十三萬五千六百八十元。若是六十一歲才請領，在平均月投保薪資條件不變下，月領金額達一萬三千九百五十元，每月多出近五千元。如二〇一四年滿五十五歲的一九五九年次勞工，雖僅比一九五八年次勞工少一歲，但會遇到請領年齡又延長為六十二歲，提早請領的年齡跟著變成五十七歲，二〇一六年才能請領減額勞保年金。

表 17-8　勞工保險給付提前請領規範標準

請領年齡	內涵	年資	月領金額
五十六歲	提早五年，減額 20%	二十	八千九百二十八元
五十七歲	提早四年，減額 16%	二十一	九千八百四十三元
五十八歲	提早三年，減額 12%	二十二	一萬零八百零三元
五十九歲	提早二年，減額 8%	二十三	一萬一千八百零七元
六十歲	提早一年，減額 4%	二十四	一萬二千八百五十六元
六十一歲	法定請領年齡，領全額	二十五	一萬三千九百五十元

（註：以一九五八年次勞工為例，於二〇一四年累計年資達二十年，平均月投保薪資為三萬六千元。）

（資料來源：作者整理）

建立一個完善的勞工保險保障體系，讓終身辛勞的勞工及其遺屬能獲得更適當的經濟生活保障，於是規劃勞工保險老年、失能及遺屬年金制度。勞工保險年金制度活到老領到老，保愈久領愈多，藉由勞工保險年金制度的建立，讓勞工朋友未來的生活過得更安適、更有尊嚴。

參、勞工保險年金的特性

世界銀行（World Bank）對於退休制度的「三層式老年保障組合」說法奉為圭臬，也就是：第一層為政府責任之基礎年金，國家以稅收或社會保險的方式，給付對象為全體國民，目標是所得重分配。第二層為雇主責任之職域年金，以強制儲蓄為財源，建立職業年金保險或個人儲蓄帳戶，目標是強制儲蓄。第三層則為個人責任之商業年金，以個人儲蓄為財源，建立個人年金保險或自願儲蓄計畫，目標是鼓勵自願儲蓄。英國《經濟學人》雜誌於一九九六年在全歐洲做了一次廣泛的民意調查，結果發現，大部分歐洲人民，以及超過百分之八十的美國選民都支持社會保險制，他們甚至願意付更高保費，維持這個制度。勞保年金新制上路後，上班族退休不但可以按月領取勞保年金，而且對於弱勢勞工更提供雙重保障。世界先進國家的退休養老年金制度，多以建構三層年金保障體系為改革重點。

勞保年金是按月領取、活到老領到老、保愈久領愈多，讓勞工退休生活沒煩惱、遺屬生活有保障的一種長期給付。

<h3>表 17-9　勞工保險年金的特性</h3>

特性	內涵
強制保險	提供被保險人或其遺屬長期且安定的生活保障，年金給付係按月領取，既安全又有保障。老年年金可提供被保險人老年退職後安定之生活所需，亦得視個人退休需求而選擇延後或提前請領；失能年金並有加發眷屬補助，可確實保障失能達終身不能從事工作之被保險人家庭經濟生活；遺屬年金另有遺屬加計，可提供被保險人遺屬長期之生活照顧。
在職保險	活到老領到老，保愈久領愈多，年金得相互轉銜，保障完整。勞保年金是按照實際保險年資為計算基礎，沒有年資上限，所以保險年資愈久，未來領取年金給付金額愈高，且年金得相互轉銜，具保障完整性。例如：於領取老年年金給付或失能年金給付期間死亡者，則轉銜為遺屬年金，使其遺屬獲得長期之生活保障。
危險分擔	健全長期財務基礎上，給予勞資雙方緩衝期，保險費率 7.5%至 13%，施行第一年及第二年 7.5%，其後每年調高 0.5%至 10%，並自 10%當年起，每二年調高 0.5%至上限 13%。費率 7.5%至 13%，係考量初期對勞資雙方之保費負擔。
基本保障	提供被保險人或其受益人基本生活保障，使被保險人或其受益人獲得最基本之生活保障，勞保年金規範各項年金給付之最低基礎保障金額，老年及遺屬年金給付最低保障金額為三千元，失能年金給付為四千元。
年資保障	勞保年金保愈久領愈多，年資完全不浪費；老年年金年資計算無上限。
活久領多	勞保年金活愈久領愈多：年金平均領八年就超過一次金。以一個工作三十年的勞工為例，將可達到所得替代率 46.5%，加上勞工退休金所得替代率，合計超過 70%，勞工生活更有保障。
年金優勢	勞保年金比一次金多領百萬元。年金給付與一次給付勞工或其遺屬可自由選擇，年金施行前有保險年資者，原有之勞保給付權益不受影響，勞工或其遺屬可以在請領老年、失能或死亡給付時，選擇請領年金給付或一次給付。
遞延年金	勞保年金加計展延老年年金的措施，使得愈晚退休，加計展延年金，勞工可累積更多的退休老本。符合年金請領條件而延後請領者，每延後一年，年金金額增給 4%；如果未達年金請領年齡而提前五年請領者，每提前一年，年金金額減給 4%。
保障期長	勞保年金待保障，年資不損失：即使已退保，在達到老年年金請領年齡時，都可以請領老年年金。
失能年金	勞保失能年金加發眷屬補助：失能年金除保障失能勞工外，如果有配偶或子女，還可以加發眷屬補助，完整照顧失能勞工家庭。
遺屬年金	勞保年金穩賺不賠：領取年金總額不足一次金金額就死亡者，遺屬可以無條件領回差額。

抗拒通膨	勞保年金隨消費者物價指數累計成長率調整，不怕通貨膨脹。領取年金可以避免因通貨膨脹導致給付縮水，為確保年金給付之實質購買力，年金給付金額會隨著消費者物價指數累計成長率來調整，所以，年金給付是對抗通貨膨脹之最佳選擇。
促進久任	勞保年金採最高六十個月投保薪資平均計算，中高齡再就業勞工不怕薪資降低影響老年給付權益，提升就業意願。對於中高齡再就業或婦女重返職場致所得降低之勞工有利。
併計國保	國保年資可與勞保年資合併計算：勞保年資未滿十五年的弱勢勞工照樣可以領年金。

（資料來源：作者整理）

　　勞保年金將勞保老年給付改為按月領取的勞保年金，確保勞工晚年的生活經濟收入，同時將過去一次給付的殘廢給付，改為按月領取的失能年金，同時提供眷屬補助，讓失能勞工獲得雙層保障。萬一勞工因故而造成永久失能，將可按月領取最低四千元的勞保失能年金，甚至有需要扶養的配偶及子女，還可獲得眷屬補助，讓生活更有保障。

肆、勞工保險年金的興革

　　我國已進入高齡化社會，現行預期壽命約為八十歲，如果以六十歲退休、每月花費兩萬元計算，不考慮通貨膨脹，至少要五百萬元才夠用，而勞保老年一次給付之平均金額為一百餘萬元，不足以保障勞工退休的老年生活所需。是以，如何因應人口老化及少子女化趨勢所帶來的長期經濟生活保障議題，已成為勞動社會保障不可忽視的一環。勞保財務的健全是為確保年金制度永續發展的基礎，考量年金施行初期如費率調整幅度過大，將增加勞、資負擔，為讓勞保年金順利開辦，並讓勞、資雙方能有緩衝期，在評估財務基金可負擔之原則下，採逐年微調方式，可減少費率調整所帶來的衝擊。

　　勞保年金制度，敲定實施頭兩年費率百分之七點五、所得替代率百分之一點五五，以及起始請領年齡為六十歲。開辦後以投保薪資四萬元的勞工為例，有雇主者勞工個人月繳六百元，無雇主的工會勞工月繳一千兩百元。達成共識的「折衷版本」主要分成三部分：在爭議最大的退休請領年齡下限的部分，到二〇一八年為止，都是年滿六十歲退休就可請領；此後每兩年遞增一歲，到二〇二七年以後，必須等到六十五歲以後才可請領。至於費率方面，開辦後前兩年都定在百分之七點五，第三年起每年遞增百分之零點五；費率升到百分之十以後，則改為每兩年增加百分之零點五，估計十八年後，也就是同樣在二〇二七年，費率將增加到百分之十三。若以投保薪資四萬元計算，有雇主的勞工由雇主負擔七成保費、政府負擔一成，勞工負擔兩成，每個勞工第一年月繳六百元，十八年後將繳一千零四十元；無雇主的工會勞工則由政府負擔六成，勞工本身負擔四成，第一年月繳一千二百元到十八年後繳二千零八十元。比較令人憂心的是，勞保年金的財務結構仍將是危機重重，若收支狀況一如精算結果，基金規模約在二〇一九年後呈現負成長，大約二〇三一年「歸零」乃至「呈現赤字」。經由檢視相關資訊，發現下述幾項事實值得注意與探討。

一、被保險人數大幅增加形成道德風險

　　勞工保險年金施行後，由於保障增加，相對的被保險人數也急遽上升。經進一步分析，增加人數較大的單位類別為政府機關學校及職業勞工；上述增加現象是目前勞工保險與國民年金保險制度間的差異，造成民眾在兩制度間移轉的結果。目前有關職業工會組織以及職業勞工身分認定的法律規定寬鬆，且實務上認定職業勞工身分亦相當困難，致辦理保險的單位，無法防止職業勞工加入勞工保險。比較勞工保險與國民年金保險的差異，參加勞工保險有如下優點：第一，勞工保險給付項目較國民年金保險多，譬如生育給付、傷病給付、以及失能給付等三項給付就是國民年金所沒有；其次年金給付每一年年資所得替代率在勞工保險為百分之一點五五，而國

民年金保險為百分之一點三；但兩種保險普通事故保險的保險費率皆為百分之六點五，政府補助保險費同為百分之四十，即在同一投保薪資下，交同樣的保費但享受不同的給付待遇。如此的制度設計差異，自然造成民眾擇優渥且有利的勞保制度移轉，變成已參加國民年金的民眾，選擇退出國民年金而積極參加勞工保險的現象。為避免再發生這種因制度設計的差異，而造成民眾福利道德的風險，有待相關制度的檢討與思慮。

二、勞保財務收支逆差現象需積極改善

自二〇〇九年一月起勞工保險費已依法以新的百分之六點五費率計算，較以往提高，所以保險費收入增加；在支出方面：勞工保險年金給付的核付，由於年金每月發放的金額遠較一次給付為少，根據推估在一般情況下，老年年金月給付金額小於一次給付金額的六十分之一，而在過去一次給付制度下，占給付金額最大宗，約占百分之八十是屬老年給付，自老年年金制度實施以來，退休者約有百分之七十其年齡及保險年資符合請領年金資格者，申請按月發給的年金給付；對於遞延保險資金的支付發揮了舒緩的情形，收支逆差現象獲得緩解，故勞工保險基金亦逐漸增長中。展望未來，雖然年金給付金額，會因請領人數逐月累積效應，以致成長非常快速，預計五至六年後，其每月領取金額，加計一次請領給付金額後，將逾百億規模，與早期一次給付時相當，且仍會持續增長中，給付金額會非常龐大，隨著支付的高峰期將使保險基金會有不足的困窘之虞，需要積極改善。

三、老年給付者領取年金比率不如預期

勞保年金給付的目的除了提供被保險人的終身支給之外，亦有助於勞保的資金財務，意義深遠，然而就其實況，依據二〇〇九年請領老年給付者，以年齡滿五十五歲、年資滿十五年為對象，經統計，領取一次老年給付者計占百分之三十八；領取老年年金給付者計百分之六十二，這與年金

規劃上有出入，推敲其中的原因：第一，因為年金剛開辦，各項宣導及媒體的報導效果有限，而且實施初期，尚缺少年金受惠者的自身經驗說明與自我推許，致勞工大眾對年金的認識仍不足，無法了解相關內容、規定及年金的優點，在領取老年給付時，多延續他人過去的經驗，領取一次給付。第二，經濟衰退，各行各業或多或少都受波及，影響許多人及其家庭，致個人常有急迫性且較大量資金的需求，雖然知道年金的優點，但燃眉之急必須解決，所以不得不選擇一次給付。第三，對於勞保財務的永續經營有所疑慮，抱持先行請領，以入袋為安的態度面對。然而，年金實施對於被保險人具有：在高所得替代率百分之一點五五的保障下，並另有年金領取者不幸去世，其家屬依遺屬年金可領取給付金額，與已領取之年金彙總數的差額，即所謂「差額保證金」考量周延，裨益民眾選取年金，而有較高選擇年金制度。

四、失能年金領取比率偏低需積極傳達

　　勞保為落實對勞工的保障，針對終身無工作能力之失能者，因為無法再從事工作而中斷工作所得收入，基本上失能以後，比一般人更需要穩定而持續的現金收入，故年金比一次性的給付更有保障。根據二〇〇九年的統計，於失能給付中，採取年金者未及於總體的五分之一，與原規劃顯有相當差異，究其原委：第一，目前年金給付金額，依投保年資、投保薪資、所得替代率百分之一點五五計算，且最低保障金額為四千元；就年資不長者而言，其每月領取的年金金額不多，而若請領一次給付時，給付金額依失能程度計算，而與保險年資無關，因其符合終身不能從事工作，失能程度嚴重，一次給付金額較高。第二，由於終身不能從事工作者，失能程度嚴重，其平均餘命相對一般人較少，考量領取年金期間會較短，而且亦沒有老年年金給付的差額保證規定，因此影響相關的判斷與選擇。第三，考量申領人多係終身不能從事工作者，事實上在許多情況下為無行為能力者，因此給付的選擇非其本人決定，衡量因素會有不同。

五、勞工保險基金需朝向穩健永續經營

由於勞工保險年金化的實施，勞保財務收支情況已因費率的調高、以及多數人選擇請領年金給付，在短期內呈現年度間收支好轉的現象。在收入面看，由於依法規定，保險費率會依調整機制持續調整中，保險費收入仍將繼續增加，短期內保費收入應尚能支應給付支出之用；在二○二○年前將是累積龐大基金的黃金時期，如何善加運用，以增加基金收益，用於厚植基金規模，因應未來給付需求，將是非常重要的課題。但由一次給付制（包括老年、失能[殘廢]、死亡三項）改採年金給付制，導致保險成本的增加。根據勞工保險局的精算，推敲勞工保險實施年金化後的平準費率較之前的費率高出一倍。雖然由於保險收支結餘的挹注，加上最近投資收益回升，業使基金逐漸穩定成長中。同時修正後勞工保險條例已增列保險費率調整機制的規定，且目前基金已經穩定成長中，但就長期來看，保險財務負擔嚴重的問題仍會出現。各界對此問題理應加以重視，設法解決，以免影響被保險勞工應有的給付權益。

六、勞保財務負擔應預為籌謀合理精算

就社會保險而言，其精神強調的是自給自足，財物的充足支應列屬重點。從勞工保險精算觀點言：年金化前，勞保普通事故保險費率包括生育、傷病、殘廢、死亡及老年等五項給付所需平準保險費率，約為被保險人投保薪資的百分之十一，而其中老年給付費率約為百分之九點七。惟年金化前的保險費率為百分之五點五；顯然不足支應實付，其結果是形成財政的缺口日益增加。

由過去將近十年的勞保財務收支概況顯示，勞保財務負擔已發生嚴重不足現象。造成財務負擔問題嚴重的主要原因：

表 17-10　勞工保險財務負擔問題嚴重的主要原因

原因	內涵
財務收支制度	因年金化前保險財務處理方式，與國外年金保險制度相同，皆採用隨收隨付方式計收保費，用以減輕勞雇雙方費用負擔，導致嚴重財務負擔不足的結果，此亦是目前全世界實施社會保險年金制度國家，所面臨的普遍現象。
保險費率偏低	解決長期財務問題之道，就純保險經營觀點而言，不應設立費率上限，仍應視實際情況所反映的精算成本，定期提高保險費率，由勞雇雙方共同負擔，而並非全由政府來承擔其財務責任。

（資料來源：作者整理）

　　自健全勞保保險經費，應做完整且衡平性的考量，而不能為取悅部分社會群體，做出有瑕疵的制度。目前自年金施行後第三年起逐期調整保險費率，在進行勞保條例修正案所增列費率調整機制，必須依法落實執行，避免政治因素的干預影響費率的調整，方能見效，藉以減緩財務負擔的嚴重性。

七、社會保險宜求其公允以達社會公義

　　勞保老年年金所得替代率為每一年年資以百分之一點五五計算，雖對未來退休勞工的生活保障有實質上的助益，但遠超過國民年金百分之一點三的標準。這項制度的差異性，除造成被保險人的轉移現象外，相對地，勞工保險保險成本亦隨著增加；若沿襲過去方式，仍基於短期的政治利益考量而採行低費率政策，則勢必會重蹈福利先進國家年金保險財務困境的覆轍路上，反將影響退休勞工應有的給付權益。因此，社會對於勞保財務負擔面臨的困境，宜有所認識，謀求積極方法解決，除有助於社會保險的永續，亦裨益社會公義。

　　勞動為生活的基礎，社會安全的活水源泉。在創造社會財富、增進所得重分配、消除社會不平等、保障社會權、以及促進社經發展等的考量下，

年金保障制度的建構，即將勞工福利擴展為社會保障體系的主體。時勢所趨，「就業安全」已繼「福利服務」、「經濟安全」，成為社會保障制度之新主軸，並在社會權保障的理念與實踐歷程中，成為確保人民「生存權」與「工作權」之基準概念。

結語

　　現代國家為使人民無虞經濟恐懼，無虞物質匱乏，進而使整個社會朝均富、祥和與人性化之境界推進，現代進步國家無不以促進社會安全為施政的重心。在社會政策的實踐領域裡，先進國家的經驗顯示，在人道關懷與解決社會問題的考量下，有限的福利資源通常被優先用來照顧經濟弱勢與社會弱勢者，是以，低收入者、清寒者、災民、難民、老弱殘幼、社會受害者以及失業者乃成社會福利優先、急迫照顧之對象；社會救助、福利服務與失業輔助等措施，也就順理成章成為社會保障制度最先建構與最早發展的福利內涵。

　　建構社會安全機制，以勞保為基礎的年金保障，除了適用勞基法的受僱者參加外，還包括無一定雇主的職業勞工或自營作業者或雇主參加，讓實際參與經濟生產活動的主要人口都納入勞動年金體系，以保障其老年退休生活作為肯定他們對經濟社會貢獻的回饋。勞動年金制度的建立，依納保的被保險人數而言，是臺灣年金保障體系最重要的基石。為應對人口老化，對年金的普遍期待，在執行勞退金制度的施行，宜採取具有統合主義精神的自主性公法人團體辦理，亦即由依一定比例所組成的勞資政自治機構運作，以增進勞工權益與福利措施。

第十八章　老農年金與社會保障

前言

　　年金保障係屬社會安全的重要環節，尤其針對弱勢族群為首重，以利縮小社會階層的落差。隨著工業化社會的推擴，臺灣因社會經濟結構轉變，工商、服務業發展迅速，農業成長相對遞降，農業往往落於弱勢產業，經濟所得低於製造業及服務業，而終年辛苦之農民來自農業的收益微薄，生活水準亦普遍偏低，農業與非農業所得差距逐漸加大。貧困是由於資源匱乏而無法維持基本生活的狀態，諸如缺乏食品而不能維持溫飽，貧瘠成為一種社會風險和複雜的現象。亦是社會政策所企圖改善，具體措施是確定貧困人口，用於維持最低的生活所必需。低於該標準屬於貧困人口，應當給予最低生活保障。各國甚至一個國家的不同地區往往根據實際情況確定最低生活保障標準，並隨著經濟的發展和物價變動而調整。

　　年金保障是保障勞動者及其親屬因勞動者年老、疾病、職災、殘疾、生育、死亡、失業等風險引起經濟損失、收入中斷或減少時，給予參保人及其受益人經濟補償和幫助以維持其基本生活需求的社會安全制度。因此，政府透過福利措施照顧農民。為執行照顧農民生活，落實增進農民福祉政策，政府基於對農漁民有實質幫助，符合公平正義及兼顧財政負擔等原則，特於一九九五年制定「老年農民福利津貼暫行條例」，據以發放老年農民福利津貼。本章即以該津貼說明老農年金與社會保障的內涵。

壹、老年農民福利年金的起源

綜觀人類發展在任何時代均存在有貧困者，社會提供救濟作為，有時由個人基於「人飢己飢」慈悲精神提供布施，但隨著「公民社會」現在多由國家承擔濟助之責。社會保障，在於由國家保障全體國民能過最低生活，現代國家承認全體人類過最低限度之生活的權利，其責任由國家承擔。人的一生伴隨「經濟風險」（economic risk），此風險指可能的話想避開，但不可能完全避開，風險發生之時或許因此蒙受的經濟上損害無法預測之事件，一般風險有下列多種：

表 18-1　個人經濟風險簡表

風險種類	內涵
疾病風險	生病、受傷時要支出醫療費，住院時減少收入。家庭主婦不能做家事，必須僱用傭人或保母，因而增加支出。
殘廢風險	因疾病或受傷成為殘廢者或殘廢程度加重。因此可能無法工作，減少收入，或增加生活費。
死亡風險	扶養人死亡，斷絕被扶養人之經濟來源。被扶養人不只配偶、子女，還包括在經濟上不能自立的高年齡人。
長命風險	退休後未有足夠儲蓄，以維持生活，或愈高齡則生活上之支出必然愈高（例如醫療費、看護等費用），增加經濟的壓力。
財產風險	因火災房屋毀損、車禍車輛毀損或被盜等財產受損。
賠償風險	開車過失撞毀他人車或撞傷行人，須負賠償之風險。
養護風險	高齡化及醫療水準提高，增加養護必要之風險。高齡者生病時或行動不便者，可能需要專人看護，如由家人看護，就不能外出工作，如請外人看護或送至養護所，費用可觀。
失業風險	景氣低迷時，終身僱用制度崩潰，勞工在退休前就有失業之風險。

（資料來源：作者整理）

　　我國傳統上的社會福利制度，雖然大多不採取「年金式」的老年給付方式，但是隨著國民年金之規劃以及對現有制度之整合問題上，年金給付必然成為趨勢。老年年金制度之目的在於補助因退休後沒工作而喪失收入的老人，能維持一定生活水準，克服社會風險（social risk）所形成的困擾，以維持相當水準的生活。

　　社會福利的實施，可分別為：社會救助、社會津貼及社會保險等型態，社會救助屬國家對弱勢者的無償濟助，因此須進行財富調查；社會津貼泛指對特定對象的普遍式給付；社會保險則以眾人的繳費提供給合於要件者的給付。政府為照顧老年農民生活，增進農民福祉特制訂「老年農民福利津貼」，係鑑於目前公、教人員及勞工，凡參加公、教、勞保者，皆已依法享有退休或老年給付之保障，唯有農民參加農保者，尚未享有老年給付。為照顧農民老年生活，爰在農保條例尚未增列「老年給付」項目前，由政府編列預算，針對符合申領資格之老年農民發放福利津貼。在我國對年滿六十五歲，及五十歲以前即從農並加入農保者，並符合老年農民福利津貼暫行條例規定者，可向所屬農會申請老農津貼，每月領取七千元。

表 18-2　農民老年津貼

時間	內涵
一九九五年	每月三千元。
二〇〇三年	每月四千元。
二〇〇五年	每月五千元。
二〇〇七年	每月六千元。
二〇一一年	每月七千元。
二〇一三年	新增的老農設有排富條款，採取排新不排舊。
二〇一四年	增列須參加農保滿十五年以上。

（資料來源：作者整理）

　　一九七〇年代以後，工商業快速發展，社會經濟結構急遽轉型，農業生產成本逐漸提高，農家自農業之收入相對減少，雖然政府採取一系列之加速農村建設措施，惟農家所得相較於非農家所得仍呈現偏低現象，有賴

政府予以關心。為照顧老年農民生活，增進農民福祉，政府於一九九五年五月三十一日制定《老年農民福利津貼暫行條例》，主管機關為行政院農業委員會，申領時參加農民健康保險的農民且加保年資合計十五年以上者或已領取勞工保險老年給付之漁會甲類會員，於年滿六十五歲，自二○一二年一月一日起調整為每月新臺幣七千元，發放至本人死亡當月止；其後每四年調整一次，由中央主管機關參照中央主計機關發布之最近一年消費者物價指數較前次調整之前一年消費者物價指數成長率公告調整之，但成長率為零或負數時，不予調整。自二○一三年一月一日起，最近一年度農業所得以外的個人綜合所得總額，合計新臺幣五十萬元以上或個人所有土地及房屋價值，合計新臺幣五百萬元以上者不予發給。本津貼之核發委託勞工保險局辦理；其所需經費，由中央主管機關編列年度預算撥付之。

　　一般農民擁有農地從事農業工作，如同公司老闆，不是受僱者，平時並未先提繳退休準備金。因此，農民從事農業生產無雇主及勞工關係存在，與前述退休制度性質不同。又由於農業工作特性及所需勞力不同，農民進出農業行業容易，難以界定其退休。另臺灣農民非常勤勞，即使年老也不願退休讓農地荒廢，仍繼續從事農業工作，實施農民退休制度有其相當困難度。照顧農民老年生活，原係以發放老年農民福利津貼作為國民年金制度開辦前的過渡措施。其後隨著推動國民年金制度，並將老年農漁民納入整體制度考量，使暫時性的老人福利措施，回歸社會保險常態，以老年年金給付方式照顧農漁民老年生活，保障農漁民福祉。

　　二○○八年十月一日起，國民年金制度上路，農民即可就國民年金或農保年金擇一加入，保障自己的老年生活。眾多農民面臨「到底哪一個比較好？」由於每個人的狀況、風險不同，很難定於一尊。其中概略的比較如後：

表 18-3　農民參加老農年金及國民年金比較表

項目	老農年金	國民年金
費率	2.55%，農民自負額三成，七成由政府負擔。	6.5%，政府負擔四成保費，投保人負擔六成。

繳費	農保，每個人每月要繳七十八元。	依不同比例每月繳納三百至六百多元。
重殘	一次領二至四十萬元津貼。	每月四千元。
喪葬	一次領十五萬多元補助。	一次領八萬多元，但遺屬可領每月三千元的遺屬年金。
生育	每胎二萬元補貼。	不提供。

（資料來源：作者整理）

農保原始設計僅是用於生育給付、殘障給付與喪葬津貼。根據估算，領取老農金的人數已從四十五萬增加為七十萬人，每年預算高達五百二十八億元，已造成政府重大的財政負擔。

貳、老年農民福利津貼的內涵

社會保障的目的為保障遭遇各種社會風險時，喪失收入，提供現金或實物給付，避免遭遇風險者馬上會陷入窮困狀態。對國民而言，社會保障制度是維持生活安定的重要制度。隨著人口高齡化趨勢，政府應重視高齡者生活及工作的安定，制訂相關政策與作為，爰此，訂定「老年農民福利津貼暫行條例」。

8-4　老年農民福利津貼的內涵

項目	內涵
依據	老年農民福利津貼暫行條例。
請領資格	年滿六十五歲國民，在國內設有戶籍，且於最近三年內每年居住超過一百八十三日者。申領時參加農民健康保險之農民且加保年資合計十五年以上者，或已領取勞工保險老年給付之漁會甲類會員且會員年資合計十五年以上者。
核付標準	符合請領資格之農、漁民可按月領取新台幣七千元。
請領手續	請於符合資格當月，攜帶：身分證，印章，農、漁會信用部存摺，至所屬農、漁會填具「新」字老農津貼申請書，辦理申請。

| 注意事項 | 1. 加保年資之計算：斷續年資可合併計算。
2. 政府發放之生活補助或津貼係指：低收入戶生活補助費、中低收入老人生活津貼、身心障礙者生活補助費、榮民就養給與、以其他名目按月發放之生活補助或津貼。
3. 領取老農津貼之老年農、漁民死亡時，其未領之金額，得由其法定繼承人於申請人死亡日起六個月內檢附申請人死亡登記戶籍謄本、繼承人戶籍謄本，辦理請領。 |

（資料來源：作者整理）

　　老農津貼制度化後，將隨消費者物價指數（CPI）每四年調整一次，建立的制度性調整機制，避免每逢選舉，老農津貼即成各政黨競相喊價加碼的對象，老農津貼調整案的法制化兼顧公平正義，並能擴大照顧弱勢族群及改善農業結構。

　　現行社福津貼及年金給付，除屬繳保險費之保險給付外，均有排富規定。退輔會主管之榮民就養金亦有嚴格之排富規定。老農津貼增訂排富規定符合公平正義，社會各界支持度高。至於老農津貼排富的條件，分為所得及不動產兩項：其一，所得方面，比照國民年金老年基本保證年金之排富規定，個人需申報所得稅的年所得扣除農業收入後超過五十萬元者，不能再領老農津貼。其二，不動產方面，將農民從事農業生產及生活所必需之農業用地及農舍除外後，個人所擁有的土地及房屋價值合計超過新臺幣五百萬元，納入排富。

　　此外，農委會也提出研議多時的老農離農津貼，將配合已實施之小地主大佃農制度，鼓勵從農參加農保年資達五年以上之六十五歲以上老農，將土地出租給五十五歲以下之青壯農民，以擴大農業經營規模，促進農業經營者年輕化。老農離農出租農地，每公頃每月可領二千元離農津貼，最高三公頃可領六千元離農津貼，加上原老農津貼，每月可領到一萬餘元。以加速農業結構調整，擴大農業經營規模，促進農業經營者年輕化。

參、老年農民福利津貼的檢討

政府推動社會政策，是為了要解決社會問題，實施最低所得保障與喪失所得保障，以全體國民為對象，保障其生活。結果，由富裕者移轉至貧窮者，由健康者移轉至生病者，由年輕人移轉至老年人，進行所得再分配。換句話說，社會保障對創造更為平等的社會，有莫大貢獻。但制度建立之後，可能因為民眾行為的改變、制度設計本身的缺陷、或是經社環境的變遷，而產生制度的新問題，以致誘導民眾走向與制度精神背道而馳的方向，導致結果不盡符合原訂目標。農保就是一個具體的例子，政府為了增進農民的生活福祉而建立了農保制度，可是由於立法過程中的政治影響，使得農保年年虧損，成為政府財政的一大負荷。

老農津貼是一種社會福利津貼，只有兩種身分（漁民及農民）的民眾且符合相關條件者才可以請領。老農津貼目前有近七十萬人領取，年支出達五百億元，由於其經費來源與農保繳納之保險費無關，皆為政府另行編列預算支應，而且完全沒有排富條款，其財政影響極為嚴重。國民年金中的老年基本保證年金僅為三千元，而老農津貼無止盡地加碼，將持續墊高我國老年經濟安全進一步整合的門檻。

為了長遠永續，避免未來老農津貼受非專業因素的影響，朝向制度化方向運作，除比照消費者物價指數每四年定期調整外，新農請領老農津貼，比照國民年金排富規定，農民耕作、養魚、種花、養豬等農業所得外，需報稅的非農業所得年收入超過五十萬元，或扣除農地、農舍後，個人擁有的土地房屋價值合計超過五百萬元，都不可請領。

一九九二年立法委員選舉，便有候選人提出「老年年金」政見，次年澎湖縣長的補選，候選人以每月「老年年金」三千元為政見，皆獲選民親睞。自此以後，各式各樣的年金或津貼成為了各級選舉中最具影響的訴求。

儘管當時已引發社會的爭辯,「究竟是關心弱勢的措施,還是政策買票?」也成為候選人間的攻防議題。一九九三年底的縣市長選舉中,「老年年金」列為主要的政見。一九九四年的省市長選舉,候選人都同意當選後將按月發放敬老津貼五千元。有鑑於軍、公教及勞工,參加軍、公教或勞保均享有老年給付之保障,而農民參加農保卻沒有老年給付項目,為照顧農民晚年生活,自一九九五年六月起開始發放老農津貼,惟基於社會福利資源不重複配置原則,明定已領社會保險老年給付或其他政府發放之生活補助或津貼者不得重複申領老農津貼,以避免產生不公平現象。

一九九五年立法院通過《老年農民福利津貼暫行條例》,開辦老年農民福利津貼,年滿六十五歲且投保農保滿六個月農民,每人每月可領三千元。回顧過去老農津貼加碼的歷史,老農津貼從開辦至今,加碼多次,每次的加碼都與選舉有關,增加國庫陷入財政危機風險,更何況這個社會的經濟活動人口比例於未來會逐漸萎縮,財源也就會越來越緊,發放敬老津貼這種「社會世代間」的經濟移轉負擔也就會越來越重。必須考量是否會排擠到其他項目的經費,以及忽略其他弱勢團體的照顧,例如中低收入戶的生活補助津貼、中低收入老人生活津貼補助等等。

面對老農津貼於社會保障所形成的困擾,這項制度的變革是希望避免每逢選舉,候選人競相開出選舉支票,掀起加碼競賽;然而未經縝密思量,評估國庫經濟狀況,就以政治性考量大開選舉支票的後果,往往不是跳票,就是致使國庫陷入財政危機,最後的苦果,要由廣大的納稅人分擔。放眼國際,希臘債信危機的例子值得警惕。希臘因過度舉債,還債能力欠佳,承接二〇〇四年奧運後,更使財務困境雪上加霜,再加上國庫無法支應優渥的社會福利制度,導致經濟危機,造成債留子孫,不僅拖累了歐盟經濟,也影響世代公義,成為國家推動社會福利的警惕。

反觀我國舉債情形也很嚴重,國家債務的高低,係評量政府施政的重要指標。國債的惡化將使國力大受影響,包括國家債信的降低、國際競爭力下滑、經常支出遭排擠、加稅勢難避免、隔代負債的不公平等,而使我國經濟益形困頓。財政部公布「國債鐘」,截至二〇一三年底,舉債已達四

兆七千餘億元，換算起來，國人不分男女老幼，平均每人已負債二十多萬元。老農津貼開辦至今，數度加碼，成為選舉時在朝野政黨的競向加碼，形成民眾負擔。

肆、老年農民福利津貼的策勵

　　農為國本，沒有農民的辛勤耕耘，就沒有豐裕的民生物資，也無從創造經濟發展。農業對社會安定著有貢獻；是國家穩健發展的重要支柱。面對農業環境變遷，維護農漁民權益，為臺灣種福田，為國人造福地，讓全民都能共享臺灣農業的美與好。老年農民福利津貼是為了落實照顧老人生活而建立的社會保障制度，目的是在回饋年長老人對社會的貢獻。

　　臺灣社會人口的高齡化，老人福利需求也跟著提高，老人保障議題在社會政策中日漸重要。有鑑於軍、公教及勞工，參加軍、公教或勞保均享有老年給付之保障，而農民參加農保卻沒有老年給付項目，為照顧農民晚年生活，增進農民福祉，制定「老年農民福利津貼暫行條例」，自一九九五年六月起開始發放老農津貼，惟基於社會福利資源不重複配置原則，明定已領社會保險老年給付或其他政府發放之生活補助或津貼者不得重複申領老農津貼，以避免產生不公平現象。又基於國家資源之有效利用及社會公平正義，以照顧真正經濟弱勢的老年農民，於二〇一三年起修法新增排富之規定。另為照顧真正對農業長期貢獻之農民生活，再於二〇一四年七月修法將申領老農津貼之年資由六個月延長為十五年，並增列須為我國國民，在國內設有戶籍，且於最近三年內每年居住超過一百八十三天為請領津貼的資格條件。政府若考量老農特殊之生活環境，加發津貼或年金，並無不可，但是必須更制度化地結合農保的財務規劃，而非只是不斷延用「暫行」的規範。尤其當政府財政狀況不佳之際，現行的制度又無健全財政規

劃，隨著人口老化等結構性因素，會發生在勞保、軍保的破產問題，也可能在農保上出現，更讓老農生活處於隨時變動的不安狀態。

為增進農民福祉，此外，在《社會福利政策綱領》內容提到，社會津貼應針對社會保險未涵蓋之給付項目，因國民特殊的需求而設計，非以所得高低作為發放與否的根據。是以，迭有建議老農津貼回歸國民年金制度，使暫時性之老人福利措施，回歸社會保險常態。檢視一九八九年七月一日公布施行的《農民健康保險條例》，更將投保範圍擴及於年滿十五歲以上從事農業工作之農民，增加給付項目，凡參加農民健康保險之農民，在遭遇事故時，可享有生育、疾病、傷害、殘廢、喪葬津貼等多種給付，另因應一九九五年三月一日實施的《全民健康保險法》，《農民健康保險條例》中有關醫療給付均已劃歸全民健康保險。未來規劃建立制度化老年農民福利政策，基於農民福利永續經營的需要，農保制度將作結構性改革，回歸就業者保險。從國家財政穩定與健全所有國民退休養老制度思考，宜就老農津貼納入社會保障檢討，使其可長可久。

參酌先進國家社會福利的數百年歷史，而我國福利建置仍方興未艾，「敬老津貼」被視為對老人的基本經濟安全，其用意是值得肯定的。但是，社會需要的是符合公平正義，且可長可久的福利政策。基於國家資源之有效利用及社會公平正義，以照顧真正經濟弱勢的老年農民。老農津貼制度乃是農民年金保險開辦前的暫時替代性制度。由於以社會津貼的形式，而在功能上替代年金保險，致使不同的制度呈現混淆，從而造成制度所造成的困擾。基於社會政策以及年金保障功能，宜將老農津貼與農民健康保險嫁接關聯性，以釜底抽薪建置合宜的農民年金保障制度。農村高齡化所衍生的問題日益受到關注，獨居與孤獨高齡農民日益增加，為預防老化所衍生之問題，提升農村高齡者生活品質、減少高齡化對農家及農村社會之衝擊，社會保障上應積極推動高齡者生活改善工作，建立周延可長可久的年金保障，落實尊嚴老化生活。

結語

　　臺灣因社會經濟結構轉變，工商、服務業發展迅速，農業成長相對遞降。而農民來自農業的收益微薄，生活水準亦普遍偏低，農業與非農業所得差距逐漸加大。農村高齡化所衍生的問題日益嚴重，獨居與孤獨高齡農民日益增加，為預防老化所衍生之問題，提升農村高齡者生活品質、減少高齡化對農家及農村社會之衝擊，積極推動高齡者生活改善工作，除提供高齡者學習、休閒育樂服務機會外，並協調衛生、醫療單位提供醫療保健與居家生活照顧服務與諮詢，及早發現疾病或潛在疾病，改善健康問題，減少受正式教育有限之農村高齡者之知識落差，拓展視野，增進其生活調適、處理問題的能力，逐步落實在地老化與尊嚴老化工作。

　　照顧弱勢農民是政府應有的責任，也是朝野所應共同努力的目標，但若只是一時選票的考量，非但不是人民的福祉，反而是全民傷害。如今，最重要的是提出具體的農業政策，有效改善農民生計，使臺灣農業能永續發展下去。

第十九章　公保年金與社會保障

前言

　　《公教人員保險法》是將原《公務人員保險法》及《私立學校教職員保險條例》加以統整，於一九九九年立法，依法適用對象為：第一，法定機關編制內之有給專任人員。第二，公立學校編制內之有給專任教職員。第三，私立學校編制內之有給專任教職員。參酌其精神，係屬多層次保障的第一層，為落實國家建構社會安全網絡的政策，及對應人口老化的社會趨勢，部分條文於二〇一四年進行修正完成養老年金化作為，成為繼二〇〇八年國民年金保險及二〇〇九年勞工保險年金施行後的年金化改革工程，以達成每位公民皆有年金保障的社會保障。

壹、公教保險制度的現況

　　公教人員保險（以下簡稱公保）制度創始於一九五八年，其目的在於保障公務人員生活，增進其福利，以提高工作效率，並以銓敘部為主管機關，其於二〇〇七年六月以前係以中央信託局為承保機關，二〇〇七年七月一日中央信託局與臺灣銀行合併後，則以臺灣銀行為承保機關，由臺灣銀行公教保險部（以下簡稱公保部）繼續辦理公保業務。

　　一九九五年三月一日前，原公保業務範圍包括公務人員保險、私立學校教職員保險、退休人員保險、公務人員眷屬疾病保險、私立學校教職員

眷屬疾病保險暨退休公教人員及其眷屬疾病保險等六類保險之醫療給付業務，及前三類保險之現金給付等相關業務。惟全民健康保險開辦後，僅續辦理公教人員保險、私立學校教職員保險及退休人員保險之現金給付等相關業務，各類保險之醫療給付業務移歸中央健康保險局辦理。

一、適用對象

1. 法定機關編制內之有給專任人員。
2. 公立學校編制內之有給專任教職員。
3. 依私立學校法規定，辦妥財團法人登記，並經主管教育行政機關核准立案之私立學校編制內之有給專任教職員。
4. 法定機關編制內有給之公職人員準用之。

二、參加人數

根據銓敘部統計，至二○一四年，參加公教人員保險者約六十五萬人。

三、保險費率

保險費率為被保險人每月保險俸（薪）給百分之七至百分之十五。費率，應由承保機關聘請精算師或委託精算機構定期精算；主管機關評估保險實際收支情形及精算結果，如需調整費率，應報請考試院會同行政院覈實釐定。

四、保險費用

由被保險人自付百分之三十五，政府補助百分之六十五。但私立學校教職員由政府及學校各補助百分之三十二點五；政府補助私立學校教職員之保險費，由各級主管教育行政機關分別編列預算核撥之。

五、給付項目

以被保險人在保險有效期間，發生生育、殘廢、養老、死亡、眷屬喪葬及育嬰留職停薪等保險事故時，予以現金給付。

表 19-1　公教人員保險法現金給付簡表

項目	主要內涵
生育給付	配偶或本人分娩，補助二個月薪俸額。
育嬰留職	按被保險人育嬰留職停薪當月起，往前推算六個月保險俸（薪）額之平均數 60%計算。
殘廢給付	被保險人發生傷害事故或罹患疾病，醫治終止後，身體仍遺留無法改善之障礙，符合殘廢標準，並經中央衛生主管機關評鑑合格地區醫院以上之醫院鑑定為永久殘廢者，按其確定成殘當月之保險俸（薪）給數額，依規定予以殘廢給付。
養老給付	1.被保險人依法退休、資遣者或繳付保險費滿十五年並年滿五十五歲而離職退保者，予以一次養老給付。依其保險年資每滿一年給付一點二個月，最高以三十六個月為限。 2.養老年金給付：保險年資每滿一年，在給付率 0.65%（以下簡稱基本年金率）至 1.3%（以下簡稱上限年金率）之間核給養老年金給付，最高採計三十五年；其總給付率最高為 45.5%。
死亡給付	被保險人發生死亡事故時，依下列規定，予以死亡給付： 1.因公死亡者，給付三十六個月。 2.病故或意外死亡者，給付三十個月。但繳付保險費二十年以上者，給付三十六個月。
眷屬喪葬津貼	被保險人之眷屬因疾病或意外傷害而致死亡者，依下列標準津貼其喪葬費： 1.父母及配偶津貼三個月。 2.子女之喪葬津貼如下： （1）年滿十二歲未滿二十五歲者二個月。 （2）未滿十二歲及已為出生登記者一個月。

（資料來源：作者整理）

貳、公保年金化規劃方案

現行私立學校教職員依一九九九年五月二十九日訂頒的《公教人員保險法》第二條規定，參加該保險。依據內政部統計，二〇一二年國人的預期壽命為七十九歲，而二〇〇一年公保被保險人請領老年給付平均年齡為五十五點二六歲，每件養老給付金額最高為一百八十五萬餘元，實不足以保障公教人員退休後平均二十三年或更長久之老年生活所需。另，因公教人員保險法目前並無具有年金性質定期給付設計，不符老年生活基本保障需求。又以參加公教人員保險人員，以具有月退休金公務人員及公立學校教職員為主，約占八成，而私立學校教職員並無該項月退休金。由於私校教職員退撫儲金係採定期給付，不同於公務人員及公立學校月退休金制度。因此，私立學校教職員參加保險年金化需求，遠高於其他職業類別人員，避免其缺乏基礎年金保障，成為年金孤兒。同時，考量公教人員保險法雖已有年金化規劃，惟其給付水準因考量其被保險人中居八成左右公務人員及公立學校教職員，得依規定領取較高月退休金，是以僅給予勞保年金一半給付額度。而且私立學校教職員參加公保其繳納保費遠高於勞保，卻沒有得到對等照顧，對於沒有公教人員月退休金的私立學校教職員顯有不公。考量公保養老給付年金化涉及國家建構社會安全網絡的重要政策，並兼顧及公保年金化須賴公保準備金永續穩健經營為後盾，爰經行政院及考試院多次協商後，公保法修正是在兼顧提供公教人員、私校教職員等納保人員基本生活保障，與公保永續經營的雙重考量下進行規劃；公保年金規劃，除應建構充分的老年經濟生活安全保障外，尚須合理兼顧社會公義與整體經濟環境；著眼：一、穩健公保財務；二、避免加重財務負擔；三、退休所得應維持適切合理之比率等三個基本原則。以回應公保年金化之目的，主要係由國家建構第一層基礎年金保障，藉由世代間所得移轉作用來提供被保險人老年退休後最低生活水準的終身保障（a minimum level of longevity insurance），建構以「國家年金」為保障的社會安全機制，以達成國家所提供的「基本」老年保障，斷非在無止盡地提高其退休後生活水準。

是以，養老年金給付率必須審慎衡酌整體經濟環境而為規劃。審慎規劃其基本的作為：

第一，避免因低估保險費率，形成世代不公不義

公保的保險費率應依據精算結果覈實釐定，在所採精算成本的計算方式下，公保準備金可確保每位被保險人都可領到各項給付，不至於發生公保財務短絀破產，更可避免債留子孫。換言之，現在的被保險人如不完全負擔應繳保險費，則未來勢將轉嫁給後代子孫負擔，尤其在少子化的趨勢及日益老化的人口結構下，對後代子孫實不公平。

第二，穩健公保財務支應，以確保公保永續經營

公保將一次養老給付年金化，係在公保財務自給自足的前提下，有效減緩目前制度下「準備金一次支出」之財務負擔，亦有助於公保制度之可長可久。因此，在推動公保年金化時，「藉由現行精算費率機制來釐訂年金給與率」是公保年金化後應予堅持的重要機制；以確保公保永續而穩定的經營，並提供年金化後被保險人長期老年基本生活的保障。

第三，減輕政府、私校雇主及被保險人財務負擔

每一保險年資給與百分之零點六五至百分之一點三的年金給付率，是現行公保財務下所能支應的基本給付率，不致因年金化實施而需立即大幅調整保險費率。換言之，任何提高基本年金率的訴求，在避免發生財務短絀破產或將債務遺留給後代子孫的考慮下，勢必要調高保險費率，進而將增加公保、政府及被保險人的財務負擔。此外，在百分之零點六五至百分之一點三年金給付率的規劃條件下，退撫舊制年資五年至七年以下的公教人員，即可能有放棄一次養老給付而擇領公保年金的誘因，這可大幅降低政府財政負擔的壓力。

第四，退休所得應與其在職薪資，維持合理比率

衡平考慮各類被保險人之人事制度差異（註：因公保現行納保人，包括：公務人員、公校教師、私校教職員、兼具勞工身分之國營事業人員、

駐衛警條例人員任用等，計有約六十五萬人。），合理規劃退休所得替代率之計算方式。在養老年金給付率規劃上，對於相當等級被保險人中，支領較低職業退休金者，理應規劃較高的養老年金給付率；支領較高職業退休金者，則應規劃較低的養老年金給付率。公保法修正規劃是以被保險人最後投保俸（薪）額的兩倍作為計算合理退休所得的準據，並應將被保險人所適用不同第二層職業年金制度中，由政府負擔比例及被保險人得否擇（兼）領月退休（職）金等因素，納入併同考量，正係為落實符合社會公義原則。

第五，建立應依基本年金率計給公保年金的規定

建立「應依基本年金率（百分之零點六五）計給公保年金」的特別規定，是考量年金給與目的在保障退休後的合理基本生活所需，是若退保後可請領多項社會年金保險，或可領得月退休（職）金，或所領月退休（職、伍）給與屬於完全由政府恩給性質者，均將造成給與失衡及政府資源重複補貼情形，進而形成人力反淘汰的不合理現象。為免影響年金給付失衡，損及國家競爭力，爰須年金給與上增設僅以基本年金率計給公保養老年金給付的特別機制。

第六，採公保養老年金及遺屬年金以保障納保人

被保險人在保險期間發生死亡事故者，其法定遺屬得依規定申請每一保險年資給予百分之零點六五年金給付率之遺屬年金；於請領養老年金期間死亡者，其遺屬得申請按被保險人原領養老年金之半數發給遺屬年金。

第七，因應納保對象的保障差別給付不同的給與

建立「被保險人之退休所得（每月退休給與加上公保年金）不可超過退休年金給與上限（最高不超過最後保俸二倍的八成），作為衡量加給超額年金標準」的機制。同時，因公保納保者的社會保障不一，保險年資每滿一年，按退休前一定年數（如勞保為在職期間最高六十個月）平均保險俸（薪）給，在給付率百分之零點六五（基本年金率）至百分之一點三（上限年金率）之間計算養老年金（高於基本年金率部分，稱超額年金），並定有應依基本年金率計給之特別情形。

第八，參考勞保年金制度中有利永續發展的措施

領取年金期間，如遇公務人員保俸額調整時，將視政府財政及公保準備金財務狀況，另訂調整比率。並設有展期年金（可選擇到符合年金起支年齡時領取年金）制度。

本於以上規劃的基本思維，在養老給付年金規劃所涉退休所得替代率上限的計算，是依最後投保俸（薪）額高低及加保年資長短而計得不同退休所得替代率上限，從而扣除月退休（職、伍）給與，以推算出可領公保養老年金給付的給付標準。

第九，調整公保費率及增訂保俸上限以長遠經營

考量公保自一九九九年五月三十一日以後，財務已本自給自足之原則穩健經營，是為期公保永續經營，並兼顧國家資源合理分配及社會公義，依委託專家精算結果及因應未來俸給結構改變，法定費率為百分之七至百分之十五：依據臺灣銀行公教保險部二〇一一年委託完成精算結果，公保平準費率為百分之八點二五（含養老給付百分之七點零五、殘廢給付百分之零點一四、死亡給付百分之零點二五、眷屬喪葬津貼百分之零點六六及育嬰留職停薪津貼百分之零點一五）；復考量公保養老給付年金化後，勢將再增加公保保費之成本負擔而須調整現行法定費率，是以費率上限不宜過低，以避免未來發生百分之九費率上限無法滿足實際調整需求，致影響公保財務穩健，爰將費率上限修正為百分之十五，費率下限修正為百分之七。參酌其他社會保險，如勞工保險條例已訂有保俸上限的規定，其投保薪資分級表所定月投保薪資上限，目前為四萬三千九百元。考量將來公保俸提高後，政府及被保險人負擔之保費必然隨之提高，相對地，其公保各項給付之金額亦增加許多，從而增加政府財政及公保準備金之負擔；就公保保俸增定合理上限之規範，以撙節政府財政支出，並符合社會公義。至於實際費率，將由考試院會同行政院參酌精算結果，再予審慎釐定。

第十，訂定重複加保處理機制避免政府重複補貼

基於避免社會資源重複配置及政府重複補貼的考量，公保被保險人係以不得重複參加「軍人保險（以下簡稱軍保）、勞保、農民健康保險」或國保為原則。另就是類重複加保者的規定如下：

1. 重複加保年資得採計成就請領養老給付的年資條件。
2. 重複加保年資可領取「按兩種保險俸的差額」計得之養老給付，計算公式如下：

   （公保平均保俸－其他職域保險投保金額）×（年金給付率或 1.2 個月）×重複加保年資期間仍應依規定繳交相同的保險費

世界各國退休養老年金制度多以建構三層年金保障體系為改革趨勢，我國自國民年金及勞工保險（以下簡稱勞保）年金分別相繼施行後，已初步建構第一層基礎社會安全網絡，故同屬第一層基礎年金性質的公教人員保險（以下簡稱公保）養老給付實施年金化已為時勢所趨，以利建置完整年金保障體系，裨益隨之而來的年金改革方案。

表 19-2　公保年金化規劃方案簡表

項目	內涵
規劃目標	為解決公教人員保險適用對象原有的第二層保障差異，為其周延提供老年經濟安全保障問題，公保養老給付年金化之規劃，必須同時設計有不同的給與率及保費提撥率，方可在保障被保險人權益、穩定公保財務及社會公平間，尋求平衡點，因此養老給付年金的規劃，會有因被保險人不同身分，設計為不同的給與及保險費率機制。
規劃內涵	1. 第一類被保險人範圍為行政機關經銓敘審定之公務人員、雇員、公立學校編制內之有給專任教職員、交通部所屬事業機構人員、其他公營事業機構內經銓敘審定之公務人員等。 2. 第二類被保險人範圍為私立學校編制內之有給專任教職員。
養老年金	1. 公保養老給付年金化後，符合請領條件之被保險人可每月領取養老年金，以保障其基本老年經濟安全。 2. 領取年金可避免一次給付因投資失利、規劃不當或受詐欺等因素減損或用盡。 3. 「活得越久，領得越多」，年金長期領取下來將高於一次給付金額；此外，被保險人於領取年金期間死亡，遺屬可領取未達一次給付之金額，符合條件之遺屬更可選擇領取遺屬年金。

		4. 年金將隨現職人員待遇調整比率調整，以避免通貨膨脹或消費物價指數上升影響年金之實質購買力。
		5. 無法辦理政府優惠存款之被保險人，尤其更應選擇領取年金，以獲得長期穩定基本老年經濟支援。
遺屬年金	請領條件	1. 被保險人在保險有效期間發生死亡事故時。
		2. 被保險人退保，於領取養老年金給付期間死亡。
		3. 被保險人退保並請領展期養老年金給付，於未達起支年齡前死亡。
		4. 被保險人因停職（聘）、休職而選擇繼續加保並於繼續加保期間達屆齡退休條件應予退保者，如於原因消滅後依法辦理退休期限屆滿前死亡，或於原因消滅前死亡。
	請領金額	在保期間死亡，其遺屬有選擇請領一次死亡給付或遺屬年金之權利；領受養老年金期間死亡，如已無一次金餘額，遺屬仍可領其養老年金給付半數之遺屬年金，對遺屬較有保障。

（資料來源：作者整理）

　　本案於二〇一四年六月一日實施，裨益公教人員多層次保障的第一層工程建設，退休後老年經濟安全保障及安定在職人員生活，使政府在國家社會資源有限情況下，提供老弱殘之私校人員更多權益保障及強化對於遺屬之照護。尤其對於第二層職業年金所提供老年經濟安全保障不足者予以補強，所涉及國家社會資源配置、公保被保險人及雇主財務負擔能力、相關社會保險財務之穩定及社會公平等因素，達成公保合理提高其養老年金給付率以補足老年基本經濟安全保障的目標。

參、公保年金化規劃作為

　　《公教人員保險法》修正內涵，根據上述原則，於《公教人員保險法》修法上，為期充分考量平等互惠、大數法則等保險原理，在年金化方案中修正的重點如下：

第一，適用年金對象的區隔規範

1. 年金化後新加保者：符合年金條件時，一律領年金。

2. 年金化前加保者：得擇領年金（須符合年金條件）或一次給付。

第二，養老年金給付的請領條件

表 19-3　養老年金給付的請領要件

原則	內涵
一般條件	公保被保險人依法退休、資遣或年滿五十五歲且保險年資十五年以上，符合下列條件之一者，給與養老年金給付： 1. 繳付公保保險費滿十五年以上且年滿六十五歲。 2. 繳付公保保險費滿二十年以上且年滿六十歲。 3. 繳付公保保險費滿三十年以上且年滿五十五歲。
例外條件	1. 擔任危勞職務屆齡退休者，繳付公保保險費滿十五年以上，可請領養老年金給付，得不受請領年齡之限制。 2. 因公傷病致不堪勝任職務而命令退休者，可請領養老年金給付，得不受各款加保年資及請領年齡之限制；參加公保年資未滿十五年者，以十五年計。 3. 符合公保法所定殘廢標準之全殘廢，且經評估為終身無工作能力而退休（職）或資遣者，可請領養老年金給付，得不受各款加保年資及請領年齡之限制；參加公保年資未滿十五年者，以十五年計。
展期養老年金給付	未符合請領養老年金給付的起支年齡者，得選擇自年滿年金起支年齡之日起領取。
保留公保年資者	於年金化施行後退保而未領公保養老給付者，於參加勞保或軍保期間，依法退職（伍）、領受國保老年給付或年滿六十五歲時，得請領保留年資的養老給付；其年齡及參加本保險年資如符合年金請領年齡及投保年資規定，得請領年金，並自申請之日起發給。

（資料來源：作者整理）

第三，養老年金給付之給付標準

1. 保險年資每滿一年，按被保險人最後三年之平均保險俸（薪）給（隨待遇調整），在給付率百分之零點六五（基本年金率）至百分之一點三（上限年金率）之間，核給養老年金給付；最高採計三十五年。

2. 僅得依基本年金率計給之情形：

（1）依法資遣。

（2）繳付公保保險費滿十五年以上而離職退保。

（3）支（兼）領之月退休（職、伍）給與係由下列權責單位負最後
　　財務責任：

　　A.政府機關（構）或學校。

　　B.政府機關（構）或學校與被保險人共同提儲設立之基金。但所
　　　設基金屬個人帳戶者，不在此限。

3. 應改按基本年金率計給之情形：已請領養老年金給付者，再支（兼）
　　領由政府機關（構）、學校或其與被保險人共同提儲設立之基金負最
　　後財務責任之月退休（職、伍）金時，其原經承保機關審定之養老
　　年金給付率如超過基本年金率，應自再支（兼）領月退休（職、伍）
　　金之日起，改按基本年金率計給。

第四，退休所得替代率相應規範

表 19-4　退休所得替代率相應規範

項目	內涵	
計算公式	【每月退休給與＋每月可領養老年金給付】÷最後在職參加本保險投保俸額兩倍小於 80%	
退休所得替代率規定	1.保險年資十五年以下者，保險年資每滿一年，以 2%計；第十六年起，保險年資每滿一年，以 2.5%計，最高增至 80%。 2.保險年資未滿六個月者，以六個月計；滿六個月以上而未滿一年者，以一年計。	
每月退休給與之內涵	月退休給與	指依學校教職員退休條例、公務人員退休法、交通部郵電事業人員退休撫卹條例、原政務人員退職酬勞金給與條例、陸海空軍軍官士官服役條例或類此之退休法令規定，請領或兼領之月退休金、月退職酬勞金、退休俸或類此之非一次性離退給與。
	一次性離退給與	包含依前開退休（職、伍）法令、學校法人及其所屬私立學校教職員退休撫卹離職資遣條例，以及經濟部或財政部所屬公營事業機構人員所適用退休（資遣）法令規定所領（含兼領）之一次性退休（職、伍）金、資遣給與、公營事業之年資結算金或類此之一次性離退給與，並應依平均餘命，按月攤提併入「每月退休給與」內計算。

	其他給與	1. 退休相關給與已依據（或比照）退休公務人員一次退休金與養老給付優惠存款辦法、公立學校退休教職員一次退休金及養老給付優惠存款辦法、陸海空軍退伍除役官兵退除給與及保險退伍給付優惠儲蓄存款辦法規定（現為年利率18%）或財政部所屬金融事業機構優惠存款規定（現為年利率13%）等機制辦理優惠存款（或類此由政府補助之優惠存款），所領取之每月優惠存款利息。 2. 依公務人員退休法（第三十條第二項、第三項）、學校教職員退休條例（第二十一條之一第五項、第六項）或陸海空軍軍官士官服役條例（第三十八條）規定所領之月補償金及一次補償金（應按月攤提）。 3. 依公教人員退休金其他現金給與補償金發給辦法或退伍除役軍官士官退除給與其他現金給與補償金發給辦法所領之其他現金給與補償金（應按月攤提）。
保障給與限制給與上限		按退休所得替代率上限百分比計得之每月可領養老年金給付；其給付率如低於基本年金率時，應按基本年金率計給；超過上限年金率時，應按上限年金率計給。

（資料來源：作者整理）

第五，超出基本年金的計給方式

依退休所得替代率上限百分比計得之每月可領養老年金給付中，超過基本年金率部分，應按該超過基本年金率所計得之年金給付金額，按百分之六十五計給；其餘百分之三十五應充作被保險人支領超額年金之財務責任在退休所得替代率定為百分之八十之前提下，就超額年金之財務負擔而言，預估政府於公保養老給付年金化後第一年，約需要負擔六千零八十二萬元，自第二年起逐年累增。

第六，養老年金給付的財務負擔

1. 基本年金：由公保準備金負擔。
2. 超額年金：私校部分由政府及私校雇主各負擔百分之五十，按月分別支給，並負擔財務責任。

第七，遺屬年金給付的給與規範

表 19-5　遺屬年金給付的給與規範

項目		內涵
請領條件	配偶未再婚	1.年滿五十五歲且婚姻關係於被保險人死亡時已存續二年以上。如未滿五十五歲，得自年滿五十五歲之日起支領。 2.因身心障礙而無謀生能力且婚姻關係於被保險人死亡時已存續二年以上。
	子女	1.未成年。 2.因身心障礙且無謀生能力之成年人。
	父母	須年滿五十五歲且每月工作收入未超過公務人員俸給法規所定 280 俸點折算之俸額。如未滿五十五歲，得自年滿五十五歲之日起支領。
給付種類	已請領養老年金給付者	1.被保險人於領受年金期間死亡，得由遺族領取未達一次養老給付之金額，或按原領養老年金給付金額之半數，改領遺屬年金。 2.被保險人於領受展期年金前死亡，或選擇暫不請領養老給付之被保險人，於五年請求權時效內死亡，得由遺族領取未達之一次養老給付金額，或按原得領養老年金給付金額之半數，改領遺屬年金。
	在職死亡而未請領養老給付	被保險人死亡時，得由遺族領取一次死亡給付，或選擇請領遺屬年金（保險年資每滿一年，按0.65%給付率計算）。

（資料來源：作者整理）

第八，公保年金化實施後的追溯

公保養老年金給付之規定溯及二〇一〇年一月一日適用；如依法退休或資遣且已領取一次養老給付者，應於公保法修正條文施行後六個月內，一次全數繳回承保機關後，始得申請改領養老年金給付；逾期不得再申請改領。

第九，公保法修正施行日期規範

由於公保被保險人之人員類別與屬性多有不同，且制度修正涉及養老給付年金化之複雜性更高，考量年金制度需有一段期間之行政作業籌備及宣導，爰規定由考試院會同行政院另定施行日期。

第十，以相應規範體現社會公義

公保年金化後，選擇辦理公保一次養老給付百分之十八優惠存款者，就不得選擇請領公保養老年金給付；反之亦然。其用意即在避免產生社會資源重複配置之不公現象。

肆、公保年金化後的效益

第一，公保年金化後，與國保及勞保年金，共同構成我國基礎社會安全網絡。

第二，被保險人選擇領取社會保險年金的優點：

1. 可避免一次給付因投資失利、規劃不當或受詐欺等因素減損或用盡。

2. 「活得越久，領得越多」，年金長期領取下來將高於一次給付金額。

3. 年金會參考消費物價指數等因素，配合公教人員待遇調整政策，調整年金給付以維持實質購買力。

4. 被保險人於領取年金期間死亡，符合法定條件的遺屬可選擇領取遺屬年金。

第三，公保年金為落實「社會公義」的社會保險理念，設有「退休年金給與上限」機制，使有限社會資源能更合理配置；對於得辦理政府優惠存款的被保險人，尤其優存金額少者如放棄辦理優惠存款而選擇領取公保年金，可獲得更穩定基本老年經濟支援；所以公保年金化後，尚可加速優惠存款制度的調整。

第四，在公保財務自給自足的前提下，公保年金化依精算結果所設計百分之零點六五的年金給付率，將有助於減緩目前制度下「準備金一次支出」之財務負擔，亦可確保公保制度永續而穩定的經營，並提供年金化後被保險人長期老年基本生活的保障。

表 19-6　公保年金化比較表

類別	公保現況	公保年金
給與方式	一次給與	年金給與
給付金額	30 年　185 萬元	30 年　每月 10,350 至 20,699 元
領取方式	一次領取	終身領取
領取年限	固定年限	不限年數
調整方式	不隨物價調整	隨物價調整
採計基數	36 基數	最高 35 年
給與規範	最高限制	活久領多
個人負擔	本俸×7.15%×35%	本俸×7 至 15%×35%
學校負擔	本俸×7.15%×32.5%	本俸×7 至 15%×32.5%

（資料來源：作者整理）

表 19-7　公保年金給與金額表

改制方式	年資	退休保額	所得替代率	年金
勞保		43,900	1.55%	20,414
公保年金化	30 年	53,075（薪額 770）	一次領 36 個基數／240 個月	7,722
			1.30%	20,699
		47,080（薪額 625）	一次領 36 個基數／240 個月	6,850
			1.30%	18,361

（資料來源：作者整理）

表 19-8　公保保費分擔金額表

改制方式	保額	提撥率	總保費	個人負擔	學校負擔	政府負擔
公保轉勞保	43,900	分擔比		20%	70%	10.0%
		7.5%	3292	658	2304	329
		13.0%	5,707	1,141	3,995	571
公保年金化	53,075	分擔比		35%	32.5%	32.5%
		7.15%	3681	1288	1196	1197
		15.0%	7,722	2,703	2,509	2,510

（資料來源：作者整理）

表 19-9　退撫給與推估表（教師 770）

新制／舊制年資	提撥率	轉換成月退休金之數額		公保年金	小計
		投報率 3%	投報率 5%		
5 年／25 年	12%	16,900	17,109	20,699	37,599 至 37,808
15 年／15 年	12%	21,472	23,892	20,699	42,171 至 44,591
25 年／5 年	12%	26,774	34,318	20,699	47,810 至 55,354
30 年／0 年	12%	28,928	40,131	20,699	49,627 至 60,838
35 年／0 年	12%	37,498	55,607	23,699	61,197 至 79,306

（資料來源：作者整理）

表 19-10　退撫給與推估表（職員 625）

新制／舊制年資	提撥率	轉換成月退休金之數額		公保年金	小計
		投報率 3%	投報率 5%		
5 年／25 年	12%	15,017	15,202	18,361	33,378 至 33,563
15 年／15 年	12%	17,683	19,470	18,361	36,044 至 37,831
25 年／5 年	12%	19,934	25,099	18,361	38,295 至 43,460
30 年／0 年	12%	20,681	28,283	18,361	39,042 至 46,644
35 年／0 年	12%	27,479	39,939	21,421	48,900 至 61,360

（資料來源：作者整理）

結語

　　我國公教人員保險制度係自一九五八年一月二十九日《公務人員保險法》制定公布施行；其間經二次修正，並於一九九九年五月二十九日合併私立學校教職員保險條例，修正為公教人員保險法；施行迄今經多次修正。因應國民年金及勞工保險年金分別於二○○八年十月一日及二○○九年一月一日相繼施行後，本保險養老給付年金化已為時勢所趨。

　　考量公保養老給付年金化涉及國家建構社會安全網絡的重要政策，並兼顧及公保年金化須賴公保準備金永續穩健經營為後盾，爰經行政院及考試院多次協商後，公保法修正是在兼顧提供公教人員、私校教職員等納保人員基本生活保障，與公保永續經營的多重考量下進行規劃；公保年金規劃，除應建構充分的老年經濟生活安全保障外，尚須合理兼顧社會公義與整體經濟環境；著眼：（一）穩健公保財務；（二）避免加重財務負擔；（三）退休所得應維持適切合理之比率等基本原則。公保年金化之目的，主要係由國家建構第一層基礎年金保障，藉由世代間所得移轉作用來提供被保險人老年退休後最低生活水準的終身保障（a minimum level of longevity insurance），建構以「國家年金」為保障的社會安全機制，以達成國家所提供的「基本」老年保障，斷非在無止盡地提高其退休後生活水準。是以，養老年金給付率必須審慎衡酌整體經濟環境而為規劃。

第二十章　年金發展與社會保障

前言

　　年金乃是現代國家最主要的老年保障模式，而所謂「年金」原是指一種持續性的現金給付方式。個人既可以經由私人保險的機制取得年金給付，國家也可以透過福利津貼或是社會保險的方式支付國民年金，以達成保障老年經濟安全的目的。

　　社會保險制度的年金能否順利運作，視其能否建立於兩項重要基礎之上，即人口年齡結構穩定、財務獨立自主。二〇〇八年十月臺灣地區開始實施國民年金制度，此一制度是社會建構完善社會安全制度的新里程碑，國民年金係以社會保險為基礎的國民年金制度，兼具保險年金與福利年金的雙軌混合體制，其內涵有別於新加坡的中央公積金制（Central Provident Fund, CPF）、香港的強制性公積金（Mandatory Provident Fund, MPF）的社會養老保險及最低生活保障制度，國民年金制度的實施是從過去強調以勞動為主體的社會保險，轉而建構以全民基本保障之「混合福利」。

壹、年金制度的意義

　　世界銀行（World Bank）針對老人經濟保障議題，提出「避免老年危機」（Averting the Old Age Crisis）研究報告中，認為可經由三種制度功能及方式達成，即再分配（redistribution）、儲蓄（saving）及保險（insurance）三層保障，

第一層在強制法定公共制度實施社會保險、社會救助或社會津貼來減少老人貧窮問題，第二層以任意性員工退休金制度，至於第三層保障則為任意式個人保險，在三種保障方式下以解決老年經濟風險（World Bank, 1994）。其中涉及的以制度分析法（institutional analysis）進行探討，依老人生活品質的需要建立起三層老人經濟架構的一般化模型，設定出所有影響老人生活品質達成的重要因素及限制條件，並以此推演出所需建立的年金制度及相關的政策建議。「年金」（Renten）是一種定期或長期繼續支付的現金給付，以達成「老年安全」（Alterssicherung）的目標，給付受益人可以每年、每半年、每季、每月或每週領取。不僅可以避免一次給付因受益人資金運用不當所發生的損失，而為因應通貨膨脹，避免貶值，尚可依照規定，按年調整給付金額，以保障年金受益人的生活需要。

年金保障係屬社會保險的一環，社會保險乃政府政策性為照顧全體國民或某一階層、職業團體而以立法方式辦理的強制保險。基於法律之強迫性，每一團體的成員均有義務加入該項保險。其保險之目的在提供每一被保險人最基本之保障以改善其生活品質。隨著社會邁向高齡化的趨勢，要有尊嚴的養老，在經濟上就靠年金。年金可能在不同的國家，不同的個人、職業有著不同的組合，按照世界銀行的建議，最好有國民基礎年金、職業年金、商業年金三層，同時宜有適當的替代水準，退休前是靠薪資過日子的人，退休後需要有幾成退休前的收入才能維持適當生活，這就衍生「所得替代率」的概念。領取年金，尤其是高替代率的年金，既然是人人的期待，那麼籌措財源就很重要。天下沒有白吃的午餐，財源若不是到退休時再準備，就是平時要準備；財源若不是由雇主籌措，就是由個人或政府準備，而通常是以上三者的混合，只是在不同的職業別，上述比例有著不同的分配。

借鑑美國《紐約時報》二〇一三年十一月六日的報導：「法國人一向以擁有『從搖籃到墳墓』的整套社會福利措施而自豪，然而現在碰到經濟衰退及財政吃緊，賦稅卻已加無可加，不僅使法國的債信評等頻遭調降，也使主政的社會黨總統歐蘭德的處境日益吃緊。」法國政府與民眾日常生活

的關係十分緊密，從工作場所法規，到健康及教育福利，幾乎無所不在。但優渥的福利必須靠高賦稅支持；稅負太重加上法規繁瑣，不但使投資人紛紛逃離法國，更讓法國的創新及競爭能力備受質疑。法國中等家庭年收入約二萬五千美元（約合台幣七十五萬元），只有美國的一半，但這個數字無法顯示法國政府為民眾支付多少福利。法國大部分的幼兒照顧及高等教育費用都由政府買單，還有全民健保。勞工如果失業，兩年內都能領到失業給付。父母生育第二個子女後，每月就能領一百七十六美元（約台幣五千元）的補貼，大部分勞工一年有五週的支薪休假。這些福利主要靠薪資稅支持。勞工薪資總額的百分之二十二都用於支付各項社會福利，其中健保費約占薪資的百分之十。雇主需負擔的薪資稅，最高可達薪資額的百分之四十八；亦即勞工月薪如果是一千美元，雇主實際需支出一千四百八十美元。法國政府即便只是小幅減少社會福利，也會遭遇強大的反對聲浪。前總統沙克吉曾經將領取失業給付及最低所得補貼的資格緊縮，並提出削減社福計畫，便引發數十萬民眾上街抗議。現在歐蘭德也因為打算將領取退休福利的年齡延後十八個月，面臨強力反對。二十五歲的青年巴里士表示：「你不能奪走美國人的槍，同樣也無法奪走法國人的社會福利。老百姓絕對無法忍受。」然而，法國的中小企業主以及許多雇主都表示已無能力增雇員工，因為他們在支付薪資之外，還要負擔百分之四十八的薪資稅。工會表示：「國家實施這套福利制度，我們成為這套制度的奴隸。」

　　美、英、法、日這些列位福利先進的國度，早有物阜民豐的條件，當「社會福利」的思維成為政府德政作為時，以遂行長期執政，尤其是討好民眾，不敢得罪財團的政客，呼應利益團體的「立刻拿到」，這就容易和「制度走得久」發生衝突，因為「福利病」早已帶來國家債臺高築、債留後代。綜觀這些國家實施年金制度經驗，雖透過國家干預以年金政策保障老人經濟安全，但在退休金保障不足及所得替代率偏低下，實難達最適保障目標，老人依然無可避免的面對年金貧窮問題，甚至落入貧窮線下需依賴社會救助。政客多以：繳費要少、給付要高，取悅無知的民眾，所以費率要壓低，

不能一次調到合理值，至於財務缺口，那是未來政府的事，將來都逃不了費率要愈調愈高，所有公共基金卻仍不夠支應。從財務面來說，財政負擔沉重議題在人口結構變遷，老年人口增加及人口負成長與少子化現象下，隨收隨付制世代間移轉效果已失靈，傳統公共年金制度甚至面臨破產的危機。受益在保費低的這世代，受害在保費高的下一世代的「世代不公」現象，留給下一世代除了債務還有哪些。除非有理財高手，否則只好祈禱自己國家未來有高額收入或某部門突然不用支出，然而這無非是一廂情願的烏托邦，這是全球的問題。

隨著人口老化及子女數的減少的社會趨勢，意味著晚年由子女分擔照顧風險來源可能減少。如果，大部分的老人無法由社會安全體系中獲得經濟生活保障，加上子女供養之經濟來源比例減少，傳統家庭養老功能之逐漸式微，「家庭世代間」的經濟移轉，勢必為「社會世代間」之經濟移轉取代。如何經由政策提供國民晚年經濟生活保障，成為政府需積極干預之重要課題。在經濟衰退、失業攀升下所形成新貧社會隱憂，老人經濟安全保障，使基礎年金的建構更形重要。加以政黨間無法立於民主體制、以民為本下，不僅缺乏政策理性辯論機制及空間，政治的空轉所形成的政策的延宕也造成了極大的社會成本。綜觀先進國家實施因素與政策變革，皆涉及家庭結構變遷及政治與經濟的挑戰，相對於西方福利先進國家，臺灣同樣面臨嚴酷的挑戰，包括人口老化、家庭結構變遷與經濟衰退及失業攀升的威脅。就此，社會保險應該是跨代互助，年金保障也是根據財源能力量入為出。

貳、養老年金的發展

目前世界上已有一百六十多個國家和地區建立了不同類型的養老保險制度。社會保險制度廣為各國採行，主要即在其具有二項功能：所得重分配、風

險分攤。但許多實證結果指出，無論是代內或代際的所得重分配功能，均可謂效果不彰，甚至呈現反效的累退現象。換言之，如欲以社會保險為手段，以改善社會貧富不均現象，往往會落空，甚至可能適得其反。更值得重視的是，職域別的年金保險若採確定給付制，則有扭曲勞動市場之虞，即在此制度下，年長的勞工一旦失業，欲再度回到就業崗位將相當困難。就風險分攤的效果而言，原則上參與社會保險的人數愈多，風險分攤的功能愈強，此正是許多社福團體希望政府將軍、公、教、農等保險，與國民年金整合的主要理由。養老保險制度按照其覆蓋範圍、保障水準和基金模式，大致可分為以下幾種類型：

表 20-1　養老保險制度的類型

類型	國家	內涵
傳統型養老保險	美、德、法為代表	傳統型養老保險以市場經濟活絡國家為主，採取「選擇性」原則，即並不覆蓋全體國民，而是選擇一部分社會成員參加，強調待遇與薪資收入及繳費相關聯，因此也稱為「收入關聯型養老保險」。保險物件一般為薪資勞動者，養老保險費由雇主和雇員共同負擔。給付水準適中，一般較有利於落實基本保障。
福利型養老保險	英、澳、加、日為代表	福利型養老保險的國家，採取「全面制」原則，基本養老保險覆蓋全體國民，強調國民皆有年金，因此稱為「福利型養老保險」。在英國和澳大利亞，政府建立了老年年金；在加拿大，稱為普遍年金；在日本，稱為國民年金。在這一制度下，所有退休國民，均可從政府領取一定數額的養老金。這種養老金與公民的身分、職業、在職時的薪資水準、繳費年限無關，所需資金完全來源於政府稅收。這種普惠制的養老保險待遇，給付不高，僅供基本生活；如要提高生活水準，必須同時加入到其他養老保險計畫之中。
混合型養老保險	日本、英國、加拿大為代表	原來實行福利型養老保險的國家，目前大多已經或正在向一種混合型制度轉軌。即福利型養老保險與收入關聯型養老保險同時並存，共同構成第一支柱的基本養老保險。在日本，政府建立了「厚生年金」；在英國稱為「附加養老金」；在加拿大稱為「收入關聯年金」。這種養老保險的待遇，一般要高於普遍年金的待遇，資金主要來源於雇主和雇員的繳費以及基金的投資收益。
國家型養老保險	以前蘇聯、東歐國家為代表	國家型養老保險制度曾經在大多數計畫經濟國家實行，按照國家統包的原則，由用人單位繳費，國家統一組織實施，工人參與管理，待遇標準統一，保障水準較高。這種養老保險制度在歷史上曾經發揮了一定作用，但與市場經濟不相適應，不利於企業參與市場競

		爭，不利於勞動力的流動，不利於培養勞動者個人的自我保障意識。因此，逐步退出國際社會保障領域。
儲金型養老保險	新加坡、智利、瑞典、義大利、波蘭、拉脫維亞、立陶宛	儲金型養老保險制度多在新興市場經濟國家實行，強調自我保障的原則，實行完全積累的基金模式，建立了不同類型的個人養老保險帳戶或「公積金帳戶」。養老保險費用由雇主和雇員共同分擔，在參保人退休或遇有特殊需要時，將個人帳戶基金定期或一次性支付給個人。這種養老保險制度有利於發揮個人的自我保障功能，體現多勞多得的原則，也能夠保障勞動者退休後的基本生活。但是，這一制度也存在自身缺陷，無法充分發揮社會保障的互濟互助功能，同時普遍面臨著如何使基金保值增值的壓力，在出現持續通貨膨脹和金融危機時將面臨困難。

（資料來源：作者整理）

　　面對二十一世紀的挑戰，透過福利國家年金改革策略，值得借鏡處包括：英國逐漸強調的個人責任、政府角色減少、可攜帶性，及在年金私有化與多層次的保障等做法；德國立於法治國基礎，建立的完整法典，使社會各階級有合作制度，同時經營主體以國會、行政、及保險人，非只有國會及行政主體，因此可回歸社會保險精神，在財務上亦導入動態年金調整機制；至於瑞典，則以基礎年金及附加薪資相關年金，使具普遍性及強制性，同時，年金的基數依消費者物價指數調整，以適時提高給付水準因應失業問題，前述實施經驗或可引為我國年金制度發展的參考。

　　我國自一九五〇年開辦勞工保險至今，實施「社會保險」之歷史亦有六十餘年。其用意則在透過保險的運作方式，以實現憲法第一百五十五條：「國家為謀社會福利，應實施社會保險制度。」所欲保障之「社會基本權利」。社會保險與私人保險最大的不同，在於其具有「強制投保」與「所得重分配」之特性，前者是為了避免產生「保險逆選擇」。而德國自從十九世紀八〇年代開始實施強制性的社會保險以來，發展至今種類上已包含疾病（健康）、老年、意外、失業以及照護保險等。由於此一制度較能減輕國家財政壓力，人民的接受度也高，現在已經普遍成為世界各國社會福利制度中最重要的項目。年金保障為社會保險的重要一環，隨著社會結構的變化，取得「年金」的管道有多種，包括：

表 20-2　取得年金的管道

項目	內涵
政府提供	一般稱作「公共年金」或「國民年金」；是以全體國民為對象，強制參加所辦的年金制度，提供國民基本的經濟生活保障。
雇主提供	一般稱作「企業年金」或「職業年金」；是以企業員工為對象，由雇主對企業內員工所提供的退休金計畫。近來由於民眾對經濟生活安全保障需求殷切，也有由政府以法令規定，強制雇主必須提供。
市場購買	一般稱作「商業年金」。個人為提高經濟生活安全的保障水準，向民間保險公司，自由購買個人所需的年金保險，以補充「公共年金」或「職業年金」的不足。

（資料來源：作者整理）

　　我國由政府提供的經濟生活保障制度，已自過往的一次金方式辦理，過渡到年金的實施，例如：國民年金、勞保年金，就是屬於一種公共年金。年金乃是現代國家最主要的老年保障模式，而「年金」是指一種持續性的現金給付方式。個人既可以經由私人保險的機制取得年金給付，國家也可以透過福利津貼或是社會保險的方式支付國民年金，以達成保障老年經濟安全的目的。由於社會保險在財務上能自給自足，於是這種與受僱者薪資相關的年金保險制度，便成為現代國家實行社會福利時最受歡迎的方式。目前世界各國由政府辦理的公共年金，多以稅收、公積金或社會保險為財源籌措方式辦理。

表 20-3　公共年金的財源籌措方式

項目	內涵
稅收制	用一般稅收或新闢特定稅目作為開辦公共年金的財源。老年、死亡或身心障礙時可向政府請領年金。
公積金制	以受僱者為主，由勞、雇雙方按月依照薪資的某一比率提撥到個人之帳戶中，退休時再一次或分期支領基金帳戶內之本利。
社會保險制	以社會保險方式辦理年金，就是採強制參加原則，被保險人在一定時期繳交保費，待老年、死亡或身心殘障等事故發生時，可以獲得給付。

（資料來源：作者整理）

　　「年金」（Renten）是一種持續性的「老年安全」（Alterssicherung）給付模式。我國國民老年生活的安養照顧，隨著社會、家庭結構的變遷，漸漸成為社會普遍意識到的問題。而老年人的安養責任在國民意識中也逐漸由個人、家庭所應負的責任，相當程度地轉變為國家之任務領域，成為國家所應負的責任之一。誠然，老年人的安養需要社會、家庭各方面的協力，並無法由國家一手解決，更不應被化約為社福政策上的一個財政負擔問題；但隨著老年人口增加，獨居老人所衍生的問題日益引起重視，國家在此必須出面承擔一部分的責任，已經成為不爭的共識。

　　對於國民老年生活的照顧，有許多模式可以採行，而每一種制度的形成，都與各該社會的政治、經濟狀況、人口結構、就業狀況以及人民的社會連帶的認知有直接的關聯。參研德、瑞、英、日四國之老年年金保障制度在適用範圍、給付形態及經費來源上之概略比較。下文則以此為基礎，進行大略的類型分析。

表 20-4　福利先進國家老年年金保障制度的比較

類別	德國	瑞典	英國	日本
初次立法	一八八九	一九一三	一九〇八	一九五九
適用範圍	勞動人口	所有居民	所有具有繳保費權利的人民	二十歲至六十歲國民
請領期間	等待期間：五年 全額期間：三十五年	1.居住滿三年或是能提出三年的所謂「附屬年金積點」者。 2.居住滿四十年，或是能提出三十年的「附屬年金積點」者。	1.曾繳交保費者。 2.在一九七八年四月以前具五十週投保年資或在一九七八年四月之後任何一年內具有五十二週投保年資，另可計算年數等於工作年數之十分之九者。	1.曾繳交保費者。 2.保險費繳納完了期間及保險費免除期間達二十五年以上。
起領年齡	六十五歲	六十五歲	男六十五歲 女六十歲	六十五歲

給付額度	平均標準給付金額：2,100 德幣（德西）。1,942 德幣（德東）。平均實質給付金額：1,196 德幣。	一九九八年度單身之老年基礎年金額度為 34,245 瑞幣，有配偶的年金請領權人則可各請領 28,003 瑞幣。	一九九六年度全額基礎年金給付的額度為每週 64.70 英鎊（約相當於一個男性勞動者平均收入的三分之一）。	一九九四年修法後老年基礎年金的基本額為 785,500 日圓。
提早請領	自六十歲起，限：1.重度殘障者。2.從事地下礦業。3.失業者。4.婦女。	可從六十歲起請領老年年金，所得請領的額度則依提早的月分遞減，以每月減少年金額度的 0.5%計算。	無	可從六十歲起提早請領老年年金，減額比例自六十至六十四歲分別為42%、35%、28%、20%、11%。
遞延請領	1.無設限制。2.延遲請領者的年金額度的計算公式包含誘因。	可延後退休，只是到七十歲之後年金不再遞增，延後月分以每月增加年金額度的 0.7%計算。	依延退的期間計算，一年增加約7.5%的年金，最多以五年為限。	可延遲至七十歲止請領年金，增額比例自六十六至七十歲止分別為 12%、26%、43%、64%、88%。
所得關聯	年金約為所得68%	年金額度與所得無關	年金額度與所得無關	年金額度與所得無關
經費來源	1.保費。2.非老年年金給付每年獲得政府補助。	稅收	保費（保費依照所得高低分有不同等級）	保費
是否課稅	否	是	是	

（資料來源：作者整理）

　　從上表的比較中可整理出：德國是其中沒有設立以所有國民為範圍之年金體系的國家；德國的老年照顧體系乃是以職業年金保險為主幹，以薪資所得為連結點，提供國民老年保障，至於年金額度過低或是根本沒有年金請求權的國民，則是以社會救助制度來保障其老年生計。相對的，瑞、英、日三國則都設有以全民為保障對象的「國民年金」制度，然而規劃的

基本理念則又有所不同：英國鑑於德國的職業年金制度無法保障非穩定就業人口，而採取保障範圍可及於全體國民的年金制度，所徵保費尚具有收入關聯性（亦即保費隨著收入而分等級），給付額度則統一，由此標榜其社會連帶的功能，然而由於給付額度並不高而且條件嚴格，因而在實際上並不足以擔負英國老年國民最低需求照顧的功能；瑞典作為福利國家中「高福利、高負擔」的典型，則是提供全額由稅收支應的基礎年金，所有瑞典境內的居民，不論其是否具有瑞典國籍，也不問其收入、身分，一律基於法律被納入年金保障體系，具有濃厚的社會連帶色彩；至於日本，原來於一九五九年成立的國民年金制度，係以未加入厚生年金及共濟組合年金者為對象（原來未納入職業年金系統的國民），至一九八五年年金改革後，則轉變為以全體國民為對象的國民年金保險。在保費的收取方面，在職者仍依其收入比例收取保費（家屬隨同徵收），無法定其收入者（所謂第一類被保險人）則採定額保費制，給付額度則統一。由此類型比較看來，整理出年金制度規劃上的幾個類型特徵：

第一，建構在職業年金體系之外的年金系統。

第二，採取保險的形態（以保費而非稅收為經費來源）。

第三，以全體國民為保障對象（以法定強制加保為主，開放自願加保為輔）。

第四，目的界定在基礎老年生活保障（給付水準定在基礎生計需求，無所得關聯性）。

社會保險在財務上能自給自足，於是這種與受僱者薪資相關的年金保險制度，便成為現代國家實行社會福利時最受歡迎的方式。然而，年金保險在實施上並非毫無爭議。由於保險制度的運作著重在就業時的「保費支出」與退休後的「年金給付」，勢必對當事人憲法上之自由權、財產權等基本權利產生限制。關鍵在年金制度在人口不斷老化以及經濟發展莫可預測的情況下，制度能夠保證被保險人於數十年後仍然可以領到預期中的年金額度；再者，要建立一套新的年金制度，那對於舊有的制度宜加以整合，皆影響到年金的具體作為。

參、年金保障的風險

　　人口老化是目前世界各國最關注的一個問題。對於人口老化與少子化現象將增加未來年金給付的支出與成本的加重。在二○○○年時,是八個工作者扶養一個老年人,但是到了二○三六年時,只剩下不到三個工作者扶養一個老年人,這是因為臺灣已進入高齡化社會,老年人口比例不斷上升,但出生率卻不斷下降,也就是可以扶養老年人的年輕人將會愈來愈少。由於人民壽命的延長、人口老化速度加快、小家庭結構的盛行及來自家庭支持度的減弱,對各國現行的社會安全制度及退休制度造成相當大的壓力。就已開發國家而言,此問題尤其嚴重。同時,更由於人口結構的急遽改變,人口老化及少子化現象日趨嚴重的結果,勢必加速年金制度財務負擔的嚴重性。雖然社會保險年金係屬公共政策之一環,其本身具有開放性及永久性的特性,政府亦負有最後的道義責任,不致於因後代加入者負擔過重或無法負擔,導致營運失調,而宣告破產關閉的地步。但政府亦須適時能提出改革方案,方能維持正常運作。以 OECD 國家的平均數來看,在一九六○年時,其六十五歲以上的退休人口占其勞動力人口的比重為百分之十五,到二○○○年時將提高至百分之二十一,預計在二○三○年時,此比重將進一步提高為百分之三十八,即平均每個退休人口由二點七個勞動力人口來扶養,其未來可能惡化情形,尤以日本、德國及義大利最為嚴重,平均每個退休人口僅由二至二點三個勞動力人口來扶養,不但對未來勞動力人口可能造成極龐大的負擔,到時社會安全制度並可能出現財源短缺的壓力,對未來退休人口日後生活的保障亦可能無法履現。

　　因為如此,退休基金制度因而誕生,它的發展起源多半歸納於社會安全制度之下,以隨收隨付(pay-as-you-go)的公共退休基金制度為運作主軸,由政府來經營管理,以保障其國民退休後的基本生活水準。不過隨著時代及人口結構的變遷,單一化的公共退休基金制已無法滿足所有國民之需

求，再加上其財源問題亦令各國政府極為困擾，在透過法令及相關稅賦優惠的訂定後，將退休制度由公營逐漸轉向以民營為重心。目前各國的退休基金制度多以世界銀行所倡導的「老年經濟安全三層保障制度」為典範，即是：第一，採取強制性的公共退休基金來保障退休人口的基本生活水準；第二，以強制提存的職業年金來保障退休後的生活品質；第三，以自願性的個人年金計畫來提高個人退休後的生活水準。

借鑑高所得的北歐、西歐國家於一九八〇年代以來的年金改革，大體上是屬於「緊縮」的類型。這些國家這一波年金改革的背景，主要是因人口持續老化、提早退休日趨普遍、結構性失業問題惡化、全球化經貿競爭加劇等，使得各國原來採現收現付（pay-as-you-go）的年金制度難以維持長期的財務平衡（George & Wilding, 2002）。是以，以「基礎年金」為核心概念，嘗試提出整合軍、公（教）、勞、農、國保等社會保險老年給付，與整併老年農民福利津貼、榮民就養給付等相關津貼發放之可行途徑，目的在促使臺灣社會的老年經濟安全基本保障制度，能打破職業身分別的藩籬，並進一步提供民眾合理的保障水準。畢竟一個跨越職業類別，由整體社會分攤風險，使弱勢者得到保障的老年經濟安全體系，才是可長可久的制度。

現行各社會保險與老年經濟安全相關之給付，包括：公教人員保險養老給付、勞工保險老年給付、軍人保險退伍給付，以及國民年金保險老年年金給付。唯一不在其內的是農民健康保險，其所繳保費之保障範圍不含老年經濟安全，而從一九九五年開始發放，行之有年並多次加碼的老年農民福利津貼，一直是由行政院農委會另編預算為財源，與農保基金之財務無關。

在二十一世紀人口老化與少子化現象日趨嚴重之際，各國實施的各種年金制度，不論在公共年金或私人年金領域裡，包括可攜式年金在內，均將面臨所謂的不確定性與風險等兩個問題，進而導致制度經營上的困境而難以正常的運作。例如：國民年金保險之開辦，原為整合我國各職業相關社會保險之契機，然而其保險對象僅是將我國二十五歲以上、未滿六十五歲，且未參加軍、公教、勞、農保者，大約四百七十萬的國民納入，形成

一個繳費能力堪慮、儼然為弱勢互助會的社會保障。以至於開辦以來投保率始終維持在百分之六十上下，以二〇一一年底計算欠繳保費將超過三百億元，嚴重影響基金的財務健全。

表 20-5　年金制度的風險

項目	內涵	
個人責任的社會風險	許多福利先進國家，在國家的社會安全政策綱領裡，以社會保險為主的計畫目標，其中年金保險經費支出比例居首位，並且逐年加重中。面對人口老化的趨勢，個人儲蓄保障在安養餘年中已逐漸占較大比例，存錢以累積儲蓄，保障晚年生活的概念亦逐漸在福利國家中發揮其特有的功能。	
年金制度的潛在風險	經濟性的風險	對於提存準備制（funding）與現收現付年金制（pay-as-you-go）的財務處理選擇將產生產品及價格的不同效果。
	財務性的風險	要正確的規劃退休，前提是要先正確認識與退休相關的環境變化，通貨膨脹的衝擊會影響財務處理方式的選擇。為對抗通膨民眾必須積極儲蓄及預為規劃，才能應付晚年將會高漲的生活費。
	政治性的風險	由於政權的輪替以及政策的改變勢將衝擊制度的規劃、推動及延續。
	管理性的風險	對於資訊提供的不完整，將造成消費者的不當行為而無所適從。
	投資上的風險	對於股票市場的波動勢將影響到財務的健全性及清償能力。年金的終極目標就是安養退休，但是面對景氣艱困、以及各種投資工具都宣告失靈的環境時，保障退休會不會是天方夜譚？
	市場性的風險	對於未來的平均餘命及投資報酬率會影響到年金給付的水準。由於利率是政府用來調節景氣與物價的重要工具，當景氣低迷、物價下滑，政府就會不斷調降利率來刺激投資與消費，當景氣不回春，利率只會長期維持低檔。
年金給付的債務風險	目前多數實施社會保險年金制度的國家，通常基於減輕勞雇雙方的財務負擔，以及短期政治利益的政策考量，採用現收現付制的財務處理方式，做出宿命論的選擇（fateful choice）。由於此制較具吸引力，且易為民眾所接受，即凡參加者到達一定年齡退休時，其所領受的老年年金額將超過所繳納的保險費總額，而呈現超值的利得。惟隨收隨付年金制的最大風險在於透過世代間移轉功能，進行資源的再分配，而以債養債方式運作系統，所產生的不確定性卻難以掌握；且個人較少直接承擔其應盡的財務責任，而轉嫁由現有被保險人、企業及政府等來承擔。此種制度設計，不僅使後代人負擔愈趨沉重，或者降低給付標準，亦對不同世代間產生不公平的現象。	

各制度間的 顯著差異	目前相關社會保險中，軍保退伍給付並無年齡門檻，而公保養老給付五十五歲最低，其次為勞保六十歲，最高的是國保六十五歲起請領老年年金給付。而《勞工保險條例》於二〇〇八年進行年金化修正時規定自二〇一七年起，將漸次提高請領年齡至六十五歲，目的即在於與國民年金保險一致，並配合高齡化之社會來臨，延後勞工退休年齡。國民年金開辦前，敬老津貼與原住民敬老津貼的發放年齡並不一致，前者為六十五歲、後者為五十五歲，為謀公允，年金請領年齡宜朝向一致。

（資料來源：作者整理）

　　今日社會年金制度，其中不確定性的問題受到多個因素所衝擊，各種年金制度亦將面臨到其他方面的風險衝擊，而加重其營運上的困難，尤其私人部門的年金制度更為顯著，當我們認清未來環境的重要變化後，就能體會到過去規劃退休時的一些迷思，將會嚴重影響到退休目標的實現。

　　根據內政部的調查，六十五歲以上老年人的退休生活費有五大來源，依比例高低分別為（內政部，2000年）：子女奉養、薪資與退休金、政府救助與津貼、儲蓄投資、親友扶助，目前仍有將近一半的老年人必須依靠子女奉養，其中，子女奉養的比例下跌幅度最高。另外，退休生活費來自儲蓄投資的比例也大幅下降，反而是依賴政府救助與津貼的比例大幅上升，可是未來政府財政日益窘困、子女經濟負擔也可預見會更加沉重，顯示出退休生活費的來源會愈來愈不穩定。

表 20-6　臺灣老人生活費用的主要來源

年別	薪資、退休金	儲蓄投資	子女奉養	親友扶助	政府救助或津貼
1991	26.9	15.9	52.4	1.1	1.6
2000	29.1	9.3	47.1	0.5	12.3

（資料來源：內政部）

　　世界銀行將老年生活保障分為三個層次，金字塔最底層是指國民年金、中層是職業年金（如勞保、農保、公保等）、上層是個人儲蓄。國民年金屬於強制性的社會保險，雖然對象最廣，包括全體國民，但是金額也最少，每月可領金額最少是三千元，最多也只有八千多元。

　　職業年金也是屬於強制性的社會保險，但是對象已經縮小為必須具備職業身分，而且所得替代率低，對於退休生活的幫助有限。再加上前面提到年輕的工作人口將會愈來愈少，表示未來需要分攤的稅負就愈重，因此現在的年輕人絕不能認為離退休年齡還早就掉以輕心，因為當你屆臨退休時，可能就會面臨退休金破產、沒有人幫你負擔退休金的窘狀。因此尚要靠個人儲蓄，才能完全補足退休生活所需。針對第三層個人提撥的儲蓄及退休準備部分，這個部分屬於個人自願的儲蓄計畫，主要在於彌補政府與雇主退休金給付的不足，但卻是個人退休生活品質的保障。其中，美國的401（k）個人退休計畫及瑞士的自願儲蓄計畫是具有代表性的個人提撥準備。員工可以自行決定儲蓄薪資一定比率的金額，每月由雇主從薪資中扣減並存入員工的個人的退休帳戶中，該筆退休金採可攜式的設計，在個人轉換工作時將戶頭轉到新公司的退休金計畫。

肆、年金制度的策勵

　　年金保障制度的建立與運行對於國民的生涯規劃以及所得重分配有廣泛的影響，而且決策一旦作成，影響就不限於當前世代，連未來世代的生活形態、所得支配的空間也隨之變動。世界銀行從過去十餘年來協助多個國家建立年金制度的經驗中發現，現有的保障體系已無法因應來自全球性通貨膨脹、自由市場失靈等的挑戰。最重要的是家庭結構的改變，使得現代的家庭制度已經逐漸喪失過去傳統家庭所重視的倫理孝道觀念，而忽略了養兒防老的供（奉）養功能。

表 20-7　主要社會保險概況比較

保險類型	給付總類	投保金額	費率	保費負擔
軍人保險	死亡、殘廢、退伍、育嬰	月支薪俸	3%至8%	自付35%，政府65%
公教人員保險	死亡、殘廢、育嬰、養老、眷屬喪葬	本俸	4.5%至9%	自付35%，政府65%
勞工保險	生育、傷病、失能、老年、死亡	月投保金額	7.5%至13%	自付20%，政府10%，雇主70%
農民健康保險	生育、醫療、身障、喪葬	參酌勞保投保平均值	6%至8%	自付20%，政府70%
國民年金保險	老年、身障、喪葬、遺屬	勞保投保薪資	6.5%至12%	自付60%，政府40%

（資料來源：作者整理）

　　若一國人口呈快速老化現象，將使後代子孫的負擔愈趨沉重；若財務失衡，復受政治或行政干預，以致難以維持保險的專業經營，則此制度便將岌岌可危。隨著國民年金開辦，已併入老年基本保障年金者，為敬老福利生活津貼以及原住民敬老福利生活津貼兩項。目前仍繼續發放之社會福利津貼，其功能為保障基本經濟安全，但非屬社會救助性質者，則有：老年農民福利津貼、榮民就養給付等兩項。

表 20-8　我國現行社會津貼項目

項目	每月金額	法源	福利屬性
老年農民福利津貼	7,000	老年農民福利津貼暫行條例	社會津貼
榮民就養給付	14,150	國軍退除役官兵輔導條例	社會津貼

（資料來源：作者整理）

　　世界銀行在一九九四年所提出的三層式「老年經濟保障模式」，就應該視為是一種特別界定（specific definition）下所設計的多層次年金制度的建構模式。綜觀目前各國的年金制度實施情形，尤其是公共年金部分，都面臨兩個重要的課題：

表 20-9　公共年金面臨重要的課題

項目	內涵
年金貧窮	因為年金的保障不足、所得替代率偏低，使得民眾雖有老年經濟安全制度的保障，但在退休後仍將面臨貧窮的威脅，甚至落入貧窮線以下，而造成所謂的年金貧窮（pension poverty）的現象。
財政負擔	由於人口結構變遷，老年人口急遽增加、人口負成長，或是產生少子化現象，而造成現收現付制的世代間移轉效果失靈，進而導致社會保險年金制度的財務虧損與政府負擔沉重，尤其是在經濟不景氣或衰退期間，傳統公共年金制度甚至面臨破產的危機。

（資料來源：作者整理）

　　為解決上述問題，許多政府相繼展開年金制度改革（pension reform）的工作，智利、祕魯、匈牙利與波蘭等十餘國家外，大多數的西方國家目前仍以隨收隨付制的公共年金為主軸，並輔以私人年金作為補充性的給付（supplementary benefits），而非完全走向年金私有化。年金改革模式已涉及到老年經濟保障制度的實質改變，可視為一種結構性（structural）或制度性（systemic）的年金改革。為此對人民的基本權利有重大的變革，需要慎重地釐清其法律關係。例如許多的拉丁美洲與東歐國家，紛紛引進法定（mandatory）的私人老年年金制度，同時減少或廢止傳統的公共年金制度的規模，以減輕政府的責任與財務負擔，其目的在於企圖改變「公私部門混合式（public-private mix）」的老年經濟保障制度，強化老年年金的個人責任。其特色為強調基金財務的獨立性與增加被保險人對於基金類型的選擇權。

　　年金制度的變革中，部分國家引入民營化或私有化（pension privatization），將彰顯出公私部門兩分法（public-private dichotomy）概念的突破。自智利的社會保險，改採個人設帳的儲金制開始，許多國家師法智利，例如南美洲的阿根廷、祕魯、烏拉圭，中美洲的墨西哥，歐洲的奧地利、義大利、匈牙利等國，甚至連北歐的瑞典也採社保與儲蓄的混合式制度，以平均終身所得作為退休金給付標準，並設置個人退休金帳戶，強化個人責任。在

多元化的新年金制度裡，政府的角色已不可能侷限於公共部門，而在各種層次制度間仍然扮演著重要的角色。

表 20-10　年金保障制度的興革思考議題

項目	內涵
發展多層次的保障模式	由於經濟結構的變遷，造成需求的改變與需求的多樣化，導致現有單一的老年經濟保障模式已無法完全因應社會的變動所需。多層式保障多著重於單一層（single）的年金保障。事實上，一個完整的老年經濟安全保障體系應該是多層次的保障。採多層次保障將比單一層制度或偏重任何單一層制度的保障較具實施上的效果。
建立可攜式的年金制度	為因應全球化的趨勢、人口的流動，以及工作場所的改變，對於現有的老年經濟保障制度亦將產生新的需求，有些國家則實施職業年金制度（occupational scheme），以保障就業人口。另外也提供自願退休儲蓄制度（voluntary retirement savings），包括了儲蓄帳戶（saving accounts）以及居住服務（housing）等。
不同的條件有不同規劃	在歐洲，第二層保障通常係指職業年金制度而言，而第三層保障則指個人年金制度（personal pension plans），此等制度屬性可能是法定性的制度（mandated），也可能是自願性的制度型態（voluntary）。但在美國，第二層保障的員工退休所得保障法（ERISA）卻是一種法定的退休金制度（mandated plans），而第三層保障指的是自願性年金制度（voluntary plans），此等制度型態可能是職業年金制度，也可能是個人年金制度。顯然，對不同的國家而言，在不同的條件下須有不同的年金體系規劃，以符實際需要。
適用對象有不同的考量	多層式年金制度主要著重於職業取向的正式部門勞工（formal sector workers）。這種保障會忽略了社會上其他人的需求。實際上，社會上另有兩大類群，包括終身貧窮者（lifetime poor）和非正式部門的勞工（informal sector workers），彼此對於老人年金制度亦有不同的需求，而全民式的年金制度模式能夠提供的保障理宜有不同的考量，方能見效。
採取不同財務處理方式	是否採強制提存方式來界定保障的層次，亦有所不同。例如加拿大和愛爾蘭實施的公共年金係採部分提存準備方式（partially prefunded），有些國家的職業年金制度則依規定採不提存方式（unfunded），如法國，而德國的制度則採帳面準備（book reserves）方式辦理。

（資料來源：作者整理）

　　當今的年金改革重點宜著重於多層次的整合與選擇，而非指單一個體的綜合保障。社會經濟安全保障是政府與國民共同的責任，政府應建立機制與規範，國民應善盡義務並得享應有保障權益。年金制度的創建與營運，一定要有長遠與前瞻的思考與作為，才有可能永續發展，真正達到為民眾謀福祉之目標。為改進我國年金保障體系的發展方向，既有：

表 20-11　建構完整的年金保障體系

項目	內涵
建構完善經濟安全保障體系	為社會經濟安全體系的建構，宜以社會保險為核心，以社會津貼為輔助，以社會救助為最後一道防線。公務人員之退休保障，必須符合世界各國退休金制度所得替代率的合理水準，故應將各項退休給付連同優惠利率存款併同計算，以還原其真實之所得替代率。退休給付除了不應較現職人員為高之外，更應訂定上限，避免與其他職業別退休後所得替代情形的差異太大，引發民眾相對剝奪感。
考慮世代負擔的公平與責任	年金制度之採行模式，應充分考量世代公平性、政府財政負擔能力、基本生活保障水準、人口老化之衝擊等因素，以制度之永續發展為原則。1. 社保制：應考慮世代負擔的公平性。2. 儲保制：應考慮加強未來老年的基本保障。3. 稅收制：應考慮保障水準與政府負擔問題。
健全各項年金保險財務運作	各項社會保險應建立保險財務調整機制，並定期精算，以維持長期財務健全。各項社會保險基金，應建立透明化的財務管理機制，讓民眾充分了解其營運管理情形。讓民眾具備成本觀念，消除完全倚賴政府的錯誤期待。
培養社會互助與風險的管理	增加自助、社會互助與風險管理等觀念的培養，以及未來生活的規劃，應讓民眾具備保險觀念。政府應積極與各界溝通協調，凝聚共識，加強國民及教育之推廣，包括學校教育與社會教育，配合多層保障制度之建構，應教育民眾思患預防與未雨綢繆之觀念，為自己老年生活作準備。
衡平各年金保障間公允作為	早期公務人員退休是國家恩給制的產物，但目前應轉變為合理穩健的保險基金財務結構，故公務員的退休給付，應從「預算補貼化」轉變成「保險年金化」，讓所得替代率隨與保險費率連動，積極推動公保年金制度。為利於整合式基礎年金之實現，除公保以外，更應加速軍保相關給付的年金化。
調整社會救助落實生活保障	有鑑於社會救助的體系無法與年金保險體系融合在一起，而且可能將愈來愈重要。配合經社發展實況及政府財政狀況，檢討修正社會救助法，依地區別合理調整最低生活費用標準，以合理反映各地區之最低生活需求。

建立各年金給付的調節機制	目前相關社會保險老年給付金額調整之機制，僅見於勞保及國保。其年金給付金額，於中央主計機關發布之「消費者物價指數」累計成長率達正負百分之五時，即依該成長率調整之。大抵世界各國年金給付水準調整之考量因素，主要有物價或生活費用、薪資水準、政府財政狀況等三項考量，有單獨採取某項，也有混合採用以上三種者。是以，沿用目前勞保及國保使用之調整機制，以消費者物價指數作為整合式基礎年金的調整依據。退休公務人員月退休金之調整，未來應取消與現職公務人員之調薪同步，改為能夠反映生活支出條件變動之客觀指標，也可避免公務員加薪議題每每討論時衍生之政治爭議。

（資料來源：作者整理）

　　年金制度係屬社會經濟安全體系的重要一環，我國年金制度的濫觴仍以就業者為主體，為考量能擴及全民，對於尚未有經濟安全保障國民其經濟安全保障制度之建構，應列為優先之政策目標。就年金保障體系之全面「整合」而言，社會保險與福利津貼將隨時間的遞移，隨著制度發展漸趨成熟而逐步融合在一起。換言之，年金保險的給付水準隨著保險年資的增加而提高，因此老年經濟生活之保障愈趨穩定，取代了原先的老農津貼及福利津貼的保障。就此而言，國民年金制度的實施勢必衝擊相關津貼作為，隨著年金制度的成熟，較有條件整合成單一的年金保險體系。

結語

　　傳統的養老方式是依靠家庭內的世代間所得移轉，家庭是生產單位，子女人數較多。養老制度採取的是非商品化且非由政府介入的方式，期間的可行性，一方面建立在農業共同生產，另一方面則有足夠的成員，可以分擔養老風險，是一種集體式分擔風險的方式。在以往平均壽命不長且物質條件簡單的情況下，尚可透過家庭內兩代間資源互饋的方式，來提供老年經濟安全的保障。然而工業化以後　隨著子女人數的減少，將轉變為個人生命週期內透過商品化的

方式自我移轉。然而完全透過（資本）市場進行生命週期內的所得移轉，因個人賺取所得及理財能力有所不同，或因市場不可抗力因素，有其風險存在，無法確保老年基本生活無虞。

　　為解決社會與經濟變遷下生活保障問題，老人經濟安全之繼續性定期給付，在西方工業化國家從十九世紀之公共年金（或法定年金）開始，到二十世紀中期已大致完備，在制度實施類型上，涉及各國政治、社會、意識形態、歷史傳承等因素，大致可分為社會保險制、強制儲蓄制及課稅制，三者對保障老年經濟安全各有優劣。但福利國家建構老年年金制度之理論基礎，仍在強調國家政策之干預，透過社會安全制度之實施，保護人民免於人生風險的威脅，尤其是晚年退休後經濟不安全的困境，提供百姓免於貧窮之匱乏及風險的保障。衡諸當前最務實而較有效解決問題的做法，基於各國制度與國情互有差異，所需採行的解決方式亦有所不同，當視政府決策者的縝密規劃及民眾理性抉擇！

參考書目

中文部分

內政部（2010），《國民年金監理會 2009 年年報》，內政部。

內政部（2004），《日本國民年金法及國民年金法施行令（中譯本）》，臺北：內政部。

王　正（1999），《國民年金保險與相關津貼救助制度配合之研究》，臺北：內政部。

王明仁（2009），〈國民年金制度對弱勢貧童家庭之保障與影響〉，中華救助總會社會福利論壇，國民年金的時代意義與未來挑戰研討會，頁 43-54，嘉義：中正大學。

江彥佐（2010），〈國民年金爭議審議案件樣態之研析〉，內政部國民年金監理會專題研討會，內政部國民年金監理會，2009 年 10 月 2 日。

吳玉琴（2009），〈弱勢互保下國民年金面對的課題〉，中華救助總會社會福利論壇，國民年金的時代意義與未來挑戰研討會，頁 55-60，嘉義：中正大學。

吳明儒（2009），〈臺灣國民年金初體驗：公民社會的觀點〉，中華救助總會社會福利論壇，國民年金的時代意義與未來挑戰研討會，頁 33-42，嘉義：中正大學。

周麗芳（1999），〈年金制度之財源籌措〉，臺北：政大勞動法研究中心。

柯木興（2002），《社會保險》，中國社會保險學會。

柯穎鑑（2004），《從企業社會責任觀點論可攜式退休金年金制的實施》，大業大學工業關係學系碩士班碩士論文。

陳鴻達（2007），〈考察日本、韓國年金制度及實務作業〉，行政院勞委會出國考察報告。

郭振昌（2007），〈高齡化社會與國際老年退休年金保險政策發展趨勢〉，《臺灣勞工雙月刊》，5 期，頁 30-37。

莊正中（2007），〈日本公共年金制度的省思：過去的發展歷程、現今的困境與未來改革方向〉，《勞動保障雙月刊》，第 12 期（1 月號），頁 12-15。

曾中明（2001），〈日本國民年金制度改革出國考察報告〉，內政部社會司。

勞保局（2010），國民年金業務報告，臺北：勞保局。

詹火生（2009），〈國民年金周年之回顧與展望〉，國政研究報告，國家政策發展基金會。

葉至誠（2010），《社會福利概論》，臺北：揚智出版社。

葉至誠（2013），〈私校教職員退休年金方案的規劃及實踐〉，《社區發展季刊》，144期，頁 148-162。

蔡玉時（2009），〈日本因應高齡化國民年金制度改革對我國之啟示〉，《經濟研究雜誌》，行政院經建會，第 9 期，頁 91-124。

謝明瑞（2008），〈保險與救濟的差別——從各國年金制度探討臺灣的國民年金保險問題〉，《農訊雜誌》，25 卷 4 期，頁 21-23。

顏文雄（2007），〈香港退休養老保障：政策實踐與再思〉，王卓祺、鄧廣良、魏雁濱編，《兩岸三地社會政策——理論與實務》，頁 195-214，香港：中文大學出版社。

關信平（2007），〈中國社會保障制度：歷史發展與當代轉型〉，王卓祺、鄧廣良、魏雁濱編，《兩岸三地社會政策——理論與實務》，頁 261-280，香港：中文大學出版社。

英文部分

Anderson, K. M. (2004). Pension Politics in Three Small States: Denmark, Sweden and the Netherlands. Canadian Journal of Sociology, 29(2), 289-312.

Anonymous (2006). Supplemental Security Income Can be a Bridge to Works. The Exceptional Parent, 36(10), 54.

Appelbaum, Richard P. (1970). The Theories of Social Change. Chicago: Markham Publishing.

Barr, N. (1987). The Economics of the Welfare State. Stanford, California: Stanford University Press.

Barber, A. E., Dunhan, R. B., & Formisano, R. R. (1992). The Impact of Flexible Benefits on Employee Satisfaction. Personnel Psychology, pp.45-74.

Becker, Howard S. (1963). Outsiders: Studies in the Sociology of Deviance. New York: The Free Press.

Beland, D. (2007). Public and Private Policy Change: Pension Reform in Four Countries. Policy Studies Journal, 35(3), 349-371.

Bottomore, T. B. (1972). Sociology, a Guide to Problems and Literature. London: Unwin Uninersits Books.

Brown, M. & Bayne, S. (1990). Introduction to Social Administration in Britain(7th ed.). London: Unwin Hyman.

Esping-Andersen, G. (1997). Hybrid or Unique? The Japanese Welfare State between Europe and America. Journal of European Social Policy, 7(3): 179-189.

Gilbert, N. & Specht, H. (1986). Dimensions of Social Welfare Policy(2th ed.). Englewood Cliffs, N. J.: Prentice-Hall, Inc..

Gordon, J. D. (1988): Developing Retirement Facilities. New York: John Wiley and Sons, Inc..

Grapman, J. Brad & Roberr Otteman (1997). Employee Preferences for Various Compensation and Fringe Benefit Options. New York: Macmillian Publishing Co. Inc..

Karger H. J. & Stoesz D. S. (1990). American Social Welfare Policy: A Structural Approach. New York: Longman.

Lengnick-Hall & Bereman (1994). A Conceptual Framework for the Study of Employee Benefits. Human Resource Management Review, 4, pp.107-108.

OECD (2004). Pension Funds for Government Wokers in OECD Countries. OECD.

Do觀點33　PI0036　實踐大學數位出版合作系列

年金制度與社會保障
──臺灣與世界主要國家制度的介紹

作　　者／葉至誠
統籌策劃／葉立誠
文字編輯／王雯珊
責任編輯／陳佳怡
圖文排版／楊家齊
封面設計／楊廣榕

出版策劃／獨立作家
發 行 人／宋政坤
法律顧問／毛國樑　律師
製作發行／秀威資訊科技股份有限公司
　　　　　　地址：114 台北市內湖區瑞光路76巷65號1樓
　　　　　　電話：+886-2-2796-3638　傳真：+886-2-2796-1377
　　　　　　服務信箱：service@showwe.com.tw
展售門市／國家書店【松江門市】
　　　　　　地址：104 台北市中山區松江路209號1樓
　　　　　　電話：+886-2-2518-0207　傳真：+886-2-2518-0778
網路訂購／秀威網路書店：https://store.showwe.tw
　　　　　　國家網路書店：https://www.govbooks.com.tw

出版日期／2016年3月　BOD一版　**定價**／440元

|獨立|作家|
Independent Author

寫自己的故事，唱自己的歌

年金制度與社會保障：臺灣與世界主要國家制度
的介紹 / 葉至誠著. -- 一版. -- 臺北市：獨
立作家, 2016. 3
　　面；　公分. -- (Do觀點；33)
　BOD版
　ISBN 978-986-92449-5-4(平裝)

　1. 國民年金

548.9　　　　　　　　　　　　　104026878

國家圖書館出版品預行編目

讀 者 回 函 卡

感謝您購買本書，為提升服務品質，請填妥以下資料，將讀者回函卡直接寄回或傳真本公司，收到您的寶貴意見後，我們會收藏記錄及檢討，謝謝！如您需要了解本公司最新出版書目、購書優惠或企劃活動，歡迎您上網查詢或下載相關資料：http:// www.showwe.com.tw

您購買的書名：＿＿＿＿＿＿＿＿＿＿＿＿＿＿＿＿＿＿＿＿＿＿＿

出生日期：＿＿＿＿＿年＿＿＿＿＿月＿＿＿＿＿日

學歷：□高中 (含) 以下　　□大專　　□研究所 (含) 以上

職業：□製造業　□金融業　□資訊業　□軍警　□傳播業　□自由業

　　　□服務業　□公務員　□教職　　□學生　□家管　　□其它＿＿＿＿

購書地點：□網路書店　□實體書店　□書展　□郵購　□贈閱　□其他

您從何得知本書的消息？

　　□網路書店　□實體書店　□網路搜尋　□電子報　□書訊　□雜誌

　　□傳播媒體　□親友推薦　□網站推薦　□部落格　□其他＿＿＿＿＿＿

您對本書的評價：（請填代號　1.非常滿意　2.滿意　3.尚可　4.再改進）

　　封面設計＿＿＿　版面編排＿＿＿　內容＿＿＿　文／譯筆＿＿＿　價格＿＿＿

讀完書後您覺得：

　　□很有收穫　□有收穫　□收穫不多　□沒收穫

對我們的建議：＿＿＿＿＿＿＿＿＿＿＿＿＿＿＿＿＿＿＿＿＿＿＿

＿＿＿＿＿＿＿＿＿＿＿＿＿＿＿＿＿＿＿＿＿＿＿＿＿＿＿＿＿＿＿

＿＿＿＿＿＿＿＿＿＿＿＿＿＿＿＿＿＿＿＿＿＿＿＿＿＿＿＿＿＿＿

＿＿＿＿＿＿＿＿＿＿＿＿＿＿＿＿＿＿＿＿＿＿＿＿＿＿＿＿＿＿＿

11466
台北市內湖區瑞光路 76 巷 65 號 1 樓

獨立作家讀者服務部 　　　收

⋯⋯⋯⋯⋯⋯⋯⋯⋯⋯⋯⋯⋯⋯⋯⋯⋯⋯⋯⋯⋯⋯⋯

（請沿線對折寄回，謝謝！）

姓　　名：＿＿＿＿＿＿＿＿＿　年齡：＿＿＿＿　性別：□女　□男

郵遞區號：□□□□□

地　　址：＿＿＿＿＿＿＿＿＿＿＿＿＿＿＿＿＿＿＿＿＿＿＿

聯絡電話：(日) ＿＿＿＿＿＿＿＿＿＿＿ (夜) ＿＿＿＿＿＿＿＿＿＿＿

E-mail：＿＿＿＿＿＿＿＿＿＿＿＿＿＿＿＿＿＿＿＿＿＿＿